AVLVLARIA

SIVE

QVEROLVS

THEODOSIANI AEVI COMOEDIA

RVTILIO DEDICATA

EDIDIT

RVDOLFVS PEIPER

LIPSIAE

IN AEDIBVS B. G. TEVBNERI

MDCCCLXXV

HERMANNO HAGENO

BERNENSI

S

I. DE LIBRIS IMPRESSIS.

QVEROLVS, | ANTIQVA COMOEDIA, | nvnquam antehac edita, | quae in vetusto codice manuscripto | plavti aulularia inscribitur. | *Nunc primùm à* petro daniele *Aurelio* | *luce donata, & notis illustrata.* | *Ad illùstriss. amplissimùmque Cardi-* | *nalem Odonem Castilionaeum.* | *(insignia typographi)* | parisiis, | *Ex of-* *ficina Rob. Steph. Typographi Regij.* | m.d.lxiiii. | CUM PRIVILEGIO REGIS.

Forma octava; quattuor folia cum titulo continent I^a privilegii auctoritatem (*Aureliae, duodecimae Decembris, Anno Domini M.D.LX.*) II^r II^a Danielis praefationem (*Illustrissimo Amplissimoque Cardinali Odoni Colignio Castilionaeo Petrus Daniel S. — Lutet. Parisiorum, Nonis Iunij 1564.*) III^r ad IV^r *Nicolai Hattaei Aurelii, Regis et Aureliorum ducis secretarii, carmen ad Petrum Danielem Aurelium.* (inc.: *Quam misere nostras Daniel, ignauia mentes Fascinat* — expl.: *Acceptamque tibi referat per saecula lucem.* sunt 67 uersus.) IV^r *Ad eundem, de auctore huius Comoediae G. Buchananus Scotus*).* (inc.: *Quisquis es infernis prope nunc reuocatus ab umbris* — sunt 5 disticha). IV^a *Ad eundem Steph. Manialdus Cleriacus.* (tria disticha graece, inc.: Εὐεπίης . πνείων λάμπει, πρό-

---

*) non extat in Buchanani operibus a. CIƆ.IƆ.XCIV editis.

τερόν τε μαρανθεὶς —): subiciuntur *Personae* comoediae quae paginis 1 ad 69 (A. j. ad E. iij.) perscripta legitur. (QVEROLVS, SEV AVLVLARIA PLAVTI ANTIQVI AVCTORIS.) post fol. E. IIII uacuum secuntur numeris paginarum carentia foll. F. j. ad H. j. in quorum primo F. j. *de auctore* agitur, F. ij. ad G VIIII *Petri Danielis Aurelii notae in Querolum Plauti* leguntur (quarum in fine: *Excudebat Rob. Stephanus typographus regius, Parisiis, an. M.D.LXIIII. non. octob.)* denique f. H. j. auctor Lectori emendationes aliquot a *P. Pitheo* acceptas commendat. Usus sum exemplari quod est in bibliotheca Gottingensi.

Exstant Danielis curae secundae Bernae in bibliotheca Bongarsiana cod. G. 130 typis non mandatae, de quibus uid. Hermanni Hageni conmentatio „*Der Jurist und Philolog Peter Daniel aus Orleans. Bern 1873*" p. 12 s. In eis editor indicem sua manu sic inmutauit: QVEROLVS . . . *castilionaeum . Editio secunda | Antverpiae | Ex officina Christophori Plantini |* CIƆIƆLXVI *| Cum priuilegio.* Carmina duo quae hanc nouam editionem conmendarent alterum *Delivrii P.* alterum *Francisci Danielis* Hagenus l. l. descripsit; auctoris praefationem adiectis quae et in illa et in ipsa comoedia Daniel inmutauerat *(Daniel* [2]*)* Orellius dedit in *epistula critica ad Maduigium* p. LXXIII. *Aemilii Perotti* de Aulularia epistulam ad PDanielem quae est inter epistulas autographas ab Bongarsio conlectas in cod. Bernensi 141 exhibuit CG Mueller nuper defunctus in *Analectorum Bernensium* fasciculo altero qui Getam Vitalis comoediam continet p. 8 not. 19, *Lab. Danaei Caroli*que *Perotti* epistulas ex eadem collectione edidit Hagenus l. l. p. 33 et 14.

Plauti Querolus siue Aulularia ad Camerarii codicem ueterem denuo collata. Eadem a Vitale Blesensi elegiaco carmine reddita, et nunc primum publicata. Additae P. Danielis, C. Rittershusii, J. Gruteri notae. Ex typographeio H. Commelini. MDXCV.

Notae atque emendationes Danielinae non addito auctoris nomine exhibitae pro Rittershusianis postea non semel sunt habitae. Huius libri (aeque rari atque princeps editio) exemplaria seruantur in Heidelbergensi atque Guelpherbytana bibliotheca.

Plauti comoediae XX superstites et deperditarum fragmenta Ph. Pareus recensuit ac notis perpetuis illustrauit. accedit Plautus Hypobolimaeus hoc est Gildae Sapientis Britanni Querolus siue Aululria. Francof. 1610 8° — — accedit Pseudo-Plauti Querolus Neapoli Nemetum 1619 4° — — — accedit Gildae Sapientis Querolus et animaduersionum ablegmina. Francof. 1641 8°

Repetita est Parei editio omissa ad Rutilium praefatione in *collectionis Pisaurensis omnium poematum . . . Pisauri 1766 4° t. IV p. 201 sqq.*

Ex ipso Danielis exemplari repetitam dicit FLA Schweiger (Handbuch der classischen Bibliographie II 774) Patauinam editionem hanc:

Plauti. comoediae superstites XX . . quibus accessit Querolus comoedia antiqui auctoris Patau. exc. Jos. Cominus 1764 8° p. II

Nouam editionem instituit Johannes Christianus Wernsdorfius (1732—1793). Est in bibliotheca Bonnensi fasciculus eius manu scriptus (71 v, b VI. n. 259 catalogi a Klettio confecti) qui continet *Hosidii Getae Medeam, Querolum, Fragmenta selecta Tragicorum et Mimorum ueterum,* parata omnia ut typis describerentur. Atque Queroli inscriptionem hanc esse uoluit:

Querolus, siue Aululria Plauti, comoedia antiqui auctoris. Cum integris P. Danielis, C. Rittershusii, J. Gruteri et selectis J. Ph. Parei, Casp. Barthii et aliorum notis quibus accedunt animaduersiones editoris. Wernsdorfii prae-

fationem cum ipso contextu exhibent foll. 44—87, animaduersiones foll. 100—155.

Prooemii Wernsdorfiani particulam quae est de auctore infra dabo.

Hermanni quoque Cannegieteri Henrici F. (1723
—1804) idem uidetur fuisse consilium. Nam Rittershu-
sianum exemplar auctum ab illo adnotationum cumulo in
libris M Tydemanni (qui Lugduni obiit a. 1825) deprehendit suumque in usum conuertit Klinkhamerus.

QVEROLVS SIVE AVLVLARIA, INCERTI AVCTORIS
COMOEDIA TOGATA. recensuit et illustrauit S. C. Klink-
hamer. Amstelodami, apud heredes H. Gartman.
MDCCCXXIX.

Is praeter librum Leidensem lectionesque Parisini
tribus exemplaribus usus est quibus uirorum doctorum
notae erant adspersae: *H Cannegieteri*, *G Koenii* († Fra-
nequerae a. 1767) cuius exemplar tum possidebat DJ
Lennepius, *incerti* denique quod bibliotheca Leidensis sup-
peditabat (Leidensem n. 501 ipse dicit p. 96 et 148).

Circa idem tempus Jo. Caspar Orellius ad fabulam denuo edendam sese accinxerat Danielinis thesauris
prope in conspectu positis illectus: at sufficere opinatus
ut singulis saeculis semel comoedia ista repeteretur, postquam Amstelodamensis editionis nuntius aduenit illico
consilium suum abiecit; quae ex Bernensibus exemplaribus
collegerat una cum suis animaduersionibus publici iuris
fecit in *epistola critica ad Jo. Nic. Madvigium v. c.* (praemissa operi huic: *M. Tullii Ciceronis Orator Brutus To-
pica etc. Turici MDCCCXXX) capite XVIII p. LXVII
—XCV.*

Singulos praeterea locos tractarunt *Adrianus Turne-
bus Paulus Melissus* ille Danielis, hic amicus Gruteri,
Scaliger, J. F. Gronouius, Cl. Salmasius passim per sua

opera, denique *Caspar Barthius* in *Aduersariorum libris 4,7 28,15 30,9 38,9 44,13 et 14.*

II. DE LIBRIS MANU SCRIPTIS.

A. Principem locum obtinent VL

V Vaticanus bibl. antiq. 4929 membr. in quarto s. IX—X f. 55—78ᵃ emptus est liber ex libris Cardinalis Sirleti, s. XVI fuit Serafini de Nybia. (uid. Reifferscheid BPLJ I 444 O Jahn ad Censorinum proll. p. XVIII Bethmann in archiuio Francofurtano XII 245)

Adspersa sunt scholia in margine atque inter uersus minutissima scriptura s. XII—XIII quorum specimina haecce sufficiant:

f. 59 *pantomalus nomen est ex greco latinoque compactum et dicitur quasi totus malus pan enim grece totum sonat.*

f. 69 *zelotipus est qui nimio mulieris amore correptus semper obseruat. indignaturque leui suspicione. nec eam cuiuis (cuuus* codex) *credit. zelus enim amor et tipus tumor. hinc (hic* cod.) *zelotipia.*

rectius *harpyiarum* nomen interpretatur scholiasta ad locum qui est editionis nostrae p. 32, 7

f. 68ᵇ *solidus est nummus aureus qui sexies appens unciam facit.*

f. 76 *senatus consultum quod tantum senatores populis consulendis decernunt.*

Hunc librum antea non adhibitum atque Palatinum meum in usum a. 1871 contulit Gardthausenus.

L Leidensis Vossianus lat. Q° 83 (olim Isaaci Vossii Lat. n. 147 ut indicat schedula f. 1ʳ adgluti-

nata et index librorum Js. Vossii confectus a PColo-
mesio*)) membr. s. X foll. 24.

Continet is Aululariam f. 1 ad 23ᵘ, f. 24ʳ nil legitur praeter haec uerba: AVLVLARIA PLAVTI ‘EXPLICITA
FELICITER‘ f. 24ⁿ octo olim uersus perscripti erant nunc
rasura deleti; praeterea hac pagina legitur alphabetum
runicum quod cum non uideretur editum descripsi in usum
Julii Zacheri professoris Halensis. — Hunc ipsum codicem fuisse Petri Danielis, ex quo ille fabulam edidit a.
1564, praeter inscriptum integumento Georgi Buchanani
epigramma atque possessoris nomen ab ipso pluriens
scriptum (quod ne spurium uideatur prohibet scripturae
Danielinae specimen quod exhibuit C G Mueller in indice scholarum Bernensium a. 1841 tab. VII) satis super-
que testatur consensus libri cum editione principe in uitiis
quibusdam minutissimis quae librarii debentur incuriae.
Fuit igitur antea bibliothecae *S. Benedicti Floriacensis* ad
Ligerem unde qua ratione in Danielis possessionem uenerit
Hagenus ll. p. 6 sqq. docuit. Quo tempore primum typis
describeretur fabula, nondum lectiones *libri Pithoeani* (de
quibus infra) allitae fuerunt; nam de eis altum silentium
in editoris notis, cum aliorum subsidiorum hic illic men-
tionem faciat. — Diligenter librum post Danielem contulit Klinkhamerus quamquam non satis conpendiorum
gnarus non semel errauit. Denuo ipse contuli a. 1871.

B. Interpolati multifariam sunt *PR (p)*

P·   Palatinus inter Vaticanae codices Palatinos
seruatur numero 1615 inscriptus membr. s. XIII in.
formae oblongae bifariam diuisis paginis. ‘scriptus
autem uidetur in Germania. De eo uid. Fr Ritsche-

---

*) Pauli Colomesii opera ed. Fabricius Hamburgi 1709
p. 875.

lius Musei rhenani t. IV 511 et 535 sqq., in Prolegomenis ad Plautinum Trinummum p. XXVII—XXX, ed. nouae p. VIII, in opusculorum uol. II 102 not., Mus. rhenani t. XXVII (1872) 340

In eo igitur libro Aulularia praemissa legitur fabulis plautinis atque primae quidem Amphitruoni a f. 1^u ad 9^r plautinas fabulas contulerunt Ph Pareus, C Scioppius, Fr Ritschelius, iterum pro Ritschelio H Hinckius suumque in usum Laurentius: Aululariae lectiones Rittershusius et Gruterus exscripserunt, ita quidem ut non raro pro primariis quas secunda effecit manus darent, in ed. Commeliniana a. 1595, Pareus in edd. a. 1619 et 1641.

Liber olim fuit *Joachimi atque Philippi Camerariorum* a quibus per satis longum tempus mutuatus erat Gruterus: *ms. Camerarii, ms. noster, C. Vetus (C. V.)**) Gruterus et Rittershusius eum nuncuparunt, qui uno tantum scripto libro in Aulularia emendanda usi sunt**): significatur hic liber cum dicit Gruterus: *reponatur lectio codicis calamo exarati.* Non multo post bibliothecae Palatinae libris insertum Pareus uidit qui p. 860 *„nunc uero“* ait *„doctorum usibus patet in . . bibliotheca Palatina. Ex illo codice in quo fabulam hanc primum locum tenere ipse adeo nuper inspexi copiam eius benigne mihi faciente Grutero bibliothecario.* Videri ex hoc codice circa a. 1497 Joan-

---

*) aliquotiens tamen propterea res ambigua est, quod qui Danieli est *V. C.* (Leidensis liber) uel *Cod. S. V.* (i. liber Sti Victoris) in notis Rittershusianis non satis discernatur a Camerarii V. C. Sic 18, 16 *eruditus* et 19, 13 *at quanto* non C, sed cod. S. V., 26, 21 *sumul*, 38, 18 *milae* uel *nullae*, 39, 23 plendoris, 41, 10 *fastidiantes*, 50, 11 *homine* non C sed L, denique 46, 21 *sine risu* non C ut uidetur, sed ipsius Danielis est emendatio.

**) Non enim uerum quod in Rittershusianis notis legitur ad p. 15, 13 uocem *carceres* in quibusdam codicibus deesse: deest in uno libro *Sti Victoris* quo Daniel utebatur.

nem Reuchlinum plautinarum fabularum cognitionem hausisse in Fleckeiseni et Masii annal. 1874 II p. 134 dixi.

Rp Parisinus n. 8121 A (olim Colbertinus 3352 = Reg. 10210. 3) scriptum eum esse s. X ex C B Hasii uel etiam F Hauthali testimonio dicit Orellius, s. XI Klinkhameri amicus, s. XII Merilius (*Origines du théâtre moderne p. 14 n. 1, p. 15 n. 2*) quod uerius puto. Formae est mediae atque continet praeter Querolum poemata quaedam latina medio aeuo composita.

Olim fuit *Petri Pithoei* (id quod Klinkhamerum fugit; ipsius P Danielis fuisse Delislius a W Foerstero Vindobonensi interrogatus adfirmauit: qua de re habeo cur dubitem. Atque ipse Daniel siue ab Pithoeo siue ab ipso enotatas eius libri lectiones in marginibus libri qui nunc est Leidensis addidit (a Vossio quae erat Klinkhameri opinio non sunt adscriptae): quod factum sine dubio post absolutam editionem. Post id tempus nescio quis (nam Bongarsii manum, a quo scriptas arbitrabatur Orellius, non agnoscit H Hagenus) ex ipso codice L*) in exemplar Danielinum quod Bernae seruatur transtulit unde descripsit Orellius p. LXXVI sqq.

· Ex ipso codice uarias lectiones Klinkhameri in usum amicus quidam excerpsit, ex cuius editione pauca quae dubitatione carebant addito R dedi, p littera quae ipse ex L enotaui significantur.

---

*) ita tantum fieri potuit, ut homo ille ubi nulla adscripta est in L libri Pithoeani differentia, ibi consentire alterum cum altero ratus Leidensem scripturam pro Pithoeana uenditaret: uelut p. 24, 17 ubi *perourro* pro *percurro* uidetur scriptum in L, *perourro* ex Pithoeano quoque protulit. Eundem autem errorem non semel Klinkhamerus quoque admisit, qui cum sine dubio eandem rationem in transcribendis Parisini libri excerptis secutus sit, non omnia quae inde protulit, ego descripsi: accedit quod Philippi Parei et libri Parisini sigla (*Par. Paris.*) non satis diligenter ab illo discreta uidebam.

Rp prorsus pendet ex P, P autem ut ex ipsa sub-
scriptione patet in qua Qverolvs pro Avlvlaria est,
quam maxime est interpolatus. Textus igitur ad VL
quorum alter ex altero corrigendus, conformandus erat.
Praestare tamen aliquanto Vaticanum librum neminem
fugiet. Libri P orthographiam raro curaui, cum etiam
hac in re ubi V et L discedunt accurate adnotarem.

Quintum extare librum nuper conpertum est ex ar-
chiui Francofurtensis t. XII 274: inter codicum ueterum
relliquias quas conpactas continet liber Reginae Chri-
stinae n. 314 quattuor extant membranae s. XII in.
f. 113—116 in quibus est Aulularia uel potius eius
fabulae pars quaedam. Eum quoque ex interpolatorum
numero esse suspicor ex aeuo quo scriptus perhibetur.

C. Excerptorum libri

1) 'Eiusdem (Queroli) fit mentio in uetustissimo libro
glossarum quem mihi una cum hac comoedia suppeditauit
amplissima fani Benedicti Floriacensis ad Ligerem
bibliotheca'. PDaniel ed. pr. F. j.ᵘ (apud Orellium p.
LXXIV).

2) Quoddam uetustum fragmentum ex Compen-
diepsium Franciscanorum coenobio.

3) Antiquissimus codex manu exaratus S. Victoris
Parisiensis cui *Deflorata ex bonis auctoribus* titulus inest. (Esse hunc suspicor cod. Paris. fonds de St. Victor
n. 756 s. XIII in quo multos Aldae Guillelmi Blesensis
locos deprehendit Merilius.)

4) Item Lutetiae in collegio Sancti Geruasii.
'In quibus (2—4) plurimas sententias huius fabulae excerptas et in unum collectas repperi, atque haec omnia
sub *Plauti* nomine *in Aulularia*.' Daniel l. l. (apud
Orellium p. LXXV).

Ex tribus libris nihil*), pauca ex S. Victoriniano pro-

*) nam ex quarto S. Geruasii quem in secundis curis ad-
hibuit citantur haec tantum: 13, 14 *huc quanta* 13, 23 *agno-*

tulit Daniel. ea cum facile pro Camerariani libri lectionibus possint haberi ab eis qui Rittershusii notis utuntur,
simulque ut recensus quidam adsit locorum ex hac fabula
transcriptorum, quae Daniel dedit omnia hoc loco recen-
sebo omissa pleraque in adnotatione: 9, 26 *quemadmodum
tibi aliisque* 12, 14 *quodsi* 13, 14 *quantam adiciunt*
13, 15 *sōpnum* 13, 16 *adsignatur* 17, 13 *carceres* deest
17, 16 *uestitum* 18, 6 *eruditus* 19, 12 *nobis* 19, 13
at quanto 19, 14 *esse felicem non sinunt* 39, 23 *splendoris id* 39, 24 *quod publicet* deest 39, 25 *ego lustro*
(*latera* deest) 40, 8 *abstuleris* deest, at 40, 9 pro *abscideris* scriptum est *abstuleris* 41, 9 *salutet fastidientes*
45, 4 *uero* 49, 8 *ubique]* ubi 55, 12 *nunquam tu celeriter*.

5) *Florilegium de diuersis poetis et auctoribus antiquis*
bibl. regiae Berolinensis (Ms. Diez. B. Santen. 60)
membr. s. XIV f. 65ⁿ col. 2. sub titulo *Plautus in Aulularia* hi loci adsunt: p. 6, 6 et 8 12, 5—7 12—14
22—25 13, 22 s. 15, 19 28, 13 s. 39, 15 s. Ipse
descripsi a. 1869*).

_____

sces 18, 4 *labores eorum* 40, 7 *Vae apud nos (illis* om.). Ex
eodem fonte petita uidetur lectio quam 19, 15 ex codice aliquo
suo exemplari adscripsit Daniel.

*) *Rubricas adscribam libri ad cognoscenda medii aeui
studia grauissimi simillimique eius quod n. 6 significaui:* 1ʳ Incipiunt flores auctorum (*5 versus*) — Socrates — Jeroni-
mus ethicorum in theodolo — Incipiunt prouerbia ethicorum
(*unus uersus: nam totus liber prouerbialis est rubrica adscri-
ptum)* — prouerbia Theodoli — 1ⁿ Incipit prologus libri Aui-
ani — prouerbia Claudiani 2ʳ pr. Stadioli — pr. Panphili —
2ⁿ pr. Maximiani — pr. Homeri (*duo tantum loci*) — Versus
ficticii — pr. Horrestis 3ʳ pr. Gete — pr. Albe comedi (*Aldae
comoediae*) — 3ⁿ pr. Ysopi (*supra* f. 4ʳ: In eso pio 4ⁿ prouerbia
Esopi) 5ʳ de libro qui dicitur de patricida 5ⁿ de breui sub-
stantia hominum — magʳ Niuardus de ysengrino et reinardo
6ʳ pr. de remedio amoris 7ʳ Ouidius in arte amatoria 8ⁿ pr.
Ouidii epistolarum 9ʳ Ouidius in tristibus 10ⁿ pr. de ponto
12ʳ Ouidius sine titulo (*ex Amorum libris*) 13ʳ Ouidius in fa-
stis 13ⁿ pr. Ouidii Methamorfoseos 15ⁿ Ouidius in ybin —

6) Excerptorum liber Parisinus Nostre-Damensis 188 membr. s. XIII. Inde Tibullianos uersus descripsit E. Woelfflinus Philologi t. XXVII (1868) p. 152—157 cf. Rothii ad Suetonium praef. XXXIII, Bursiani

---

pr. Tobie *(Matthaei Vindocinensis)* 18r Noua poetria *(Galfridi)* 20u *(Virgilii)* in bucolicis — in georgicis — in Eneyde 21r Lucanus 22r Alexander *(Galteri de Castellione)* libro primo 22u libri secundi 24r libri tertii *(reliquorum librorum excerpta desiderantur)* — In stacio Prudentius in prohemio de pugna uirtutum et uitiorum 25r Claudianus contra ruphinum 27r pr. Marcialis 29r Gaius Valerius Flaccus in primo argonauticō — Virgilius in culice de beatitudine pauperis uite — Virgilius in ethna — Lucanus de laude Pisonis 29u Calphurnius in bucolicis — in Iuuenali 33r in Persio — Horacius in poetria 34r Horacius in sermonibus 35r Horacius in epistolis 37r Expliciunt flores auctorum 37r Therentius in andria — Th. in adelphis — Iob 38r Salustius 39r Boetius de consolatione 42r ex Platone — ex Marciano — ex Macrobio 42u Tullius de rethoricis 43r Tullius in primo libro de officiis 51r de amicitia 53u de senectute 54u in paradoxis 56u Quintilianus in materiis 58r In libro causarum 59r Seneca ad Lucillum 65r Tullius contra Sallustium 65u Plautus in aulularia 66r Macrobius in saturnalibus — Seneca in declamationibus — in I° de beneficiis 67r in I° de clementia 68r in libro de naturalibus questionibus 69u Ex Argellio noctium articarum in primo 70r *(Iulii Celsi)* Ex gestis cesaris — Sydonius 70u Cassiodorus 71r Suetonius 71u Verba scriptoris ad lectorem:

Dicta tenes ueterum lege singula collige uerum
Exempla et morum retine decreta priorum
Finis adest [operis] sint uota precesque laboris
Premia sit ueri tua gratia pignus amoris

secuntur monosticha quaedam 72r Seneca de 4or uirtutibus 73u quedam excepta Senece de beneficiis 74r excepta Senece de clementia imperatoris — de officiis — ad Damasum 74u Ieronimus Eliodoro — Ieronimus Augustino — Augustinus ebodoro *(sic)* — Paulino pbr̄o — de occeano — Sabino Iuliano — Turpilianus Nicete — Ebodoro *(sic)* — contra prelatos — Ieronimus de expōe mathē *aliaque* 77r *uersus leonini sine rubrica* 77u Expliciunt flores tam auctorum quam philosophorum. *Sequitur de feminis carmen 35 uersibus constans a femina uoce incipientibus quorum primus:* Femina uincit adam, uictus fuit arbore quadam. *Finitur liber his uersiculis:*

ad Senecam patrem praef. p. XVIIII Buecheleri ad Petronium p. XXVI. *Plautus in Aulularia* quae ad nostram pertinent fabulam inscripta sunt. Eadem continere uidetur cod. *Parisinus* 13582 s. XIII uel XIV in. p. 164—167.

7) Excerptorum liber Palatinus 1042 membr. s.

Porta salutis aue per te patet exitus aue
Venit ab eua ue ue quia tollis aue
Virgo mater aue ueneranter te precor aue
Seruer que sine ue parentis destruis eue
Clauiculis firmis theos antropos in pos et ir mis
Figor ob infirmi cosmu delicta patir mi

(Clauiculis — mi *rubro scripta) Haec omnia una manu ab initio ad finem luculenter perscripta. Ouidii epistolarum 8^u · Martialis 27^r Aetnae 29^r Calpurnii 29^u locos graphio indicauit in margine M Hauptius ni fallor; Homeri Orestis Aldae Aetnae panegyrici Pisoniani uersus exscripsi; cetera quominus accuratius examinarem temporis angustiae inpediuerunt.*

Aetnae *loci hoc ordine leguntur (cum Munroi editione a. 1867 contuli) eorum non nisi primus uidetur extare inter Parisiensia excerpta cf. M Haupt Hermae III 338 sqq.* 222 s. inmensus — curis 249 s. magnifesta — iocunda uoluntas 257 torquemur — labore (q; *post* premimur *al. m. add.*) 278 torquentur — domantur (terre) 276 scrutamur — profundum (uertimur) 277 Semen ut argenti queratur et aurea uena 266—268 leues — campo (et dolia | defecto | fenilia) *Sequitur uersus:* Nichil est quod texitur ordine longum; *post hunc carminis* ad Pisonem u. 5—13 *ad marginem adiecta rubrica:* Lucanus de laude pisonis non tamen genere clari sed etiam uirtute multipli. (*adscribam ubi ab ed. Bipont. differt liber:* 5 Tua est miranda 7 Noblitas eadē. pro 8 ymaginibus 10 profu/nt (ı *ex* u *rasura*) đ uita 12 tantis] claris 13 nō ponā summā ponis ī ıllᵃ *atque* ponā *deletum lineola*) 39 s. cum — mittit (mestos; *in marg.:* hic commendat pisonem de eloquentia) 46—48 Iudex sponte sua — iram (Victor| Iudex | ıʳā iudex quam habet, *deest* non) 100—113 quodque — ab illo (100 fuerat 101 dılıḡ ex equo nec eum fortuna c. 103 spaciantur uerba iocorum 104 affert 108 Illa casta domus licet et s. c. c. 109 Victa 110 Nullus eum laci comitem 112 Quam | sed ʼq ? ? merces de sunt 113 quem rogat ex equo u. rogatat a ?.) 117 — 120 Laudo tuam — amando (117 Piso) Laudo | mittia 119 Inter et aeq.) 206 Voluisse — iacto (*om.* at) 213 Abdita metalli 243 Se (*sic*) tenuis — tenebris.

XII f. 68 — 93 *Excerpta ex Plauto* habet. inc.: *Plautus in Querolo. LAR ad Querolum. Quid de adulterio dicis? Querolus. attat ñ hoc crimen non est. Lar. quando autem licitum esse cepit?* Ex ipso Camerarii libro descripta Plautina dicit FRitschelius (cuius uid. Opp. II 130 not. 73, 162) in quo et ordo et titulus idem est atque in hoc florilegio.

Non praetereundus hoc loco Vincentius Bellouacensis († 1264): is in Speculo historiali cuius utor codice msto bibliothecae Rehdigeranae S IV 5 p 21 membr. s. XIIII per manus *Walteri dicti de platea* optime scripto (R) a quo non raro differt quae mihi praesto est ed. Veneta a. 1494 (V), quinti libri cap. CV (Venetae l. V c. 55) haec profert:

„De plauto poeta comico et dictis eius. Eodem anno plautus ex umbra (umbria V) arpinas rome moritur. Qui propter annone difficultatem ad molas manuarias pistorem se locauerat ibi quociens ab opere uacasset scribere fabulas solitus (V *add.* erat) ac uendere. Actor. Hic plautus eloquentissimus fuit. Vnde iero'. (V Hiero.) in suggillecionē (V sigillatione) eloquentie cuiusdam emuli sui dicit. Hec est illa plautina eloquentia. hic lepos atticus (V accitus). et musarum ut dicunt eloquio comparandus. De omnibus autem plauti comediis ex illa sola que dicitur Aulularia paucas morales et breues sententias excerptas hic inserui. Plautus poeta comicus in aul'.“

Indicabo sententias quam potero breuissime additis uariantibus lectionibus:

3, 6 Pecunia rerum ac solicitudinum causa est et caput

6, 6 Sibimet esse sufficientem primum bonum est

[12, 18 Visne tibi honorem deferri. inter miseros uiuito. *deest* R]

6, 8 Si pro meritis reddendum nobis non putamus ipsi nosmet fallimus

12, 7 Quidnam o stulte mirum est si — diligit

[12, 12 In amiciciam — receperis. *deest* R]

12, 13 Insipientium — collegium.

12, 22—25 Nemini—dissentimus (Querole *om.* RV
23 est *om.* V parem ferre non patiens RV 24 s. de-
spicimus — inuidemus — dissentimus RV)

19, 14 s. Quidsi nescio quis ille est alius enim est
in corde: alius in uultu

22, 9—14 Multum inquit adulator sese (adulatores
se V) aliqui laudant. qui (qui *om.* V) uel fugaces feras
uel pugnaces bestias aut — maxime. (13 Et quos RV
potentes et diuites RV)

59, 7 Tres *(sic* RV) — capit

40, 6—9 Ve apud quos (q² *i. quia* apud se V)
domini (deum domini R) uigilias — seruis de uita quantum de nocte auferunt

13, 3—5 Conuentus et debachationes (delectationes
V) et ioca friuola non quero ut amorem pariant (que ut
a. non pariunt V) Vtinam nichil odiorum darent

13, 15—19 Patientia d. a. c. assignatur . sic euer-
tuntur omnia: nemo — querole . (18 econtra V negligens RV LAR *om.* RV 19 querule V)

13, 22 Tu neque — felix eras (hec V cognosceres
RV)

17, 7. 20—23 Da michi aduocati gratiam . uende
uocem — criminum

[18, 9 Sepe — uulpium *deest* R]

5, 18 s. Nemo — dicimus

Supersedeo si qua ex Aulularia in speculum doctri-
nale aut naturale*) transcripsit Vincentius conquirere:
iam illa ad nostram rem sufficiunt.

Parum recte Orellius conlegit hanc unam fabulam
quam uere plautinam putabat Vincentio praesto fuisse,
ceteras etiamtunc ignotas. sane plautinae fabulae per
medium aeuum prorsus fuerunt incognitae, nec quisquam
inuentus est eis saeculis qui eum laudaret, cum Terentius
omnium esset in manibus. Nam quae plautina extant in

---

*) e. g. spec. nat. l. XXXI non memini quo capite.

Thesauro nouo latinitatis edito ab A Maio — esse autem Osborni Panormiam s. XII confectam G Meyer docuit M Rh 1874 p. 179 — non ex ipso Plauto repetita sunt. At Vincentius ne habuit quidem totam Aululariam, neque tam fuit insanus, ut si habuisset,- uere plautinam iudicasset. Nam cum non esse a Sarsinate conpositam Aululariam ipse Rutili amicus in prologo dicat, qui hunc uel illum uersiculum inde depromeret breuitatis gratia non poterat solum sed debebat solemni illo titulo uti quem praebebant libri: at qui de ipso Plauto uerba faciebat, si totam legerat fabulam fieri non potuit ut is inter uere plautinas eam referret; hoc tamen fecit Vincentius. Iam certissimum fit illum non nisi excerptis usum esse et ex similitudine quae intercedit inter Vincentiana atque ea quae nos ex Dieziano, P Daniel ex S. Victoriano et S. Geruasiano protulit, et inde · 10d, ubi exemplis ex nostra comoedia petitis hanc illamue rem poterat illustrare, uelut in spec. naturali XXXI c. 126 cynocephalos uel XV c. 50 reprobationem falsae constellationis, Isidorum aliosque potius auctores adlegat. Ea excerpta quae fuerint, tum demum sciemus, si quis siue Nostredamensem librum uel si quis extat uetustior typis descripserit.

Ex isdem rursus sententiis a Vincentio excerptis potius quam ex ipsa fabula conicit Orellius selegisse nonnulla Landulphum Sagacem de Columna (c. a. 1320, uid. Fabricii Bibl. med. et inf. lat. t. IV p. 239 M.) in libro rarissimo cui titulus est *Breuiarium historiale ed. Pictauii 1479 in 4°* (uid. Ebert lexicon bibliogr. n. 1170, 2): id ego non nidi. Pauciora etiam quam Landulphus haud dubie ex eodem fonte dedit Albertus de Eyb (c. a. 1460) in *Margarita poetica* (ed. Romanae 1475 f. 206[u]) Argentin. a. 1503 f. CCLXXVI[r]) nam hos locos: 3, 6 6, 6 12, 18 (Vis iure honorem tibi etc.) 12, 12 12, 13 12, 22 isdem quibus Vincentius uerbis exhibet eodemque ordine.

b*

III. DE AVCTORVM TESTIMONIIS.

Seruius ad Vergili A III 226: Plautus in Querulo de anseribus: [30, 16] Cuncti — clangoribus

Seruius in Eichenfeldi et Endlicheri Anall. gramm. p. 535: Terentius rhythmis scribit comoedias uel Plautus.

Liutprandus († 972) Antapodosis I (3) c. 11 (Pertz SS III 277 s.): [35,10—12] Mars trigonus — saltu est. [ib. 13] Mala — premit

Iohannes Sarisberiensis († 1182) in Policratico I 8 (Opp. ed. Giles III 42): Histriones erant qui gestu corporis arteque uerborum et modulatione uocis factas aut fictas historias sub aspectu publico referebant: quos apud Plautum inuenis et Menandrum et quibus ars nostri Terentii innotescit. Idem Polycratico II 25 (III 129 Gil.). Numquid tibi uidetur uerior et fidelior sententia Iouis et Martis, quam sententia creatoris? Non utique Plauti consilio acquiesces, si istud uirium planetis adscripseris. Cum enim Sycophanta Mandrogerum percunctaretur, an illi sint planetae placandi, qui numeris totum rotant: eos Mandrogerus nec nostro uisu faciles nec dictu affabiles esse respondit, adiciens quod atomos in ore uoluunt, stellas numerant, sola mutare non possunt sua et q. s. (quibus ex uerbis apparet totam fabulam legisse Iohannem).

Idem in Enthetico u. 1683 (cf. 1361): Plautinum Querolum miraris ubique uideri; mancipio tali non caret ulla domus.

Traditur in Gestis Romanorum c. 175 (ed. nouissimae p. 574) narrare Plinium [nat. hist. VII 23] *quod aliqui homines sunt canina capita habentes qui cum latratu loquuntur et uestiuntur pellibus animalium.* additurque moralis interpretatio: *Tales significant praedicatores, qui omnes animalium pellibus debent uestiri i. e. aspera penitentia propter bonum exemplum aliis dandum indui.* Quae translatio ex Aululariae lectione uidetur nata esse.

Vitalis poeta (is qui Blesensis plerumque audit iniuria ut uidetur)*) octauo uel nono saeculo ut mea est sententia**) nostram fabulam elegiacis uersibus expressit. Huius carminis inpressi ab Hieronymo Commelino in calce antiquae Aululariae ab Rittershusio editae a. 1595 (quod exemplar repetitum est hoc saeculo a Friderico Osanno Darmstadii 1836 una cum eiusdem poetae Amphitryone uel Geta) pauca tantum uidentur extare. neque satis uetusta exemplaria manuscripta: innotuit liber *Duacensis* n. 461 s. XV cuius lectiones dedit Merilius *(Poésies inédites 1854 p. 443—445)*, *Lambacensis* libri n. 100 memoriam iniecit Monius *(Anzeiger VIII 321)*. Tertii libri apographum extabat Guelpherbyti inter libros Marquardi Gudii *cum manuscriptis collatos uel notis autographis doctorum uirorum illustratos* indicatus his uerbis: „*56 Plauti Aulularia 1595 In eodem uolumine exstat Querulus descriptus ex manuscripto codice* Rhemensi *antiquo manu Samuelis Sciassii*"; a Francogallis Parisios est delatum redditumque pro eo postea merum Commelinianum exemplar: nec Parisiis hodie extat Gudianus liber.

Nec deest quarti libri memoria: nam in ueteribus codicibus monasterii *Egmondani* fuisse *Aululariam Plauti uersibus elegiacis expressam* refert Js. Vossius epistola ad NHeinsium data a. 1650 (Sylloges Burmannianae t. III 588). — Neque desunt Florilegia in quibus huius carminis loci exhibentur msta uelut *Parisiis Suppl. lat. n. 264 Wratislauiae bibl. regiae IV F 87 s. XV*, atque hoc

---

*) de eo uid. Histoire littéraire de la France XV 428—434 XXII 39—50 (V. Le Clerc) Sane *Vitalis gallici blesensis Alluaria explicit* subscriptio est et Commeliniani et Duacensis libri: in Amphitruone uero uetustiores libri uno *Vitalis* nomine auctorem efferunt, *Blesensis* non nisi in recentioribus additur. Propterea translatum illud censeo ad Vitalem a Guillelmo Blesensi clarissimi Petri archidiaconi Bathoniensis fratre qui exeunte XII saeculo comoediis atque tragoediis elegiaco metro scriptis inclaruit.

**) Furnerius (H L de la Fr. XV) anno 1186 Aululariam factam censuit, propius uero CGMueller Anall. Bern. II (1840) p. 7 saeculo decimo.

inpressum est cum inscriptione: *Egregie sententie siue io-
cundi flores doctorum poetarum* s. a. et l. inter incunabula
eiusdem bibliothecae n. 2580*). cf. Ch Daumi epist. ad
Reinesium LXXV 303.

Ipse Vitalis de hoc carmine cum dicat u. 23 sqq.:

Haec mea uel Plauti comoedia nomen ab olla
    traxit; sed Plauti quae fuit, illa mea est.
Curtaui Plautum: Plautum haec iactura beauit;
    ut placeat Plautus, scripta Vitalis emunt.
Amphitryon nuper, nunc Aulularia tandem
    senserunt senio pressa Vitalis opem.

non recte iudicarit, qui a Sarsinate factam Rutilianam
Aululariam putasse Vitalem censuerit: ad Plautum iuniorem
quendam fabulam CBarthius quoque retulit.

IIII. AVCTORVM VETERVM LOCI

quos poeta siue respexit siue uidetur respexisse maxi-
mam partem a Daniele et Klinkhamero conparati.

    3, 1 *Vergil. Culex 25* Octaui uenerande   *Carmen ad
Pisonem 147* Piso tuam uenerande domum

    3, 7 *Propert. IIII 6. 1* Ergo sollicitae tu causa
pecunia uitae. *Censorini de die nat. 1, 5 (praef.)* Quare
cum dona pretiosa neque tibi per animi uirtutem desint
nec mihi per rei tenuitatem supersint, quodcumque hoc
libri est   meis opibus comparatum natalicii titulo tibi
misi

    5, 4 *Plauti Menaechm. prol. 1* Salutem primum iam
a principio propitiam Mihi atque uobis spectatores nun-
tio. *Casinae prol. 1* Saluere iubeo spectatores optimos

    5, 9 *Terentii Eun. 25* Colacem esse Naeui et Plauti
ueterem fabulam. *Casinae prol. 13* antiquam eius edimus
comoediam

---

    *) consentit plurimis locis cum exemplari inpresso Coloniae
1472 quo usus est Merilius.

5, 23 *Ter. Heaut. prol. 12* Vostrum iudicium fecit
25 arbitrium uostrum, uostra existumatio valebit

5, 25 *Ter. Heaut. prol. 20* Habet bonorum exemplum,
quo exemplo sibi Licere id facere quod illi fecerunt
putat

6, 1 *Pl. Aulul. prol. 2 sqq.* Ego Lar sum familiaris
sqq. *Pl. Carbonariae fr.* Secundum ipsam aram aurum
abscondidi

6, 20 *Pl. Rudens. 1044* Etsi ignotust, notust

7, 22 *Ter. Phormio 841* O fortuna o fors fortuna

8, 1 *Ter. Andr. 343* Cessas adloqui? *345* Cesso
adloqui? *Heaut. 757* Cesso hunc adoriri?

8, 11 *Pl. Capt. 750* Vis haec quidem herclest.
Adelphi 943 Vis est haec quidem. *Sueton. D. Iulius
c. 82* ista quidem uis est

8, 21 Homuncio: *Ter. Eun. 591* homunculi *Pl.
Capt. prol. 51*

8, 26 *Ter. Ad. 227* Nusquam pedem

9, 8 *Ter. Ad. 979* Syre, processisti hodie pulchre

9, 11 *Pl. Cas. II 8, 2* Tamquam carbonarium *cf.
prouerbium* de calcaria in carbonariam peruenire *prolatum
a Tertulliano de carne Chr. 6*

10, 14 ? *Saluiani* (c. 450) *de Gub. dei l. III* non
est numquam omnino fecisse, facere cessare

10, 19 *Ter. Phorm. 245* communia esse haec

11, 8 *Ter. Andr. 782* iocularium in malum insciens
paene incidi. *Phorm. 134* iocularem audaciam.

12, 8 *Martialis I 112* Cum te non nossem, dominum regemque uocabam: Nunc bene te noui: iam mihi
Priscus eris

12, 12 *Menander* n. CLXVII Φρόνησιν ἀσκῶν ἄφροσιν
μὴ χρῶ φίλοις

12, 22 *Ter. Eun. prol. 41* Nullumst iam dictum
quod non sit dictum prius

12, 22 *Martialis XII 34 7 — 11* Si uitare uoles
acerba quaedam Et tristes animi cauere morsus, Nulli
te facias nimis sodalem. Gaudebis minus, et minus dolebis

12, 23 *Ter. Heaut. 202* Pateretur: nam quem ferret, si parentem non ferret suom?

13, 13 *Iuuenal. III 152* Nil habet infelix paupertas durius in se, quam quod ridiculos homines facit. *cf. XI 2 s. Pl. Stich. 177* Paupertas fecit ridiculus forem. *Horat. C. III 24, 42 s.* Magnum pauperies opprobrium iubet Quiduis et facere et pati

14, 7 *Ter. Eun. 243* Omnia habeo neque quicquam habeo: nil quom est nil defit tamen

14, 8 ? *Pl. Merc. III 2, 4* Decurso in spatio breue quod uitae relicuomst Voluptate uino et amore delectauero

14, 24 *Pl. Merc. IV 4, 31* Nunc ego uerum illud uerbum esse experior uetus: Aliquid mali esse propter uicinum malum

15, 11 *Ter. Andr. 889* Immo habeat ualeat uiuat cum illa. *Ad. 622* ualeas habeas illam quae placet. *Plin. ep. I 16, 1* nunc uero totum me tenet habet possidet

15, 19 *Pl. Capt. 142 s.* Tum denique homines nostra intellegimus bona, quom quae in potestate habuimus, ea amisimus

16, 25 *Pl. Pseud. 545* Quasi quom in libro scribuntur calamo literae Stilis me totum usque ulmeis conscribito

17, 9 ? *Dracontius I 20* Nos licet nihil ualemus, mos tamen gerendus est

17, 21 *Seneca Herc. 173 — 175* Hic clamosi Rabiosa fori iurgia uendens Inprobus iras et uerba locat

18, 12 *Vergil. A. I 381* Bis denis phrygium conscendi nauibus aequor

18, 13 *Seneca Med. 304* Animam leuibus credidit auris. *Herc. 153* carbasa uentis credit dubius nauita uitae laxos aura conplente sinus. *(Pentadius?) Anthol. lat. 266, 1* hic est ille suis nimium qui credidit undis. *ibid. 2681* crede ratem uentis — *Claudian. de R. Pr. I praef. 5* tranquillis primum trepidus se credidit undis.

18, 15 *Iuuenal. XIII 96* Pauper locupletem optare podagram Nec dubitet Ladas

18, 19 *Vergil. A. IIII 100* Habes tota quod mente petisti

18, 21 *Iuuenal. VI 326* Nestoris hirnea

18, 24 *Ter. Heaut. 325* Aut haec cum illis sunt habenda, aut illa cum his mittenda sunt

20, 19 *Vergil. A. VI 100* Obscuris uera inuoluens

21, 6 *Ter. Phorm. 459* Incertior sum multo quam dudum

21, 20 ? *Tacitus Hist. II 88* incuriosos milites — uernacula utebantur urbanitate — quidam spoliauere abscisis furtim balteis, an accincti forent rogitantes

21, 22 *Pl. Aulul. IV 4, 14* Hem tibi

22, 9 *Pl. Most. 775* Alexandrum magnum atque Agathoclem aiunt maxumas Duo res gessisse: quid mihi fiet tertio, Qui solus facio facinora inmortalia?

22, 17 *Pl. Poen. II 2, 9* Hodie iuris coctiores non sunt qui lites creant. *Epid. III 4 ex.* Atque me minoris facio prae illo qui omnium Legum atque iurium fictor, conditor cluet

22, 18 Apicius: *Iuuenal. IIII 23 XI 3 cf. Teuffel Gesch. d. röm. Lit. § 267, 4*

23, 13 *Pl. Most. 490 491 493:* in somnis

24, 13 cf. *Ter. Andr. 670 infra ad p. 56, 12 et 18*

24, 14 *Pl. Capt. 410* Nam tua opera et comitate et uirtute et sapientia Fecisti —

24, 15 *Pl. Persa I 3, 43* Cynica esse e gente oportet parasitum probe

24, 20 *Pl. Mil. 47* Recte rationem tenes.

26, 7 *Pl. Most. 1037* I mecum, opsecro, una nunc semul. cf. *Poen. III 1, 50 Poen. V 3, 28 Pseud. 410 Pers. 170*

27, 7 *Ter. Ad. 945* Si uos tanto opere istuc uoltis, fiat

28, 14 *Vergil. A. III 621* Nec uisu facilis nec dictu affabilis ulli

29, 4 *Vergil. Ecl. VIII 99* Atque satas alio uidi traducere messes

29, 24 *Lucan. VI 689* Quod trepidus bubo quod strix nocturna queruntur. *Statius Th. III 511* nocturnae gemunt striges et feralia bubo Damna canens. *Seneca Med. 736 Hercules 691 s. Dracontius X 306*

30, 16 *Vergil. A. III 225 s.* At subitae horrifico lapsu de montibus adsunt Harpyiae et magnis quatiunt clangoribus alas

30, .17 *Horat. Ep. I 1, 10* Vtque sacerdotis fugitiuus liba recuso: Pane egeo iam mellitis potiore placentis.

30, 22 *Cicero pro S. Roscio c. XX 56   cf. Arnobius VI 20*

31, 5 *Cicero in C. Verrem act. II 4, 96* Foris aedis effringunt: aeditumi custodesque mature sentiunt

31, 7 *Vergil. A. VIII 698* Latrator Anubis

31, 11 *Cicero in C. Verrem act. II 5, 118* Aderat ianitor carceris, carnifex praetoris, mors terrorque sociorum et ciuium Romanorum, lictor Sextius, cui ex omni gemitu doloreque certa merces comparabatur: „ut adeas tantum dabis; ut tibi cibum uestitumque intro ferre liceat, tantum"

31, 21 *Vergil. A. VI 406*

32, 14 *Iuuenal. VIII 129* Cuncta per oppida curuis Vnguibus irè parat cunctis metuenda Celaeno *XIII 169* raptusque per aera curuis Vnguibus

32, 25 *Iuuenal. VII 199* Anne aliud quam Sidus et occulti miranda potentia fati?   *XVI 4* plus etenim fati ualet hora benigni

34, 8 *Seneca Apocoloc. II 3* Horam non possum certam tibi dicere: facilius inter philosophos quam inter horologia conueniet: tamen inter sextam et septimam erat

35, 10 sqq. *Pl. Epid. I 1, 22* Te uolo percontari: operam da, opera reddibitur tibi

36, 5 *Pl. Cas. II 6, 30 et 50* Quod bonum atque fortunatum sit mihi — *Trin. 41* Venerare ut nobis haec habitatio Bona fausta felix fortunataque euenat

36, 15 *Pl. Stich. 326* Quisnam opsecro has frangit foris? *327* ean gratia foris ecfringis?

40, 3 zelotypi: *cf. Pl. Stich.* 727 *sqq.*

40, 20 *Ter. Ad.* 207 Accipiunda ac mussitanda iniuria adolescentiumst

42, 3 *Vergil. Ecl. III 54* Sensibus haec imis, res est non parua, reponas

42, 5 *Pl. Bacch.* 468 Ne di sierint *Merc. II 2, 51* a ne di siuerint. *Pl. Ep. II 2, 3* Illud enim nec di sinant

42, 5. 6 *Cicero in Pisonem 14 § 33:* Sic exire e patria . . . ut omnes execrarentur, male precarentur, unam tibi illam uiam et perpetuam esse uellent? *Turpilius Thrasyleone (207 R)*, age age egredere atque istuc utinam perpetuum itiner sit tibi

42, 11 *Pl. Aul. I 2, 22* Si bona fortuna ueniat, ne intromiseris

42, 16 *Cicero in Catil. I 5* Dum modo inter me atque te murus intersit

44, 6 *Festus* p. 261 M. Quot serui tot hostes

45, 4 *Iuuenal. XIII 130. 134* Maiore tumultu Planguntur nummi quam funera . . . ploratur lacrimis amissa pecunia ueris

45, 5 *Pl. Rud. 1257* At ego deos quaeso, ut quidquid in illo uidulost, Si aurum, si argentumst, omne id ut fiat cinis. *(cf. Tibull. I 9, 12) Phaedrus V 6, 6* superum uoluntas fauit, sed fato inuido Carbonem ut aiunt pro thesauro inuenimus

45, 20 ? *Pl. Bacch.* 849 Ni illum . . . exheredem fecero uitae suae

45, 25 *Pl. Poen. IIII 2, 92* At enim nihil est, nisi dum calet hoc agitur

46, 6. 13 *Iuuenal. IIII 108* Matutino sudans Crispinus amomo Quantum uix redolent duo funera

46, 14 *Horat. C. III 27, 1* Parrae recinentis omen . . . et praegnans canis

46, 21 *Cicero de finibus 92* At hoc in eo M. Crasso quem semel ait in uita risisse Lucilius, non contigit, ut ea re minus ἀγέλαστος, ut ait idem, uocaretur. *cf. Plin. n. h. VII 79 (Lucilii ex libris incertis 176 Mueller)*

51, 9 *Pl. Amph. 682* Opsecro ecastor, quid tu me deridiculi gratia Sic salutas atque appellas quasi dudum non uideris

54, 8 *Cicero in Catil. I 1* O tempora o mores! *Martialis VIIII 70* Dixerat „o mores o tempora!" Tullius olim

55, 10 *Pl. Epid. II 2, 107* Iura qui et leges tenet *III 4, 90* legum atque iurium fictor, conditor cluet

55, 12 *Pl. Trin. 1060* A nimium Stasime saeuiter. *Ter. Andr. 868* a ne saeui tantopere. *Heaut. 1052* age quaeso, ne tam offirma te Chremes

55, 13 *Pl. Trin. 309* Sin ipse animum pepulit, uiuit, uictor uictorum cluet.

55, 22 *Ter. Phorm. 506* Id quod aiunt: auribus teneo lupum. *cf. Sueton. Tib. 25* ut saepe lupum se auribus tenere diceret

56, 4 *Pl. Trin. 961* Quem ego qui sit homo nescio Neque oculis ante hunc diem umquam uidi, eine aurum crederem? *Amph. 686* immo equidem te nisi nunc hodie nusquam uidi gentium

56, 7 *Pl. Persa II 2, 34* Dic tu, prior rogaui

56, 12 *Ter. Andr. 670* Hac non processit, alia adgrediemur uia

56, 18 *Pl. Trin. 963* Adgrediundust hic homo mi astu. *cf. Vergil. G. III 8* temptanda uiast qua me quoque possim Tollere humo

56, 25 *Ter. Andr. 202* Ita aperte ipsam rem modo locutus nil circumitione usus es

58, 16 *cf. supra ad 55, 10*

58, 19 s. *cf. Pl. Capt. 160 sqq. Curc. 444 sqq. Pers. IIII 6, 20 sqq. Trin. 1021 s.* Taurea: *Asin. 372*

58, 22 *Pl. Mil. 354 s.* PA. Praecepta facito ut memineris —. PH. Cedo uel decem, edocebo

58, 23 *Cicero pro S. Roscio 17* Alter plurimarum palmarum uetus ac nobilis gladiator habetur

Ex antiqua Aulularia praeter fabulae nomen et Euclionis Larisque personas ipsamque ollam auri medio in foco defossam (p. 4, 2 == prol. 8) pauciora expectatione auctor transcripsit: accedunt ad ea quae supra ad 6, 1 et 42, 11 attuli haece:

8, 1 *IV 3, 4* sed ego cesso currere?

9, 13 *IV 10, 59* audi nunciam

26, 7 *IV 4, 28* tecum simul

27, 6 *II 2, 32* habeo gratiam

36, 12 *IV 4, 18 et 27* tui quidquam

40, 17 *prol. 37* sed hic senex iam clamat intus ut solet

41, 7 *I 1, 2* circumspectatrix

41, 19 *IV 10, 35* neque ego aurum neque istaec aula quae siet Scio nec noui

42, 10 *I 2, 12* caue quemquam alium in aedes intromiseris

43, 23 *II 4, 17* uah

44, 24 *IV 9, 10* heu me miserum, miserum, perii male perditus

46, 5 *II 2, 39* aurum huic olet

46, 14 *IV 3, 1* non temere est quod coruos cantat mihi nunc ab laeua manu

52 sqq. *IV 10, 33* aulam auri inquam te reposco quam tu confessus mihi Te abstulisse *etc.*

55, 9 *IV 10, 30* Iam quidem herle te ad praetorem rapiam et tibi scribam dicam.

V.

Addo eiusdem aeui comoediarum uestigia quaedam.

Fulgentius Expos. serm. ant. p. 566, 7: Summates dicuntur uiri potentes. Simpolones dicuntur conuiuae: nam et amicus sponsi, qui cum eo per conuiuia ambulat, simpulator dicitur. Sutrius in Comoedia Piscatoria: *summates uiri simpolones facti sunt ganei.*

Fulgentius Mythol. III 8 p. 725 St. Nam et Sutrius comoediarum scriptor introducit Glycerium*) meretricem dicentem: *myrrhinum mihi affert, quo uirilibus armis occursem fortiuscula.*

„Extitit quidem Sutrii alicuius Piscatoria comoedia quaedam, quam usurparet Fulgentius: non fuit autem ea priscae aetatis, uerum medii aeui . . eiusdem fere generis atque Querolus." Ritschelius Parerg. p. 29. „Lerschio Fulg. p. 68 Sutrius nomen e Casinae III 1, 10 fictum uidetur: quod. non est incredibile." Idem ibid. p. 29 adn.

VI. DE AVCTORE AVLVLARIAE
ex Wernsdorfii Prooemio a p. 5 ad 11.

Petrus Daniel et Conr. Rittershusius Theodosii temporibus aut proximis scriptam esse Querolum duabis de caussis arbitrati sunt: primum quod stilum Theodosiani saeculi maxime redolet; deinde quod *ad Rutilium* inscripta est, si modo is sit Rutilius Itinerarii auctor quem saeculo Theodosii fuisse constat. Haec quamquam tantum per coniecturam dicuntur, magnam tamen probabilitatem habent et facile accedentibus aliis rationibus e praefatione Queroli ductis fulciri possunt, quas ipse dudum alio loco attigi, cum de Rutilii uita et honoribus agerem [Tomo V. Poet. Min. pag. 14]. Nempe Rutilium, cui Querolum dedicat auctor, in fine praefationis *Virum Illustrem* salutat, quo titulo in primis designari Theodosiano aeuo Praefectus Vrbi et Magister officiorum solebat, quos honores a se gestos Rutilius in Itinerario pluribus locis indicat. Ad Praefecti Vrbis officium praecipue pertinebat spectaculorum et theatrorum cura, ex iisque Rutilius singularem se uoluptatem capere, colere poetas sui temporis et carminibus delectari haud uno loco significat. [Vid. Itin. lib. 1, 201 seq. 267. 603.] Proinde aptum perso-

---

*) *Glyconem* Stauerenus ed., corr. Ritschelius.

nae huius Rutilii est, quod ei Comoediam auctor dedicat, cuius auspicio egerat, quodque eius in se beneficia et fauorem praedicat, quo sibi *honoratam dederit quietem, quam* dicaret *ludicris*, hoc est otium praestiterit sibi cum honore coniunctum, quod impenderet scribendis et docendis fabulis. Illud etiam Rutilio Numatiano dignum est, quod auctor se *materiam* fabulae e *sermone eius philosophico* affirmat sumsisse. Nam Rutilium Philosophiae studiis omnique eruditioni summopere deditum fuisse facile ex eius Itinerario intelligitur, ubi sermones philosophicos haud raro interserit, et uix cuiusquam rei uel facti uel loci meminit, quin super iis docte et sapienter disputet. Atque ex sermonibus Rutilii philosophicis auctorem Queroli obseruaui nonnullas etiam sententias usurpare, quas Rutilius ipso in Itinerario expromsit. Qualis est locus Act. III, sc. 1 [II 3 p. 32, 13] quo Harpyias, h. e. rapaces Praefectos uel Praefectorum ministros, ita plane describit, ut Rutilius: *Hac atque illac,* inquit *totum per orbem iuxta terras peruolant: digitos ad praedam acuunt curuis timendas unguibus, semperque mensis aduolant; quod contingunt referunt, quod relinquunt polluunt.* Sic autem Rutilius 1, 609:

Harpyias quarum decerpitur unguibus orbis,
Quae pede glutineo, quod tetigere, trahunt.

Non minorem similitudinem aut imitationem sententiarum Rutilii reperio Act. IV Sc. 1 [IV 2 p. 45, 2] ubi impostores et fures thesaurum fraude repertum et rursus perditum deplorant: *Sumite tristitiam, miseri sodales, cucullorum tegmina: plus est hoc quam hominem perdidisse.* Cum enim per *cucullorum tegmina* haud temere monachorum uel cucullatorum uestes intelligantur, uidetur omnino auctor monachorum sui temporis affectatam miseriam et tristitiam, perinde ut Rutilius lib. 1, 443 et 518 fecit, ridere uelle. Et dictionum non obscura similitudo apparet. *Miseros sodales* se appellant illi, ut Rutilius monachos, in sodalitatem coactos, sua professione *miseros* esse pro-

nuntiat: *Quisnam sponte miser, ne miser esse queat?* Et
monachis igitur se comparant illi fures, quod se miseros
fecerint, thesauro quem in manibus habebant, per stultitiam proiecto, ut monachi facultatibus suis sponte abiectis
uel desertis.   Et quem admodum illi affirmant: *plus est
hoc quam hominem perdidisse,* ita Rutilius de monacho:
Perditus hic uiuo funere ciuis erat. Aliud iudicium aetatis
qua scripta est Querolus, mihi reperire uideor in uoto
siue formula, quam dedicationi suae subscripsit auctor:
Viuas incolumis atque felix uotis nostris et tuis. [p. 5, 2].
Similes enim formulas dedicandi aeuo Theodosii aut
paullo superiore usitatas scriptoribus fuisse probat Calen-
darium uetus Bucherianum et Lambecianum ab H L Schurz-
fleischio libro de Anno Romanorum Iuliano insertum,
quod tempore Constantii Imper. scriptum et Valentino
cuidam ab auctore dedicatum est hac formula: *Valentine
uiuas floreas.   Valentine uiuas gaudeas.*

Praefatio Queroli alia nonnulla suppeditat, e quibus
quae conditio et fortuna auctoris fuerit, colligatur. Videtur inde non publico aliquo honore functus, aut lauta
in re constitutus fuisse, sed professione Grammaticus aut
Rhetor studia litterarum praecipue amasse acriterque
coluisse.

Pecunia, inquit [p. 3, 5], *illa rerum ac sollicitudinum
caussa et caput, Neque mecum abundans, neque apud te
pretiosa est.   Paruas mihi litterulas non paruus indulsit
labor.*

Ad haec studia persequenda otium et immunitatem
nactus est beneficio Rutilii in eoque dedit se maxime
fabulis et comoediis tum ueteribus exponendis, tum scribendis nouis quibus scenae operam daret et ludis publicis.
Ipsumque hoc otium ut cum honore couiunctum esset,
eundem effecisse Rutilium ait, qui se inter proximos et
propinquos amicum et familiarem assumserit. Sic enim
ad Rutilium:

Qui das honoratam quietem, quam dicamus ludicris,*)
Inter proximos**) et propinquos honore dignum putas.

Dubium est, utrum dicat se, cum esset inter propinquos
et cognatos Rutilii, singulari honore ab eo affectum esse,
an uero se pari loco et honore ac propinquos eius habitum. Alterum hoc fortasse certius. Sed si non propinquum et necessarium Rutilii saltem ciuem et popularem
eius, hoc est natione Gallum, fuisse auctorem Queroli,
colligas ex uerbis Act. I sc. 2 [p. 17, 1] quae ad personam ipsius scriptoris referenda uidentur: *sic nostra loquitur Graecia.* Cum enim post Ligeris ibi factam men-
tionem Graecia uix alia possit intelligi quam quae est
in Gallia, in qua multus litterarum Graecarum usus ob-
tinebat, hinc *nostram* ille uidetur dicere, quod patria
auctoris Gallia esset. Praeterea animaduertendum est
magistratu et dignitate praestantes uiros et lautis sti-
pendiis militantes consueuisse hoc tempore secum habere,
litteratorum cohortes atque adeo peregrinantes secum
urbe educere; quos etiam, ubi opus erat, alere et copiis

---

*) *Quietem* cum sibi tributam dicit, uacationem et immunitatem a muneribus et oneribus publicis intelligit, quae Pro-
fessoribus et magistris artium indulgetur tit. 3 *de Medicis et
Profess.* lib. XIII Cod. Th. quando, ut lex 4. eius tituli expri-
mit, *securi a molestiis munerum omnium publicorum reliquum
aetatis tempus iugiter agitant.* Per *ludicra* intelligit ludicras
artes et spectacula quae eduntur in ludis publicis. Sic lex
Arcadii lib. XV Cod. Th. tit. 6 de *Maiuma: Ludicras artes
concedimus agitari, ne ex nimia harum restrictione tristitia
generetur.*

**) Quando *proximos* et *propinquos* coniungit, id existimo
non eadem significatione cognationis et honoris fieri. Et *Proximi* uidentur ab auctore nominari certa dignitate praediti,
nempe eorum qui *Proximi scriniorum* uocabantur, et tribus
scriniis Palatinis, *Memoriae, Epistolarum* et *Libellorum* prae-
erant, de quibus enucleate egit Gothofredus in Paratitlo ad
Tit. 26 libri VI Cod. Th. *de Proximis et Comitibus dispositionum.*
Haec scrinia quoniam sub dispositione *Magistri Officiorum*
erant, hinc ubi auctor Queroli se ait inter *Proximos* a Rutilio
habitum, eum significat tunc Magistrum Officiorum fuisse.

suis iuuare solebant. Hoc in primis de Hephaestione
quodam praedicat Symmachus lib. V. Epist. 35, quem
simul hortatur, ut eruditos hospites dignitatis suae copiis
pascat, *postquam Romanae iuuentutis magistris subsidia
sollennis alimoniae detracta sint.* Hoc idem si forte acci-
dit auctori Queroli, apparet ratio, cur amicitiam et patro-
cinium Rutilii adeo extollat. Quod autem se propinquis
Rutilii annumerat, id me recordari facit *Palladii* quem
Rutilius sibi genere propinquum narrat, Ostiam usque
sese prosecutum indeque Romam ad studia iuris persequenda remissum esse, Itin. 1, 208. Quem quidem af-
firmare nolim ipsum esse Queroli auctorem, uerum tamen
de alio Palladio id fortasse probabilius suspicari liceat,
qui antiquo in monumento laudatur atque Ostiae uixit,
et propter ipsum Palladii nomen, quod frequens in cogna-
tione et familia Rutilii fuisse uidetur, inter propinquos
eius referri potest. Huic defuncto tale monumentum
posuit Iulius Nicephorus pater, quod inter inscriptiones
ueteres et in Burmanni Anthol. Lat. lib. IV, ep. 220,
legitur, nobis olim iam alio loco laudatum [Poet. Lat.
min. Tom. III. p. 344.]:

> *Vt te, Palladi, raptum fleuere Camenae,*
> *Fleuerunt populi, quos continet Ostia dia.*

Hoc elogium plane uidetur expressum esse ex epitaphiis
quae olim Naeuio et Plauto comicis poetis posita dicuntur
apud Gellium [Noct. Attic. lib. I c. 24]. Palladius igitur
hic similiter uidetur ob poesin comicam laudari, qua de-
licias fecerit populo Ostiensi. Populo enim se operam
dare dicunt Comici et populum uocant spectatores suos.
Terentius in Prologo Andriae: *Poeta id sibi credidit ne-
gotii dari, Populo ut placerent quas fecisset fabulas.* Et
ipse Noster in Prologo [p. 5, 19]: *Nemo sibimet arbitretur dici, quod nos populo dicimus.* Querolus uero Comoedia acta et proposita uidetur Ostiae. Nonnulli enim
loci eius significant fabulam agi in aedibus in ripa ad
ᵃumen positis et ad uiam piscatoribus frequentatam et

in ciuitate ad portum sita [uid. Queroli act. I sc. 1 extr. p. 7, 20 et act. III sc. 4 p. 42, 24 sqq., tum act. I sc. 2 p. 18, 11. 18 ubi mercatoris transmarini et foeneratoris aduenae fit mentio]. Quae apprime conueniunt Ostiae ad Tiberim et mare sitae, quandoquidem paria plane de eadem referuntur apud Sueton. de Rhetor. cap. 1: *Aestiuo tempore adolescentes urbani cum Ostiam uenissent, litus ingressi piscatores trahentes rete adierunt.* Erat autem Ostia ut ciuitas amoenissima, quemadmodum uocat Minucius Felix [Octauii cap. 2] ita deliciis uoluptatibusque omnium generum opportuna, quo proinde commeare deliciarum fruendarum caussa ciues urbani lautiores et luxuriosi perinde ut Baias omnis luxuriae sedem solebant. [Iuuenal. XI 49: de luxurioso et guloso homine: *ubi paullum Nescio quid superest et pallet foenoris auctor, Qui uertere solum Baias et ad Ostia currunt.* Sueton. Nero cap. 27: *quoties Ostiam Tiberi deflueret aut Baianum sinum praeternauigaret, dispositae per litora et ripas diuersoriae tabernae parabantur.* caet.] In primis Ostiae celebrari uere ineunte sollennes ludi solebant certaminibus naualibus et natatibus in aqua marina, tum choreis conuiuiis et cantibus in insula Tiberina ad Ostiam amoenissima, ad quos ipse se Consul vel Praetor Romanus cum populo et principibus ciuitatis conferebat, ut nos quondam ex Aethici Cosmographi et Suidae testimoniis ostendimus in Prooemio ad Peruigil. Ven. secuti Andr. Riuinum, qui sigillatim et fuse de ea sollennitate egit in Diatr. *de Maiumis* Maicampis et Roncaliis cap. VII § XI seqq. In tanta ludorum qui Ostiae fiebant celebritate et in perpetua hominum ibi se oblectantium frequentia quis credat scenicas uoluptates Mimorum et Comoediarum defuisse? et Palladium igitur, quem Camenae et populus Ostiensis fleuisse dicuntur, fuisse poetam arbitror, qui Ostiensibus fabulas scriberet. Auctor ipse in Praefatione profitetur se *quietem suam dicare ludicris,* et *ludicras artes* lex Arcadii supra citata appellat, quae celebrari Ostiae in Maiuma solebant. Neque uero Palladium his solum, sed et aliis

c*

carminibus gratiam famamque poetae assecutum esse arbitror, eundemque merito haberi carminum aliquot minorum, quae hodienum leguntur, auctorem. Praeter praefationem Queroli e reliquo eius Comoediae textu perspicimus, auctorem uaria eruditione praeditum fuisse, uersatum in Philosophiae studiis, peritum historiae et naturae rerum, Astrologiae non ignarum, in primis uero affectare Iuris ciuilis et legum Romanarum scientiam, quarum adeo tituli et argumenta aliquot locis laudantur*). Etsi uero earum rerum scientiam neque Palladio quem diximus defuisse credibile est, pulchre tamen uideo, ex iis, quae hactenus per coniecturam deduxi, nondum omnino effici, ut Palladius pro certo auctore Queroli haberi debeat. Fatendum potius est auctorem, dum praetexto Plauti nomine famam et gratiam suo dramati quaesiuit, ipsum propemodum ueri nominis inueniendi uiam praeclusisse.

VII. DE CLODO PEDE ADHIBITO AB AVCTORE
haec Wernsdorfius p. 16.

Ipse auctor *sermonem poeticum* sibi tribuit in prologo, sed idem hunc sermonem *pede clodo* procedere ait, hoc est, neque accurata neque certa pedum lege obser-

---

*) Paganum hominem fuisse non Christianum ipsa Comoediae scribendae opera et materia docet, quae sane odiosa fuit Christianis doctoribus, quamquam spectaculis et ludis publicis non negata ab Imperatoribus Christianis. Barthius quidem Adu. XLIV 13 ad Christianismum auctoris credendum proclius est, sed leuis admodum suspicio est quam e uerbis Praefationis [p. 3, 15] capit: *Hinc ergo, quid in uero sit, qui solus nouit, nouerit.* Illa enim *qui solus nouit* manifeste arguere Deum uerum putat. Addere potuisset aliam similem sententiam quae est Act. IV Sc. 2 [V 1 p. 49, 6]: Omnes *homines nunc intelligant, neque adipisci neque perdere ualere aliquid, nisi ubique faueat totum ille qui potest.* Sed philosophi gentiles non dissimilia senserunt de Deo, et qui non solum Larem familiarem, partem cultus ethici inducit, sed et alios Deos eorumque sacra laudat in Dramate, is profecto non Christianum sapit.

uata*). (Hinc *drama prosaicum* uocat G J Vossius de
nat. poet. et *fabulam prosam* Thom. Reinesius Epist. ad
Bosium p. 175). Nempe Iambos uersus quibus ueteres
comici utuntur non meros adhibet, sed iis trochaeos ad-
miscet frequentes, eosque ipsos non puros et ad legem
metricam compositos facit, sed ad modos et numeros
syllabarum utcumque accommodat ea tamen facilitate, ut
saepe uoculae alicuius additione uel traiectione opus sit,
ut uersus enascatur. Hunc neglectum uel confusionem
metrorum ualde reprehendunt critici, praesertim Barthius
et Vossius; ipse uero auctor in fine prologi se defendens
ait: *magnos praeclarosque in hac parte se sequi duces,
quod in agendum cum clodo pede prodeat.* Et sane se-
quioribus temporibus, quibus auctor Queroli uixit, hic
mos poetarum inualuisse uidetur, ut partim uersus metri
uinculis solutiores fingerent, partim metra inter se iunge-
rent diuersa, quae antiqui non miscuissent, partim etiam
noua priscis incognita adhiberent. Probant hoc plurima
et singularia poemata sequioris aeui, Christianorum poetarum hymni, sepulcralia monumenta uersibus liberrimis
scripta, quae in collectionibus epigrammatum et minorum
carminum passim leguntur. Trochaicum praesertim genus

---

*) [non recte sic Wernsdorfius interpretatur Danielis uerbis
usus: haud dubie clodum est metrum cuius altera pars cum
altera non consentit; atque hoc nomen de elegiaco metro
praeeunte Ouidio in usu fuit per totum medium aeuum. Nam
cum ille dixisset Trist. III 1, 11 *clauda quod alterno subsidunt
carmina uersu Vel pedis hoc ratio uel uia longa facit:* e. g.
Matthaeus Vindocinensis Tobiae u. 2114 *elegia claudum* ait
Vendicat ornatus integritate pedem. Alias igitur leges apud
nostrum quoque priores enuntiatorum partes secuntur, alias
posteriores: illae cum sint ad prosam orationem conformatae,
trochaicas eis adiunxit plerumque clausulas. Nec dubium quin
haec ratio sit nata ex male uel non satis intellecta uersuum
Terentianorum conformatione. — Quod Buechelerus nuper coniecit M. Rh. XXVII 474 Africanum fuisse poetam, cum in nulla
alia orbis terrarum parte quam in Africa clodum illum pedem
habeant carmina lapidaria, non satis mihi probauit.]

quod admisit auctor, fecit idem haud dubie, quod saeculo
suo id plurimum celebrari et uolubilitati · sermonis in
primis aptum uideret, nec tamen sine auctoritate ueterum.
Quippe ueteres etiam comicos subinde trochaicos uersus
pro iambis usurpasse et in iis ipsis magna licentia usos
esse docet Vossius Instit. Poet. lib. II, 25 p. 131. Sigillatim de Terentio quem inprimis sequi et imitari auctor
Queroli uidetur, id obseruat Priscianus (de metris comicis
p. 1326 Putsch.: *Terentius trochaico mixto uel confuso
cum iambico utitur in sermone personarum, quibus maxime
imperitior hic conuenit, quem, puto, ut imitetur, hanc confusionem rhythmorum facere).* Quodsi ipsum metrum parum
exacte obseruauit auctor passimque fluentibus sine lege
uerbis usus est, nescio an eadem in re ueterum comicorum exemplo se satis tueri possit, qui quamquam sena-
riis loqui uersibus putantur, eos tamen multis modis im-
mutant et saepe tanta licentia tamque turbato metri
tenore fluctuant, ut difficulter uersum et numeros intelligas (Cicero in Orat. c. 55: *At comicorum senarii propter
similitudinem sermonis sic saepe sunt abiecti, ut nonnum-
quam uix in his numerus et uersus intelligi possit).* Ipsi
affirmant grammatici ueteres comicos saepe negligentius
tractare uersus iambicos et paene resoluere ad imaginem
prosae orationis, ut similiores sermoni familiari faciant.
Sic Terentianus Maurus de metris: *Sed qui pedestres fabulas socco premunt — Paulumque rursus a solutis dif-
ferant.* (Sic et Euanthius apud Rufinum Gramm. in
comment. in metra Terentii: Veteres etsi usi ipsi quoque
— ad imaginem prosae orationis.)

Ex quo Aululariae contextus typis descriptus est, aliquot locis aliter quam antea factum uel legendum uel distinguendum esse intelleximus; ea et si qua alia addenda corrigendaue habebo, subiciam:

4, 12 puram facit *ante Klinkhamerum Daniel spurium iudicauit*
9, 5 *in* L *est* uero. similē
13, 2 Quem tu *non unus* P *sed* ω *habet: igitur tu in contextu reponatur.*
14, 8 *inrepsit distinctio Danielina: at sine dubio legendum* Suscenseene? senio s. e. sibi u. *etc.* 21 fallis ω *tamen* falleris *praetulerim: nam 34, 9 nihil fefellit praue Klinkhamerus* lapsus est *interpretatur.*
15, 6 infeliciorem esse hunc *non unus* P *sed* ω.
16, 5 deplorare] *aliquando* deoptare *suspicabar.*
17, 1 patus] *an* pastus?
18, 20 Briseiden *forma satis mira est;* Briseidem *uel* Briseidam *auctoris tempori magis uidetur aptum.*
19, 15 *not. de codice isto Danielis uid. praefatio p. XIV not.*
20, 27 *f.* ut haec sponte pateant.
23, 14 *l.* di te seruent! hic bene!
26, 12 *l.* nescio quid *lineola sublata.*
28, 8 *uerba* prolixa *ad* opus est *ad solum Mandrogerontem dicta in parenthesi ponantur.*
29, 6 *l.* Nouum 19 *l.* SYC. 20 uaria *quod uulgo legitur Commelinianorum praelorum est error* 24 cynocephali *aperte falsum, uid. 32, 18; uerumque uidetur quod est in* V *al. m.* capripedes.
30, 20 subrancidus *uocabulum ex Ciceronis or. in Pis. 27 auctor transtulit, ubi haec:* extructa mensa non conchyliis aut piscibus sed multa carne subrancida.
31, 5 *ante istos excidit punctum.*
32, 16 polluunt] *cf.* Vergil. A III 234.

33, 16 regium nomen] *minus honorifice Cicero de rep. III fragm. inc. 4 (ap. Schol. in Iuuenal. X 362)*: Sardanapallus ille uitiis multo quam nomine ipso deformior.

27 *f.* etiam hoc, confiteor, manet.

41, 22 retineo] *an redhibeo? quod facile* retiueo *poterat scribi; cf.* retibens *Orest. 238.*

42, 8 uniuerso hoc triduo] *cf. Terent. Eun. 224.*

46, 20 *an nec defunctus desinens?*

47, 16 fores celeriter uides] *immo* ades.

48, 19 sed *Pareus coniecit ante me.*

21 sed quid ego nunc *Klinkhamerus coniecit.*

22 restat nunc] nunc *del. Daniel² atque Pareus.*

49, 7 *an perdere quem ualere?*

14 ostenderit] *cf. 4, 4*

50, 26 huc] *cf. Plautus Trin. 156* si ille huc saluos reuenit.

51, 14 missa istaec face: *sic Terent. Eun. 90.*

53, 21 *l.* infitias.

54, 18 hic] *l.* huc *ex Klinkhameri coniectura.*

55, 4 *nescio an* sacrilege *sit aduerbium ut apud Tertullianum apol. 12; utique tollenda lineola.*

12 numquam te celeriter usque ad sanguinem] *f.* ne, inquam, tam alacriter u. a. s! *supra 45, 26* Quaeso inquam sodes *54, 1* Tu inquam. usque ad sanguinem incitari solet odium *Cicero dixit,* usque ad necem *Terentius Andr. 199.*

56, 25 etiamne] *l.* etiam nunc.

57, 21 pater familias: *non intellegendus est Querolus, sed Euclio; sciebat igitur falsum; uideturque sapiebat scribendum esse.*

58, 2 tales semper ille dilexit senex *Klinkhameri est coniectura;* talem semper conduxit senex *ego aliquando; at sufficit ni fallor,* duxit *reponere pro* dixit: ducere *pro eo quod est* secum ducere *non insolenter dictum.*

10 *f.* Quid? tu num furem metuis?

59, 20 summoto] *an* sumpto *i.* sublato?

AVLVLARIA

INCERTI AVCTORIS COMOEDIA

Sigla librorum

ω {
L Leidensis Vossianus lat. Q 83
V Vaticanus 4929
P Palatinus 1615

C idem *Grutero aut Rittershusio testibus*
R Parisinus (Pithoeanus) *secundum conlationem adscrip-
tam in L*
p idem *secundum conlationem quam Klinkhamerus habuit*
f Florilegium Berolinense

Personae

LAR FAMILIARIS
QUEROLUS   Euclionis filius
MANDROGERUS   parasitus et magus
SARDANAPALLUS
SYCOPHANTA
PANTOMALUS   seruus
ARBITER

Rvtili uenerande semper magnis laudibus, qui das
honoratam quietem quam dicamus ludicris: inter proximos et propinquos honore dignum *dum* putas, duplici
fateor et ingenti me donas bono: hoc testimonio hoc
collegio; haec uera est dignitas. Quaenam ergo his 5
pro meritis digna referam praemia? pecunia illa rerum
ac sollicitudinum causa et caput neque mecum abundans neque apud te pretiosa est. Paruas mihi litterulas non paruus indulsit labor. hinc honos atque
merces, hinc manabit praemium. Atque ut operi nostro 10
aliquid adderetur gratiae, sermone illo philosophico ex
tuo sumpsimus materiam. Meministine ridere tete
solitum illos qui fata deplorant sua? atque academico
more quod libitum foret destruere et adserere te solitum? Sed quantum hoc est? Hinc ergo quid in uero 15
sit qui solus nouit nouerit: Nos fabellis atque mensis
hunc libellum scripsimus.

Materia haec est. Pater Queroli nostri fuit auarus
Euclio. Hic Euclio aurum in ornam congessit olim

Plauti aulularia incipit feliciter *LV* incipit *P*   1 uenerandi
V teste Reifferscheidio   3 et honore *R* | putas ∞ putans *Bar-*
thius quod putas *Klinkh.* dum p. *ego*   7 habundans *P*   9
parus *V*   10 hoc *libri* manebit *PRp* manebat *LV?* manebit
alii hinc manabit *nescio quis ap. Orellium*   11 phylos. *LV?*
philos. *P*   12 tuo materiam sumpsimus *PR* tuo/sumpsimus
(materiam *om*) *V* tuo sumpsimus materiam *L*   13 achad.
LP   15 quod *C*   17 huncce *Wernsd.* librum *VP* libr//um *ex*
libellum *pr. c. L* libellum *mg. p*   18 Argumentum *ante* materia *interpositum atramento V* Explicuit prooemium · Materia
incipitur *p*   19 enclyo *bis V* | cogessit (n *al. ss.*) *L*

quasi busta patris odoribus insuper infusis tituloque
extra addito. nauem ascendens ornam domi *infodit*,
rem nulli aperuit. Hic peregre moriens parasitum
ibidem cognitum filio coheredem instituit tacita scrip-
5 turae fide, si eidem thesaurum occultum sine fraude
ostenderet. Locum tantummodo thesauri senex ostendit.
Oblitus doli parasitus nauem ascendit, ad Querolum
uenit et rupit fidem magum mathematicumque sese
fingens et quidquid mentiri fur potest. Ea quae a
10 patrono didicerat Queroli secreta et familiaria quasi
diuinus loquitur, Querolus fidem accommodat auxilium-
que poscit. Parasitus magus domum purificat et puram
facit: sed ubi primum libere ornam inspexit, uetere
decipitur dolo: bustum quod simulabatur credidit atque
15 inrisum se putat. Inde ut aliquatenus se ulcisceretur,
ornam Queroli in domum callide et occulte obrepens
per fenestram propulit, qua explosa et comminuta
bustum in pretium uertitur. Itaque thesaurum contra
rationem et fidem cum lateret prodidit, cum *reperisset*
20 reddidit. Postea re comperta parasitus reuolat et
partem petit, sed quia quidquid abstulerit con-
fitetur, quidquid rettulerit non docet, primum furti,
post etiam sepulchri uiolator est reus. Exitus ergo
hic est: Ille dominus, ille parasitus denuo fato atque

---

1 bustum *Klinkh.* | super *C* 2 nauim *R* | fodit ω defodit
Rp infodit *Canneg.* 4 cognito *P* | ōstituit *P* 5 fidem *p*
7 dolo *P* ostendit oblitus doli *Barth.* | nauim *R* 8 et rupit]
& *ss. pr. L* 9 quicquid] quidquid *P* 10 Querolo *Canneg.*
secrata *L* 11 accomodat *LV* accōmodat *P* 13 facit] //icit
P puram facit *del. Klinkh.* (*at intellegendum* „*expiat atque
spoliat*") | Uete// *V* 14 dolo decipitur *P* 15 irrisum *P*
17 protulit ω proculit *Grut.* propulit *Daniel uid. infra* | quae
L | displosa *Rittersh.* 18 bustu *V* | precium *P* | tesaurum
(h *pr. ss.*) *L* 19 perdidit ω *corr. Daniel* | perisset ω *correxi, an*
aperuisset? 20 prodidit (red *ss., deleto* pro) *V* | prodidit; cum
perdidisset reddidit *uel* prodidit; cum reddidisset perdidit
*Daniel*² *ex amici coni.* 21 quidquid *utrobique V* quicquid *LP*
quid *Klinkh.* 22 quicquid a re tulerit *P* 23 uiolati *Daniel* ;
ergo *om. P* 24 atque merito *om. Rp*

merito conlocantur sic ambo ad sua: Tuo igitur RVTILI
inlustris libellus iste dedicatur nomini. Viuas incolumis
atque felix uotis nostris et tuis.

   Pacem quietemque uobis! Spectatores noster sermo
poeticus rogat, qui Graecorum diseiplinas ore narrat 5
barbaro et Latinorum uetusta uestro recolit tempore.
Praeterea precatur et sperat non inhumana uoce, ut
qui uobis laborem indulsit, uestram referat gratiam.
Aululariam hodie sumus acturi, non ueterem at rudem,
inuestigatam Plauti per uestigia. Fabella haec est: 10
Felicem hic inducimus fato seruatum suo, atque e contrario fraudulentum fraude deceptum sua. Querolus,
qui iam nunc ueniet, totam tenebit fabulam. Ipse est
ingratus ille noster, hic felix erit. E contrario Mandrogerus aderit fraudulentus et miser. Lar familiaris, 15
qui primus ueniet, ipse exponet omnia. Materia
uosmet reficiet, si fatigat lectio. In ludis autem atque dictis antiquam nobis ueniam exposcimus. Nemo
sibimet arbitretur dici quod nos populo dicimus neque propriam sibimet causam constituat communi ex 20
ioco. Nemo aliquid recognoscat: nos mentimur
omnia. Querolus an Aulularia haec dicatur fabula,
uestrum hinc iudicium, uestra erit sententia. Prodire
autem in agendum non auderemus cum clodo pede,
nisi magnos praeclarosque in hac parte sequeremur 25
duces.

---

1 sic] suo *Rp* | *post* igitur *Barthius addidit* Vir, *ego* Rutili |
illustris *P* illustri *Daniel*   2 incolomis *R*   3 tuis *P*   4
Poeta Pacem *P* | uobis *ω a ss. pr. P* uos *Rp* | nostros *ω* ūrof *P*
6 uestro *om. V'* | tempore] τp̄r *P*   7 Preterea *P* | uice
Barth. 9 ac *ω* at *Daniel*   10 inuestigatam et inuentam
Rp | fabula (*rubr.*) *Rp*   11 seruato (ṽ *ss.*) *V* | contrario *ω* e
contr. *Rittersh.* — 13 ueniet] i. introducetur *p*   16 ille ex-
ponat *P*   21 aliquis *P'*   22 Sed an quer. *Rp* |,hec *P*
23 hic *Canneg.*   24 ad agona *Melissus* in agona *Orellius*

I 1   LAR FAMILIARIS

Ego sum custos et cultor domus cui fuero ad-
scriptus. Aedes nunc istas rego e quibus modo sum
egressus. Decreta fatorum ego tempero; si quid boni
est, ultro accerso; si quid grauius, mitigo. Queroli
5 nunc sortem administro huius *ingrati*, non mali. Hic
exinde sibimet sufficiens fuit, quod primum est bonum,
nunc autem etiam locupletissimus erit: Sic meritum
est ipsius. Nam quod pro meritis reddendum *bonis*
non putatis, ipsi uosmet fallitis. Ordinem autem seriem-
10 que causae breuiter iam nunc eloquar: Pater huius
Queroli Euclio fuit auarus et cautus senex. Hic enorme
pondus auri olim in ornam condidit: Sic quasi *ossa*
paterna uenerans aurum celabat palam. Peregre uadens
ornam domi sepeliit ac reliquit ante aras meas: tumulum
15 suis, mihi thesaurum commendauit. Abiit neque redit
senex: Peregre moriens uni tantummodo rem indicauit
fraudulento et perfido, cui tamen siue oblitus siue
superuacuum putans de busto et titulo nihil exponit.
Querolo iuxta fatum hoc sufficit. Nunc ergo thesaurus
20 habetur omnibus ignotus et notus tamen. Erat sane
facile nobis aurum domino ostendere aut responso
aut somnio. Sed ut agnoscant homines nemini auferri
posse quod dederit deus, aurum quod fidei malae cre-
ditum est furto conseruabitur. Fur ergo iam nunc
25 aderit, per quem nobis salua res erit. Iste ornam cum
reppererit, bustum putabit: sic ille prospexit senex.
Praedam qui abstulerit, reportabit totumque reddet,

Familiar *P* | Ego summus et cultor *V t. Reiffersch.*   1
asscriptus *P*   2 Edes *P*   4 ultro *V* ultra *LP?*   5 sortem
nunc *L* | non grati ω ingrati *Klinkh.*   6 Sibimet esse subfi-
cientem primum bonum est *f*   8 Si pro meritis r. n. non
putamus ipsi nosmet fallimus *f* | nobis ω uobis *Rittersh.* a
nobis *Grut.* bonis *idem*   9 atque seriem *P*   11 queroli *P*
12 ossa *add. Canneg.* om. ω   15 tesaurum *L* | redit *VRp* re-
diit *LP* —   18 nichil *P*   21 Au resp. (*rec. c.*) *L*   22 somno
(i *pr. ss.*) *L* | auferri / (i *ex e una litt. erasa*) *L*   23 posse
om. at pr. ss. *L* | deus] dl. (*at ni f.* eus *ss.* / *V* | male *Rittersh.*

partem *petere* contentus fuit. Itaque bene perfidus
alteri fraudem infert, damnum sibi. Tamen ne frustra
memet uideritis, exponere quaedam uolo. Querolus
iste noster, sicut nostis, omnibus est molestus, ipsi si
fas est deo; homo ridicule iracundus, itaque ridendus 5
magis. Disserere cum istoc uolupe est et confutare
uanam hominis scientiam. Fatum itaque iam nunc
et hominem e diuerso audietis: uos iudicium sumite.
Genium autem ipsius esse me, quantum fieri potuerit,
cautissime confitebor, ne quod mihi faciat malum. 10
Nam maledicere mihimet numquam cessat ille noctes
et dies. Sed eccum ipsum audio, fatum et fortunam
*in*clamitat. Iste ad me uenit, patrem peregre mortuum
audiuit. Hui quam grauiter dolet: Vt sunt humana,
credo quia nihil relictum comperit. Ecquid ego nunc 15
facio? auolare subito hinc non possum, nimium memet
credidi. Oportune amigerum hic tridentem uideo: praesidium hercle non malum. Querolus si molestus esse
hodie non destiterit, faciam, ut queratur iustius. Vnde
esse hoc dicam? piscatores mane hac praeterisse uidi, 20
ipsis forte hoc excidit.

QVEROLVS. LAR FAMILIARIS   I 2

QVER. O fortuna o fors fortuna o fatum sceleratum
atque impium. si quis nunc mihi· tete ostenderet, ego
nunc tibi facerem et constituerem fatum inexsuperabile.

---

1 partem *LP?* parte/// *V* parte *CRp* | petere *addidi* con-
tentus non fuit *Rp* parte incontentus *Grut.*   2 frusta *L*‘
5 do *V* 7 hominum ω hominis *scripsi* | sententiam *Pareus* 10
michi *P* 11 nam quidem *p* | michimet *P* 12 et cum *V*
13 clamitat ω inclamitat *Orellius* 15 nichil *P* | Et quid ω
corr. Orellius | nunc *om. Rp* 16 hic *P* 17 amigerum *P* |
hunc *Koen.* 18 hercle *P* ercle *VL* | moles. (*pr. ss.*) *L* 20 hoc
esse *p* | preterisse ω QVEROLVS *ceteris omissis P* 24 impium]
pium (im *ss.*) *P* | ego tibi nunc *P*

LAR. Sperandum est hodie de tridente, sed quid cesso interpellare atque adloqui? Salue Querole. QVER. Ecce iterum rem molestam: „salue Querole". Istud cui bono, tot hominibus hac atque illac haue dicere. Etiam si
5 prodesset, ingratum foret. LAR. Misanthropus hercle hic uerus est: unum conspicit, turbas putat. QVER. Quaeso amice quid tibi rei mecum est? debitum reposcis, an furem tenes? LAR. Iracundus nimium es Querole. QVER. Heia, ego officium sum aspernatus,
10 adicit et conuicium. LAR. Mane paulisper. QVER. Non uacat. LAR. Sic necesse est, mane. QVER. Iam istud ad uim pertinet. Age dic quid uis. LAR. Scin tu quam ob causam tridentem istum gestito? QVER. Nescio edepol. nisi quod primum propter inportunos inuentum
15 esse hoc reor. LAR. Idcirco hunc gestito, ut, si me attigeris, talos transfodiam tibi. QVER. Dixin hoc fore? nec salutatio inpune hic datur. Non mala hercle est condicio. Neque te contingo neque me tu contigeris, uale. Ite et conserite amicitias: ecce adfabilitas prima
20 quid dedit? LAR. Mane, ego sum quem requiris quemque accusas homuncio. QVER. Ohe talos ego incolumes ferre hinc uolo. LAR. Non tu paulo ante fatum accusabas tuum? QVER. Accuso et persequor. LAR. Ades ergo huc, ego sum. QVER. Tu fatum es meum? LAR.
25 Ego sum Lar familiaris, fatum quod uos dicitis. QVER. Te ego iamdudum quaero: nusquam hodie pedem. LAR.

---

2 alloqui *P*   4 tot hominibus *al. sed antiqua m. extremo in uersu add. L* | /aue *P* | dicere? (*sic*) *R*   5 Mesantropus *co*
7 Queso *LP* | re. (*pr. c.*) *L* | debitum ne poscis (n *al. ex.* r) *L* d. reposcis *L'VPRp*   9 Hea *L* Heia *VPR*   10 conuicium *V*
12 dic quid] quicquid *P* (quicquid *C*)   13 gestio *P* 14 importunos *V*   15 ut si] ut *om. R*   16 attingeris *P* | tranfodiam (*rec. s ss.*) *L* | Dixin/ *V* Dixi in *P*   17 inpune hic *V PRp* hic inpune *L* | hercle *VP* ercle *L* 18 tu me *Rp* 21 Hoe *P* Oe *VL* | thalos *V* | incolomes *P'R*   22 factum *V*   24 factum *V*

Praemonueram de tridente: caue abistinc. QVER. Immo
tu caue. LAR. Ego iam prospexi. QVER. Quidnam hoc
est praestigium? LAR. Apage sis, homo ineptissime,
hic nullum est praestigium. Desiste, nisi excipere
mauis trina pariter uulnera. QVER. Attat uero simile 5
esse hunc nescio quem de aliquibus uel geniis uel
mysteriis. Iste seminudus dealbatusque incedit, toto
splendet corpore. Euge Lar familiaris, processisti hodie
pulchre. Sed non totum intellego. Quod seminudus
es, recognosco; unde dealbatus, nescio. Egomet iam 10
dudum apud carbonarias agere te putabam, tu de pistrinis
uenis. LAR. Hei etiam istud de meo, quod in malis
tuis commode iocaris. Audi nunc iam, permouet nosmet Querole tua quamuis inanis querimonia. Idcirco
itaque ueni, ut ratio tibi ex integro redderetur; quod 15
nemini antehac contigit. QVER. Tibine rationem rerum
humanarum licitum est nosse atque exponere? LAR.
Et noui et doceo. Proinde quidquid exinde quereris,
hodie totum expromito. QVER. Dies deficiet ante. LAR.
Breuiter percurre pauca, de quibus nunc tibi exponan- 20
tur omnia. QVER. Vnum solum est unde responderi
mihi uolo: Quare iniustis bene est et iustis male?
LAR. Primum, ut apud uosmet fieri uideo, de persona
est quaestio. Cuinam tu uerba promis? tibine an populo? QVER. Et populo et mihi. LAR. Cum tu tibi 25
ipse sis reus, quemadmodum satis aliis multis defen-

---

1 abstinc (c an e *uix dignosci potest*) *LP* ab istinc *V* ab-
stine *nescio quis* 2 quodnam *Rittersh.* 3 Apage] i. recede sic
sanus sis. *al. add. L* 5 uero similem ∞ simil' est *Pithoeus*
6 quem/// aliquibus (de *er.*) *V* 7 misteriis *L* mysteriis *V* mi-
nisteriis *P* 9 siminudus *L* 10 recogno *p* | Egom etiam *P*
11 te agere *C* 14 Iccirco *P* 16 an. (*al. c.*) *L* 17 LAR r
& noui *V* 18 quicquid *libri* quiquid *P* 19 expromitto *p* 20 tibi
nunc *L* 21 respondere *PRp* 23 nosmet *LP* uosmet *V* 24
questio ∞ | uerba tu *P* 25 michi *P* 26 aliisq: (q' *initio
neglectum pr. interposuit*) *L* que *om. V? P* aliis quam multis *Rp*
aliis quoque m. *Rittersh.*

sorem te paras? QVER. Ego noui me reum non esse.
LAR. Ergo post hac assertio conticescet, si persona ex-
ploditur. Inter bonos an inter malos tete numeras?
QVER. Etiam quaeritas, quid mihimet ipse uidear, cum
5 de scelestis conquerar? LAR. Si probo de illis tete
esse quos accusas, hoc est de malis, pro quibus post
hac loquere? QVER. Si criminosum me esse conuiceris,
necesse est meritis ut meis sensum accommodem. LAR.
Celeriter nunc mihi responde Querole: Quanta iam
10 putas fecisse te capitalia? QVER. Equidem nullum
quod sciam. LAR. Nullumne? Ergo exciderunt omnia?
QVER. Immo omnia paene retineo, sed scelus nullum
scio. LAR. Eho Querole furtum nullum admisisti? QVER.
Numquam ex quo destiti. LAR. Hahahe, hoc est num-
15 quam admisisse? QVER. Quod uerum est, non nego.
Adulescens quaedam feci, fateor, laudari quae solent.
LAR. Cur igitur destitisti de scelere tam laudabili?
Transeamus istud. Quid de falso dicimus? QVER.
Hem quis autem uerum dicit? Istud commune est,
20 abi. LAR. Idcirco crimen non est? Quid de adulterio?
QVER. Attat etiam hoc? crimen non est. LAR. Quando
autem licitum esse coepit? QVER. Men rogas? Quasi tu
nescias. Hoc est quod nec permitti nec prohiberi potest.
LAR. Quid ad haec Querole? Videsne te contra licitum
25 uiuere? QVER. Si tu me ad haec reuocas, nemo est
innocens. LAR. Et tamen, non de omnibus tete inter-
rogaui, si reminisceris. QVER. Nihil est amplius? LAR.
Nulli igitur mortem optasti? QVER. Nemini. LAR.
Quid si conuinco? QVER. Nihil est quod respondeam.
30 LAR. Dic mihi, si soceros numquam habuisti. QVER.

---

3 an *V* aut *LP* 4 queritas *ω* | michimet *P* 5 Sprobo *P*
8 LAR *om. LP adest in V* 10 capitalia te fecisse *Rp* 11 excidere
Rp 12 pene *ω* 13 Eho (Eh *in ras. al.*) *V* Heo *LP* | Heo· QVER
Ecce iterum generale. LAR. Ergo omnia de omnibus confiteris
querole furtum *etc. P* 14 Nusquam *VL* Nullum *P* nullum unquam
Orellius correxi 16 adulescens *R* 20 Iccirco *P* 21 hoc crimen]
interrogandi notam addidi 22 cepit *P* 30 socios *Par.* socerum
Canneg. at soceri *socer est cum socru* | habuisti (ha *in ras.*) *V*

Ecce iterum generalia. LAR. Ergo omnia de omnibus
confiteris? QVER. Quando sic interrogas? LAR. Quando
haec tibi leuia uidentur, nescio quid sit quod crimen
putes. Dic mihi praeterea, quotiens perieraueris? Expone celeriter. QVER. Bona hora hoc exaudiat, istud 5
a me semper alienum fuit. LAR. Quanto amplius quam
milies perieraueris, hoc requiro; saltem hoc dicito.
QVER. Ohe illa tu nunc requiris cotidiana et iocularia.
LAR. Non facile intellego, periurium ioculare quid putas.
Tamen transeamus quod ut uideo consuetudo iam fecit 10
leue. Quid igitur, sciens prudensque sacramentorum
numquam rupisti fidem? Vt alia taceam, numquam
iurasti amare te quem iuratus oderas? QVER. Heu
me miserum, quid ego hodie mali cum istoc repperi?
iuraui saepe, fateor, quod *cum* staret uerbis, non staret 15
fide. LAR. Vrbane. igitur perierasti. fieri hoc solet.
Quanto mallem, ut sermo laberetur et staret fides.
Tune Querole uerbis te absolutum esse credis? Perie-
rat saepe qui tacet. tantum est enim tacere uerum,
quantum est falsum dicere. QVER. Omnia igitur pere- 20
gisti, totum commerui. Vale. LAR. Immo nihil est
actum Querole, nisi sequantur haec duo: primum contra meritum tuum miserum te non esse ut conprobem,
secundo etiam felicem tete esse iam nunc ipse intellegas.
QVER. Ergone egomet aerumnosus non sum? LAR. Et 25

---

1 generalia *VRp* generale *LP* | C//rgo (*rasura in litt. E*) *L*
2 QVER Ecce *ad* Confiteris *desunt hoc loco in P: quaere* p 10, 13
4 preterea *ω* | *hic et* 7 *et* 18 pe//ieraueris (*duobus litt. er.*) *V*
peieraueris *LP* 7 boc requ.] hoc *om. Rp* 8 Oe *ni f.* h *ss. atque* e
in ras. V | illa *om. P* | nun/quam *V* 9 putes *Klinkh.* 14 quid]
pro quantum *add. Rp* | isto *Rp* 15 saepe *om. C* | con-
staret *ω at* con *rec. c. L an significatur lectio R?* cum staret *Daniel*
16 fide/ (a *er.*) *P* | peierasti *ω* | fieri] *„uidetur in cod. P* (*ithoe-
ano*) feri *legi, nam et primum* i *deletum est"* sic *mg. L, falso
apud Orellium pro* feri *laudatur* ferri | sermo/// *V* 18 te *pr.
ss. P* | esse *pr. ss. L* 20 quantum & *ω* qu. est *Canneg.* 21
peregi/// (sit *er. uidetur*) *P* 25 erumnosus *LP* | eh fateor
Orellius.

fateor, sed uitio tuo. Atque ut in omnibus reuincare,
expone breuiter, de quibus quereris maxime. QVER.
Primum tibi, geniorum optime, conqueror de amicis.
LAR. Spes bona, quid de inimicis iste faciet? In quo
5 tamen amicitiarum te laesit fides? QVER. Nemo mihi
magis molestus quam familiaris neque magis morigerus
quam leuiter cognitus. LAR. Quidnam hoc mirum
' est, si te qui nouit despicit, qui non nouit diligit?
QVER. Agimus tibi gratias Lar familiaris, tu nos or-
10 nas in omnibus. LAR. Iam intellego quid querere.
Visne breuibus remedium hinc dari? QVER. Valde
cupio. LAR. In amicitiam et fidem stultum ne receperis.
Nam insipientum atque improborum facilius sustinetur
odium quam collegium. QVER. Quid si sapiens non
15 erit? LAR. Stultos ingenio rege. QVER. Quomodo?
LAR. Vis te non decipi? QVER. Cupio. LAR. Ne cre-
dideris nemini. In tua est potestate; ne decipiaris.
cur accusas perfidos? Visne tibi honorem deferri?
QVER. Maxime. LAR. Inter miseros uiuito. QVER. Prope
20 uera loqueris. LAR. Visne te non decipi maxime a
tuis? QVER. Vellem, si fieri potest. LAR. Dicam quod
dictum est prius: nemini te Querole nimis sodalem
feceris. Res nimium singularis est homo ferre non
patiens parem. Minores despicitis; maioribus inuidetis,
25 ab aequalibus dissentitis. QVER. Dic quaeso quid placeat. LAR. Ergo secundum uitia et mores quid sit

---

5—7 Nemo — cognitus *atque* Quidnam — diligit *(rubr. mg.*
Stultus hoc de se, sapiens de stulto) *f* 8 qui te non nouit *R*
10 in *pr. ss. P* | qu/erere *V* 12—14 in amicitiam — collegium *f*
13 insipientium *L¹ f* 14 Quodsi *C* | nouerit *ni f. L* 16 Ne
er. *L an* Te c. n.? 18 Visñę (ñ *ex* ne *pr.) L* 20 non
om., n *pr. ss. P* 22—25 Nemini — dissentiens *f* 22 querule
V om. f 23 Res] QVER *rec. mg. add. L et Querolo haece:*
Res — placeat *dedit Daniel* | nimium. *om. f* | fere *Grut.* 24 pa-
ciens *f* | despicit is — inuidet is — dissentit is *Canneg.* decipiens
et inuidens *et* dissentiens *f* 25 Dic — placeat *Querolo dedit*
Koenius, notae om. ω | queso *ω.* 26 *sqq.* quid sit—respue·
Quem *om. sed antiqua m. infra add. L*

tenendum discito: Compares, comessationes, uinum,
turbas respue. Quem cum maxime tibimet obligare
uolueris, tanto leuius nectito. conuentus uero et dibacchationes et ioca friuola non quaero, ut amorem pariant, utinam nihil odiorum darent. QVER. Quid quod 5
plures huiusmodi societate optime utuntur? LAR. Noui
omnia. Illos mihi tu narras, qui totum occultant: nimium uel prudentes uel felices sunt, quos requiris:
hoc ad Querolum non facit. QVER. Est aliud quod
accusem: pauper ego sum quidem, sicut tu uel nosti 10
uel facis, sed hoc mecum tolerabile est: illud prorsus
non fero, quod tenuitati nemo ignoscit, neque cuiquam,
ut aliquem dicat pauperem . . . LAR. Quid praeterea?
QVER. hui quantum adiciunt? Stultitiam neglegentiam
somnum et gulam: patientia desidiae, acrimonia cru- 15
delitati adsignantur. Sic uertuntur omnia. Nemo ad
facultates, nemo ad censum respicit. Semper diues
diligens, contra pauper neglegens. LAR. Censoribus
haec reserua Querole. Nunc autem illud dicito, quod
specialiter te inquietat et grauat. Nam ista quae 20
protulisti communia sunt et antiqua paupertatis crimina.
Tamen tu neque diues neque pauper es. Hoc si
agnosceres, felix eras. QVER. Sciane me nuper patrem

---

1 compara ω an comparas? compares Canneg. cum pare
Grut. cum compare praetulerim | comesationes V comissationes
Klinkh. 2 Quem tum LV quem tu P quanto Klinkh. cum ego
3 quanto ω uel tanto add. Rp. et tanto Pareus | dibacchationes V
deb. R 6 optume P 7 tu michi P 9 hoc — facit Querolo
dat Orellius | faciet p non pertinet ss. Rp 11 mecum] malum
Daniel 12 tenuitate P | neque cuiquam om. Klinkh. cuiquam
licet Daniel² 13 ut] aut P sufficit addendum uidetur |
Quid praeterea Lari dedit Koenius | preterea ω 14 hui om.
p | quantam C | adiciunt V 15 somnum VCR somnium
L | Paenitentia uel Paentientia L Patientia VP 16 adsig-
nantur LV adsignatur PRp an adsignant? | nomina Rittersh. 18
neglegens PR negligens LV 19 querole L 22 s. tu neque
— felix eris f | pauper es] es om. C 23 agnosces et eris f

amisisse? LAR. Seruasti praeceptum! speciale hoc
plane est, hoc est quod nemini ante hac contigit.
Quid igitur? Nonne hoc iustum fuit, bustum ut efferret
filius? QVER. Fateor, sed pater ipse nihil reliquit.
5 LAR. Dura deploratio: exequias inanes tibi contigisse
luges? Irasceris ergo, non doles. patri certe nihil defuit
tibique hodie nihil defit. Non enim hoc parua he-
reditas. Suscensesne senio saltem extremo? Sibimet
uixit, qui semper tibi? Vtinam tu heredibus tantum
10 relinquas, quantum reliquit Euclio. Dic ergo aliud,
iam istinc nihil audio. QVER. Seruus mihi est quem
tolerare nequeo, Pantomalus et mente et nomine. LAR.
Felicem te Querole, si unus tibi est Pantomalus: multi
Pantomalos habent. QVER. Sed plures audio qui suos
15 etiam laudant? LAR. Isti peiores habent. QVER. Cur
igitur laudant? LAR. Quia quid deperdant nesciunt.
QVER. Tempestas maxime fructus meos abstulit: numquid commune hoc fuit? LAR. Non uno genere homines
puniuntur. Tibi tempestas obfuit, alter aliud pertulit.
20 QVER. Ohe consortes mei iam dudum nihil incommodi
pertulerunt. LAR. Fallis turpiter. QVER. Da quaeso
ueniam, ignorabam peculiarem tibi curam esse hanc
de consortibus meis. Adhuc habeo quod obiciam:
Vicinus mihi malus est. LAR. Ecce rem uere malam.
25 Tamen Querole de uno isto quantum etiam hic prae-
stiterim uide: Vicinum malum pateris unum tantum;
quid faciunt illi qui plures habent? QVER. Conserua
istum quaeso Lar familiaris, ex uoto meo tuere quem
praestitisti, ne forte nascantur duo. LAR. Quid si etiam

---

2 antehac nemini P   3 iustum hoc PRp   4 reliquid P
6 post Irasceris punctum est Rp   7 tibi tibique Canneg.   9 //ui-
xit (co er. uidetur) P   10 reliquid P   11 iam] nam Rittersh.
12 Pantom.] totus malus ss. p   13 Facilem ω felicem Rp
όεία ζώοντας confert Barth. | tibi es L | multi multos Rit-
tersh.   16 quid perdant Rp   17 maxima Rittersh. |
Nunquid V Lari dat Daniel   18 homines] omnes C   20
Oe L Ohe V Sed P   24 est malus P   27 faciant Rittersh.
28 J ante ex V | tuere om. P'

hinc uincimus? Dic quaeso nunc mihi: quem tu putas feliciorem? tete an istum de quo quereris? QVER. Quidnam hic simile est? Aut numqu*idn*am dubitari potest feliciorem eum esse qui alterum queri conpellit, quam ille qui ad querelam confugit? LAR. Hem Querole, 5 uis iam nunc facimus, ut infeliciorem esse hunc scias? QVER. Valde cupio. LAR. Sed hoc egomet tibi tantum indicabo. Paululum aurem accommoda. QVER. Cur non aperte loqueris? Numquidnam etiam tu times? LAR. Quidni timeam qui tecum uiuo? Aurem accom- 10 moda. QVER. Age dicito. Hahahe, habeat teneat possideat seque cum suis. Laute edepol nos accipis doctor. *LAR.* Nonne? *QVER.* certe iam nihil conqueror. LAR. Quid istuc Querole? paululum tibi ita uidetur, rursum ad ingenium redis. Sed quoniam miserum te 15 non doces, superest ut felicem comprobem. Dic quaeso Querole, sanus es? QVER. Ita arbitror. LAR. Quanti hoc aestimas? QVER. Hoc etiam imputas? LAR. O Querole sanus es et felicem te negas? Vide ne post-modum felicem te fuisse scias. QVER. Iam superius 20 dixeram: bene mecum agitur, sed iuxta alios male. LAR. Certe apud te bene. QVER. Fateor. LAR. Quid quaeris amplius? QVER. Quare alii melius? LAR. Iam istud ad inuidiam pertinet. QVER. Sed recte inuideo, nam sum deterior inferioribus. LAR. Quid si feliciorem 25 tete edoceo, quam sunt isti de quibus dicturus es? QVER. Tum igitur facies, post hac Querolus nullum

---

1 tu *om. V'* 2 te te *ex* ēē te *factum uidetur L* 3 numquam ∞ numquid *Daniel correxi* 4 conpellit *V* 6 inf. ēē hunc *P* 7 Valde / cupio *V* | egomet *in ras. pr. P* 9 numquid (*om.* nam) *Rp* 11 Hahahe — suis *Lari dedit Canneg.* 13 Nonne *Lari datur uulgo, personae om.* ∞ | conqueror ⁒ (*sic*) *R* 15 rursum a. i. redis *Querolo dat Gruterus* 16 cōprobes *P* 18 hoc *pr. ss. P* | hoc etiam] .i. sanitatem .s. inter bona *add. Rp.* 19 sanus—negas *f* | felicem te *Rp* 23 quᵉris (e *in* ę *al*) *L* | aliis *P* 26 inferiori//bus (a *er.*) *L* | inferior deterioribus *Grut. fort.* Non *uel* Num sum d. i.

ut permittat queri. LAR. Vt negotium sit breuius et
lucidius, argumenta remoueo. Tu fortunam dicito,
cuius tibi condicio placeat, sortem autem quam ipse
uolueris iam nunc dabo. Tantum illud memento: Ne
5 putes posse te aliquid deplorare atque excipere unde
aliquid legeris. QVER. Placeat optio. Da mihi diuitias
atque honores militares uel mediocriter. LAR. Istud
tibi praestare ualeo. Verum illud uide, si tu ualeas
implere quod petis. QVER. Quid? LAR. Potes bellum
10 gerere? ferrum excipere? aciem rumpere? QVER. Istud
numquam potui. LAR. Cede igitur praemio atque honoribus his qui possunt omnia. QVER. Saltem aliquid
nobis tribue in parte ciuili et ministeriali. LAR. Vis
ergo omnia et exigere et exsoluere? QVER. Attat hoc
15 excidit, iam neutrum uolo. Si quid igitur potes, Lar
familiaris, facito ut sim priuatus et potens. LAR. Potentiam cuius modi requiris? QVER. Vt liceat mihi
spoliare non debentes, caedere alienos, uicinos autem
et spoliare et caedere. LAR. Hahahe, latrocinium, non
20 potentiam requiris. Hoc modo nescio edepol, quem
ad modum praestari hoc possit tibi. Tamen inueni,
habes quod exoptas: Vade ad Ligerem uiuito. QVER.
Quid tum? LAR. Illic iure gentium uiuunt homines,
ibi nullum est praestigium, ibi sententiae capitales de
25 robore proferuntur et scribuntur in ossibus; illic etiam
rustici perorant et priuati iudicant: ibi totum licet.

---

1 ut *om. ∞ add. Klinkh.*   2 furtunam *L'*   3 conditio
VP | autem] ante *P*   5 deflorare a. excerpere *Burmann*.
6 legeris] i. elegeris *add. p* | Place/t (a *er.*) *P* placeat inquit
tibi optio aut electio mea *mg. add. Rp*   11 Caede ∞ | pre-
mio ∞   12 his *om. P'* | Sal//tem (u *er.*) *L*   13 miserabili ∞
et miseria me leua *Orellius, correxi*   14 nomina *Klinkh.* |
et exig.] et *om. Rp* | et exsol.] & *ex* aut *P*   15 uolo/////
Si *L*   17 liceat mihi *VPp* mihi liceat *L*   18 cedere ∞
19 et non pot. *C*   21 ammodum *V*   22 ligerem *P* ligerem
(e *in ras.*) *V*   24 prestigium ∞   25 robore] *gl.* arbore *Rp* |
in oss.] in *del. Daniel* | lillic *P*

Si diues fueris, patus appellaberis: sic nostra loquitur
Graecia. O siluae, o solitudines, quis uos dixit liberas?
Multo maiora sunt quae tacemus, tamen interea hoc
sufficit. QVER. Neque diues ego sum, neque robore
uti cupio. Nolo iura haec siluestria. LAR. Pete igitur 5
aliquid mitius honestiusque, si iurgare non potes.
QVER. Da mihi honorem qualem optinet togatus ille,
muneras quem maxime. LAR. Rem prorsus facilem
nunc petisti. Istud etiam si non possumus, possumus.
Visne praestari hoc tibi? QVER. Nihil est quod plus 10
uelim. LAR. Vt maxima quaeque taceam: sume igitur
tegmina hieme trunca et aestate duplicia; sume laneos
coturnos, semper refluos *laceros* quos pluuia soluat,
puluis compleat, caenum et sudor glutinet; sume calceos humili fluxos tegmine quos terra reuocet, fraudet 15
limus concolor. Aestum uestitis genibus, brumam
nudis cruribus, in soccis hiemes, cancros in tubulis
age; patere inordinatos labores, occursus antelucanos,
iudicis conuiuium primum postmeridianum aut aestuo-
sum aut algidum aut insanum aut serium. Vende 20
uocem, uende linguam, iras atque odium loca: In
summa pauper esto et reporta penatibus pecuniarum
aliquid, sed plus criminum. Plura etiam nunc adice-

---

1 patus] *fort.* παχύς *FHaasius* | appellaueris *Cp*   2
grecia *P* | sollit. *P* | quid *P* | uos *om. P* non uos *Orellius* | di-
xet (e *in* i *c.) P*   3 interea (a *al.) P*   4 ego sim *Rittersh.*
7 qualō *P* | obtinet *V*   8 quem maxime muneras *Rp* |
mmneras *P* 9 nun (c *rec. add.) L.* 10 praestari *V* praestarę
LP l' ri *ss. P atque* ri *rec. add. L* | Nihil plus quod uelim
(est *om.) Rp* 13 carceres *ω* calceos *Rp* l'calceos *ss. P* laceros
scripsi | qos (*pr. c.) L*   14 et puluis *P* | pului *V'* | cenum *R*
16 aestu *Rp* | uestis (ti *ss.) P* | bruma *L* (Rp) *P²* brumā *VP'*
17 hieme *et* cancro *Grut.* | crancos *R* | in tubulis. age p.
Daniel, corr. Pithoeus   18 antelucanos iudicis *coniunxit*
Klinkh., *at uide* 41, 6 coniuator iudicum   19 iudici (s *pr.*
ss.) V 20 serum *P* 22 pauperes esto (*ab edendo) Koenius*
23 dicerem *ω* adicerem *Klinkh.*

rem, nisi quod efferre istos melius est quam laedere
QVER. Neque istud uolo. Da mihi diuitias quales
consecuntur illi qui chartas agunt. LAR. Sume igitur
uigilias et labores illorum quibus inuides. Aurum in
5 iuuenta, patriam in senecta quaere, tiro agelli, ueteranus fori, ratiocinator erudite, possessor rudis, incognitis
familiaris, uicinis nouus omnem aetatem exosus agito,
funus ut lautum pares. her*edes* autem deus ordinabit.
Istis nolo inuideas Querole. Saepe condita luporum
10 fiunt rapinae uulpium. QVER. Heia, nec chartas uolo.
Tribue saltem nunc mihi peregrini illius et transmarini mercatoris sacculum. LAR. Age igitur, conscende
maria, te tuosque pariter undis et uentis credito. QVER.
Istud egomet numquam uolui. Da mihi saltem uel
15 capsas Titi. LAR. Sume igitur et podagram Titi.
QVER. Minime. LAR. Neque tu capsas continges Titi.
QVER. Neque istud uolo. Da mihi psaltrias et concubinulas, quales habet auarus ille fenerator aduena.
LAR. Habes nunc plane tota mente quod rogas. Suscipe quod exoptas toto cum choro. sume Paphien
20 Cytheren Briseiden, sed cum pondere Nestoris. QVER.
Hahahe, quam ob rem? LAR. Habet hoc ille cuius tu
sortem petisti. Eho Querole, numquam audisti: Nemo
gratis bellus est? Aut haec cum illis habenda sunt,
25 aut haec cum his amittenda sunt. QVER. Adhuc
inuenio quod requiram: Da mihi saltem impudentiam,
LAR. Vrbane edepol, tu nunc omnia quae negauerim
concupiscis. Si toto uis uti foro, esto impudens; sed

1 quod *om.* P 3 consequentur P | cartas V'P 4 inuides
pr. ss. L | curiam *Franc. Daniel* 5 iuuenta (in *pr. ss.*) P
6 eruditus *c. S Victor.* | rudi P 8 heroes LV heredes
PRp hæredes *rec. add.* L 9 quer°le P | Sepe VP 10
Heia] He P | ne cartas p 11 nunc saltem p | nun (c *pr.
ss.*) L | michi nunc P 16 Neqtu *omisso compendio* L Neq·tu
V 21 breseiden ω | nestoris (n *in ras.*) V 22 ille] Nestor
ss. p 23 Eho V Heo LP hae ó Rp 24 est *pr. ss.* L |
illis L his VPR 25 Adhuc] Atat *Canneg.* 26 *sqq.* impud. V

sapientiae iactura facienda est nunc tibi. QVER. Quam
ob rem? LAR. Quia sapiens nemo est impudens. QVER.
At abi Lar familiaris cum tua disputatione. LAR. At
abi Querole cum tua querimonia. QVER. Numquamne
mutabitur calamitas? LAR. Quamdiu tu uixeris. QVER. 5
Felices ergo non sunt. LAR. Sunt aliqui, sed non illi
quos tu putas. QVER. Quomodo? Si ostendero iam
nunc tibi aliquem et sanum et diuitem, felicem hunc
negabis? LAR. Diuitem potes nosse, sanum esse quid
putas? QVER. Corpore bene ualere. LAR. Quid si 10
aegrotat animo? QVER. Istud egomet nescio. LAR. O
Querole, inbecilla tantum uobis corpora uidentur:
quantum animus est infirmior. Spes timor cupiditas
auaritia desperatio esse felicem non sinunt. Quid si
nescio quis ille alius in corde alius est in uultu? 15
Quid si laetus publice maeret domi? Vt maiora re-
ticeam, quid si uxorem non amat? quid si uxorem
nimis amat? QVER. Si nemo felix, nemo igitur iustus.
LAR. Etiam hinc respondeo: Sunt aliqui fateor iusti
prope, sed prima est horum calamitas. Estne aliquid 20
quod requiras? QVER. Immo edepol nihil. Meam mihi
concede sortem, quando nihil melius repperi. LAR.
Igitur quamquam felicem esse te constiterit, tamen
etiamnunc beatiorem te futurum ut agnoscas uolo.
Aurum hodie multum consequere. QVER. Ludis nos, 25
fieri hoc non potest. LAR. Quam ob causam? QVER.
Quia non est uia. LAR. Sane difficile est nobis facere
atque inuenire, quod tu non intellegis. QVER. Dic
quaeso: Numquid rex aliquid largietur? LAR. Nihil.

impud. L 3 disputione LC | Ast R 5 mutabis L mutabitur
VP | o calamitas Rp 9 sanum esse] ēē pr. ss. L 11 egrotat ω
13 quantum] at quanto c. S. Victor. | t/imor (r er. non i) L 14
inesse LPR (.i. non esse gl. Rp) esse V c. Victor. | non s. V
non om. ceteri | Quis si p   15 qualis ille est Daniel² ex co-
dice (?) | ille] totum est hoc infelicitas add. Rp | est ss. pr. L
                    b
16 latus P | pulice P   19 hinc] huic P   21 michi c. meam
sortem P   22 sortem] paupertatem gl. p   23 quanquam ω |
te om. C   29 numquis Grut. rex aliquis Wernsd.

QVER. Numquid amicus donabit aliquis? LAR. Nihil.
QVER. Numquid ex transuerso quispiam me heredem
instituet? LAR. Nihil minus. QVER. Numquid thesaurus alicubi defossus apparebit ante oculos meos? LAR.
5 Atqui si thesaurus domi tuae lateret, prius alteri esset
ostendendus quam tibi. QVER. Et quemodmodum sum
habiturus egomet, quod mihi nullus dabit? LAR. Vade
iam nunc et quicquid contra te est, facito. QVER. Cur
ita? LAR. Sic expedit. fallenti credito et circumuenienti
10 operam atque adsensum accommoda, fures si ad te
uenerint, excipe libenter. QVER. Tum si aliquis meis
aedibus facem subiciet, iuberesne me oleum infundere?
LAR. Noueram te crediturum non esse. QVER. Fures
mihi ac praedones cui bono? LAR. Vt si quid tibi
15 spei aut praesidii est, totum auferant. QVER. Cur ita?
LAR. Vt sis diues. QVER. Quo modo? LAR. Bona si
perdideris tua. QVER. Quam ob rem? LAR. Vt sis felix.
QVER. Quo modo? Lar. Si fueris miser. QVER. Istud plane
est quod saepe audiui: obscuris uera inuoluere. Sed
20 quid facere me iubes? LAR. Quod contra te putas.
QVER. Dic ergo quid sit, ne fortasse aliquid pro me
faciam nescius. LAR. Quicquid egeris gesserisue hodie,
pro te fiet. QVER. Quid si egomet nolo? LAR. Velis
nolis, hodie bona fortuna aedes intrabit tuas. QVER.
25 Quid si aedes obsero? LAR. Per fenestram defluet.
QVER. Quid si et fenestras clausero? LAR. O stulte
homo, prius est, ut hae pateant ipsaque sese tellus
aperiat, quam ut tu excludas uel submoueas quod
mutari non potest. QVER. Igitur, quantum intellego,

---

1 QVE L, in V promiscue QVE et QVER apparet | aliquid ω
aliquis Klinkh.   4 meos?] interrogandi nota deest V   12
facem] .i. ignem p | iuberes ne P (iubesne C)   13 Nonueram
P   14 predones L   15 presidii ω   19—20 sed quid —
putas ut iterationem odiosam eorum quae sunt supra delere
uult Klinkh. | contra] .i. contrarium tibi p   25 obsecro (c in
ras.) V   26 Quid & si P   27 he P tecta Koen.   28
apperiat P

non mihi praestatur, quod uelim nolim faciundum est.
LAR. Neque ego id expectabam, ut gratias ageres, sed ut
Querolum te constaret in omnibus. QVER. Tu nunc
quo tendis? LAR. In aedes tuas immo nostras me
recipio. Inde ibo quolibet. Ita tamen usque quaque 5
peruagabor, ut te numquam deseram. QVER. Incertus
ego sum factus magis hodie quam semper fui. Quid
ergo nunc faciam cum responso huius modi? Cui-
quamne oraculum tale umquam datum est, ut ipse
sibimet mala quaereret, aut 'non excluderet, si fieri 10
posset, ingruentem miseriam? Perde, inquit, si quid
est tibi domi, ut adquiras plurima. Mea si mihi au-
ferantur, aliena quando aut quis dabit? Vade, inquit,
fures require, praedones recipe in domum. Primum
hoc si cognosci atque etiam si probari potuerit, nonne 15
iudex iure optimo pessum dabit tamquam latronum
conscium? Sed ubinam fures ipsos modo requiram?
ubi inuestigem nescio. Vbinam illa est cohors fuli-
ginosa uulcanosa atra, quae de die sub terra habitant,
nocte in tectis ambulant. Vbi illi sunt qui urbane 20
fibulas subducunt quique curtant balteos? Nisi fallor,
unum ex ipsis uideo. Atque ecce rem gerit. Hem
tibi clamo inpostor. Ohe cessa, euge seruata est fibula.
Attat spes mihi nulla est: mandato excidi. Interdic-
tum fuerat, ne obuiarem furibus: uerum ne excluderem, 25

---

1 mihi *pr. ss.* L m /// P | praestator P | quod uelim nolim
(qd *al. ss.*) P | non mihi pr. quod uelim: Faciundum est (*om.*
nolim) *Klinkh.* | faciendum Pp patiundum *Grut.*   7 "hodie
"magis P   8 ego C | Cuiusquam///ne V Cuiusquā/ne L cui-
quamne *aut* cui usquam *Grut.*   9 un/quam V   10 quereret ω
11 inq (d *al. ss.*) P | quid est] quidem P   12 acquiras V
13 aliena] pro alia *ss. m. saec. XVI* L   14 predones ω
17 conscium (m *in ras.*) P   18 uestigem P | est/cohor//s P
19 de die] de *om.* R | terras ω terris *Klinkh.* terra *scripsi*
21 subdicunt P 22 ecce rem (e *in ras.*) P 23 Oe VL Oe P
25 uerum ne] neue *Klinkh.*

hercle hoc stultum est; nihil prorsus hinc placet. Atque edepol nisi fallor, iste qui apud me est locutus,
urbanus est homo. Num quodnam meritum nunc meum,
ut mihi potissimum res diuina ostenderetur? Hic
5 nescio quid est praestigii. Vereor hercle, ne furtum
quod denuntiabat iam perfecerit. Ego me hac intus
refero atque hominem, si repperero, continuo producam
foras.

II 1 . MANDROGERVS. SYCOFANTA.
SARDANAPALLVS

MAND. Multum sese aliqui laudant qui uel fugaces
10 feras uel pugnaces bestias aut uestigiis insequuntur
aut cubilibus deprehendunt aut casu opprimunt. Quanto
mihi maius est ingenium et lucrum, qui homines uenor
publice? Sed quos homines? diuites et potentes et lit-
teratos maxime. Mandrogerus ego sum parasitorum
15 omnium longe praestantissimus. Aula quaedam hic
iacet, cuius odorem mihi trans maria uentus detulit.
Cedant iuris conditores, cedant omnia cocorum inge-
nia, cedant Apici fercula: huius ollae conditum solus
sciuit Euclio. Quid miramini? aurum est quod sequor,
20 hoc est quod ultra maria et terras olet. Quid ad

---

r
1 prosus (r *pr. ss.*) *L*   3 Numquidnam *Pp* Numquidnam
R | nunc *ex* hunc *P*   5 prestigii ∞   7 produc/am *P*
Personarum catalogus abest P qui non nisi MANDROGEB'
praefigit   9 ultum aliq sese *P* aliquid *p* | uel *pr. ss.* *L* |
pugnaces feras u. fugaces b. *VLP*   10 insecuntur *P*   12
mihi////maius *P* | inienium *P* | et l.] ad lucrum *Canneg.* | uenor]
.i. deludo uel decipio *R*   13 *post* homines *interrogandi nota
erasa V* | litteratos *V* literatos *L* ditteranos (l'ueteranos *al.*
mg.) *P*   17 Caedant *LV* | Caedant *L* | cocorum *V idem cum
rasura super* or *P* coqu. *L*   18 caedant *L* | Apicius (Apicus *p*)
proprium nomen glutonis qui primus coquinae usum inuenit et
de condituris multa scripsit consumptoque omni patrimonio pudore egestatis uenenum hausit. cuius et Iuuenalis in primo
libro meminit *gl. Rp* | conditum] .i. saporem R   20 terras
LP² terra *VP¹*

haec uos dicitis nouelli atque incipientes nunc mei?
Quando haec discere potestis? quando sic intellegetis?
quando sic docebitis? Sycof. Atqui si scias, Mandrogerus noster, quale egomet somnium nocte hac uidi?
Mand. Dic obsecro si quid est boni? Sycof. Nocte 5
hac uidebam thesaurum quem sperabamus nobis uenisse
in manus. Mand. Quid tum? Sycof. Videbam ex parte
solidos. Mand. Ah istud non placet. Sycof. Erant
praeterea uncinuli hamati, torques et catenulae. Mand.
Dic quaeso, aliqua insuper non somniasti uincula et 10
uerbera? Sard. Infaustum hercle hominem, solum hic
non uidit carcerem. Ohe homo prodigiose, ego te
iamnunc explodo cum uerbis tuis. Nocte ista ego in
somnis funus uidebam. Mand. Di te seruent hic bene.
Sard. Et nos ipsi funus illud nescio quo ferebamus. 15
Mand. Optime. Sard. Insuper etiam deflebamus de-
functum illum quasi alienum tamen. Mand. Audin tu
istaec stulte homo? Talia egomet etiam manifesta
malo quam tua somnia. Funus ad laetitiam spectat,
lacrimae ad risum pertinent, et mortuum nos ferebamus: 20
manifestum est gaudium. Ego autem meum uobis
narrabo somnium prorsus manifestissimum. Dicebat
nescio quis somnianti nocte hac mihi seruari manifesta fide, nec cuiquam alteri concessum esse aurum
illud inuenire nisi mihi. Sed insuper adiecit: ex istis 25
opibus hoc tantummodo mihi profuturum quod con-
sumpsisset gula. Sycof. Optime edepol somniasti.
Quid autem aliud quaerimus, nisi tantum quod sufficiat uentri et gulae? Sard. Pulchre edepol somniasti,

---

5 Sycf *V* 7 Q̄ tum (d *al. ss.*) *P* 8 Ha *LP* ah/ *V*
9 preterea *LP* | hamati *L¹V²* amati *L²V¹P* .i. circulati *Rp* |
catenule// *P* 10 quaeso *uirgula super* a *adiecta L* | ali (qu
al. ss.) *P* alia *C* 12 Oe *L* Ohe *V* hohe *P* 14 insomnis
ω in somnis *Par.* 16 Mand Optime S. I. e. deflebamus *desunt P* 19 spectat (t *al.*) *V* 20 lacrime *V* 24 aurum *V* 25 illum *LP¹Rp* illud *VP²*

felicem te Mandrogerus nos*que* qui tecum sumus.
MAND. Sed heus tu, Sycofanta noster, nisi me fallit
traditio, iam peruenimus. SARD. Ipsa est platea quam
requiris. SYCOF. Recurre ad aediculum cito. MAND.
5 Sacellum in parte, argentaria ex diuerso. SYCOF.
Vtrumque sic est. MAND. Ventum est. Quid praeterea? MAND. Domus excelsa. SYCOF. Apparet. MAND.
Iligineis foribus. SARD. Ipsa est. MAND. Attat quam
humiles hic fenestras uideo? Euge hic frustra clau-
10 duntur fores. Tum praeterea inermes quantum inter
sese distant regulae. Secura hercle regio hic mihi,
et fures nil nocent. Sed interius mihi aurum olet.
Alia temptandum est uia. Heia nunc Sycofanta noster
tuque Sardanapalle: Si quid nobis ingenii comitatis et
15 uirtutis, nunc totum ostendite. Ego tamquam cynicus
magister inuenta et inclusa trado gaudia, retia uosmet
obsidete, dum percurro cubilia. Iam omnia tenetis
animo quae iamdudum diximus quaeque exinde medi-
tamur nocte ac die. SYCOF. De atrio porticus. *MAND.*
20 Recte rationem tenes. SARD. In sacrario tria sigilla.
MAND. Conuenit. SYCOF. Arula in medio. MAND. Sic
sunt omnia. SARD. Aurum ante aram. MAND. Hoc iam
nostrum est. Quid, ipsius Queroli indicia iam tenetis?
SYCOF. Melius hercle quam tua. Tu uide an diuinare
25 possis, nos mentiri nouimus. MAND. Ego istuc in parte

---

1 nos qui *VLRpP*¹ nos q̇ui *P*ᵗ „*fort.* nos q, qui" *rec. add.*

in *L* | sumus] .s. locuti *gl. Rp* 2 hus (*pr. c.*) *L* 4 Returre
V | aediculum ∞ aediculam *Daniel* | cito *ex* tito *P* 6 sic est]
est *rec. in ras P* | preterea *LP* 7 *ex.* MAND *om. R* 8 Iliginis
LP? Iligineis *V* ilignis *R* 9 hic *pr. ss. L* fenestras hic *Rp*

10 foras *P*¹ | preterea ∞ 13 temᵖtandum (*pr. ss.*) *V* 14 sar-
donapalle *L* sardinapalle *V* sardinapelle (*al. c.*) *P* | comitatis]
hic prudentiae alias pulcritud *gl. R* 15 cinicus *V* 16
indusa *L* 17 cubila *L V? P?* cubilia *Daniel* 19 porticus Inrecte ∞ M. Recte *Daniel* Tu recte *Orellius* in dextra.
M. Recte *Klinkh. conl. p.* 34, 23 20 sygilla *P* 22
c etiam *P* (Hoc etiam iam *C*) 24 tuam *p*

hac deambulatum ibo, illinc obseruabo atque ubi res
uel ratio postularit, continuo hic adero. Sycof. Nos
quoque paululum istac secedamus, ne suspitionem improbitas paret.

QVEROLVS. SYCOFANTA. SARDANAPALLVS II 2

Qver. Noster ille qui mecum est locutus, nus- 5
quam apparuit neque aliquid subripuit intus. Iste
plane homo non fuit. Sard. Hem ipse est. Vellem
hercle adire hunc hominem quem uidi modo. Ego
magos mathematicosque noui, talem prorsus nescio.
Hoc est diuinare hominem, non qualiter facere quidam 10
risores solent. Qver. Hem quemnam diuinum isti esse
dicunt? Sard. Sed hoc nouum est quod uidi modo.
Vbi te aspexerit, primum tuo te reuocat nomine, dein
parentes seruos atque omnem familiam exponet; quasi
nouerit quid tota gesseris aetate quidue postea sis 15
acturus, totum edisserit. Qver. Bellus hercle hic nescio
qui est, non praetereunda est fabula. Sycof. Quaeso
sodes, adgrediamur hominem illum ratione qualibet.
Sard. O me stultum atque ineptum qui non consului
statim. Sycof. Et ego hercle uellem, verum ut nosti 20
non uacat. Qver. Cur non omnia recognosco? saluete
amici. Sycof. Saluus esto qui saluos esse nos iubes.

---

2 adero /// /// /// /// (Sycof *erasum uidetur deestque eius
oratio*) Qvervlvs (*sequitur lacuna* 24 *litterarum*) Noster ille *P*
3 suspicionem *V*.
    8 audire ω adire *scripsi* | hunc *om. C* | uidi modo] uidimus
Rp (m⁹ *pro* m̄ *legit librarius*)   9 noui] uidi *P*   10 qualiter /// facere (diu *er. uidetur*, facere *ni f. in ras.*) *P*   12
uidi modo] uidimus *Rp*   13 Vb¹ *P* | te uocat *P*   14 ex-
ponit *Daniel*²   15 gesseris *P* gesserit *LV?*   16 bellus] pro
bono *gl. R*   17 qui/est (*s er.*) *L* qui est *VP* | es *Rp* est *om.
Klinkh.* | preter ω eunda est *ex* eundae sit *L* | queso ω   19
O me *V* Om̄e *LP¹* | //stultum (di *er.?*) *P* | consilui *p*   20
Uirum *V* | uaccat *V*   21 Om̄a *LV* Om̄ia *P* | agnosco ω *cor-
rexi*   22 esse *ss. P* | esse non *p*

QVER. Quid uos, secretumne aliquod? SARD. Secretum
a populo, non secretum a sapientibus. QVER. De mago
nescio quid uos audiui. SARD. Ita est, de nescio quo
nunc sermo erat qui omnia diuinat. Verum quisnam
5 ille homo sit nescio. QVER. Estne talis aliquis? SARD.
Maxime ergo, Sycofanta, ut dixeram, per te tuosque
mi sodes te rogo, ut illac uenias mecum una simul.
SYCOF. Iam dudum dixi, ultro et libenter irem, si
uacuum nunc esset mihi. SARD. Mane paulisper. QVER.
10 Quaeso amice, ne te subripias tam cito, egomet quoque scire cupio, quisnam iste est, de quo sermo nunc
erat. SYCOF. Edepol nescio, quid aliud mihi est ne,
gotii. Cognati atque amici iam dudum me expectant
domi. SARD. Magna hercle hominis difficultas et per-
15 suasio. Neque nunc te amici expectant neque cognati.
Paulisper mane. QVER. Quaeso amice, si mea non est
odiosa societas, consulere uobiscum nolo. SARD. Vereor
hercle, ne difficilem se nobis faciat, si plures uidet.
SYCOF. Optime edepol. Ecce sodes comitem quaere-
20 bas, habes. Mihi molestus ne sies. QVER. Quaeso
amice, si huic ita uidetur, abeat: nos illac una simul.
SARD. Atqui isto nobis est opus, quoniam hominem
illum uidit et nouit bene. QVER. Iustum est, ut nobis
hodie operam impendas, quoniam sic ratio expostulat.
25 SYCOF. Immo hercle iste illum nouit melius atque ille
hunc familiariter. QVER. Sed quaeso nunc uestram
fidem, quisnam hic homo est, uel cuius loci? SYCOF.
Quantum comperi, Mandrogerus uocatur, hoc scio.
QVER. Attat pulchrum hercle nomen, iam hoc de

---

1 aliquod *LVP*² aliquid *P¹Rp*   3 nescio quo *Klinkh.*
4 quisnam *ex* quidnam *L*   6 Maxime. Ergo *Grut.*   7 mi
sides *P* | uenias *bis scriptum L semel VPRp* | metum *P*   9
nunc *pr. ss. L*   15 expectant amici *P*   16 mane pau-
lisper *C* | amici *p*   17 ⌐odiosa *P*   20 sties *P*   21 habeat ∞
abeat *Pithoeus* | sumul *L* | .s. eamus add. *Rp*   22 atque ∞ at-
qui *Pithoeus* | isto *pr. ss. L* istâ *P*   23 est⌐ *L*   24 inp.
L imp. *VP*   25 iste (e *ex* a) *P*   28 hoc nescio *P*   29
hercle *om. Rp* | hoc] hinc *Canneg.*

magis existimo. SYCOF. Primum praeterita edicit. Si
omnia cognoscis, tum de futuris disserit. QVER. Magum hercle hominem tu narras: et consuli hunc non
placet? SYCOF. Volo equidem, sed paulisper non uacat.
QVER. Age da operam amicis, nobis quoque similiter 5
impera, si quid uoles. SYCOF. Habeo gratiam; quoniam
istud uultis, fiat. Sed audite quid loquor: huius modi
homines impostores esse. QVER. Hem sodes, ipsud
uolebam dicere. Certe ferulas non habet neque cum
turbis ambulat. SYCOF. Hahahe, tales hercle consulere 10
hic deberet homo curiosissimus. SARD. Verbis quantum
uult ille fallat, plus de nobis non licet. SYCOF. Si
uobis ita uidetur, placeat, ut ego hominem scisciter
atque ut omnia perquiram non uno modo. Si mihi
ille de omnibus respondere potuerit, sciatis uere hunc 15
esse diuinum uel magum. SARD. Dixisti optime, sed
eccum ipse hac praeterit. ita ut uolui contigit. Quanta
in ingressu grauitas, quanta in uultu dignitas? QVER.
Adgrediamur hominem atque a publico seuocemus, ut
secreto disseras. 20

QVEROLVS. MANDROGERVS. SYCOFANTA. II 3.
SARDANAPALLVS

QVER. Salue Mandrogerus. MAND. Saluos esse
uolo. QVER. Tu quoque incolumis esto sacerdotum

---

1 preterita *co* 2 recognoscis *R* agnoscis *Orellius* somnia
cognoscit *Scaliger* | Magum *LV?* Magnum *PR* 3 tu hominem *P*
4 non uacat] mane *P* 5 simileter *L* 7 q *P* 8 imp. *LP?*
imp. *V* | impostores] st *ex* rt pr. c. *V* | ipsud *VL²* ipsu id *P*
ipsud *ex* ipuid *ni f. L* 11 hic *om. Rp* 12 de nobis] *gl.* pro in
nos *R* contra nos *p* 13 placeat *P* | scisciter (e *ex* u) *P*
14 mihi *L* michi *P* m// *V* 16 esse hunc *Pp* | magnum *P*
(et magum *C*) | SARD *in ras. V* | et cum *P* 17 preterit *co*
20 disserat *L* disseras *VRp* disserant *P* | desunt nomina praeter
SARDANABALLVS (sic) *P* | SARD.] litt. *A* syllabae DAN *in ras. V.*
21 Saluos esse uos uolo *C Rp* at uos pr. ss. *P* 22 post uolo versus
dimidia pars usque ad marginem textu caret *P* | incolomis *PR*

maxime, quoniam laudaris ac diligeris plurimum merito
tuo. SYCOF. Scin tu Mandrogerus, quid ex te uolui-
mus noscere? MAND. Quaenam? fortasse noui. SYCOF.
Consulere de quibusdam uolumus et cognoscere tuam
5 insignem sapientiam. MAND. Non equidem constitue-
ram, sed quoniam ita uultis, consulite, ut respondeam.
SYCOF. Quaesumus, ut libenter nobis operam tuam
- impendas. Prolixa nunc disceptatione opus est. MAND.
Dicite quid uelitis. SYCOF. Primum ut exponas quae-
10 sumus, quae sunt optima sacrorum genera uel cultu
facilia. MAND. Duo sunt genera potestatum: unum
est quod iubet, aliud quod obsecundat: Sic re-
guntur omnia. Praeclarior maiorum potestas, sed
minorum saepe utilior gratia. Verum de maioribus
15 neque mihi dicere neque uobis audire est utile. Itaque si et inuidiam et sumptum euitatis, sperate ab
inferioribus. SYCOF. Quaenam ista sunt obsequia, quibus obsequi nunc oportet? MAND. Dicam celeriter.
Tria sunt in primis: planetae potentes, anseres im-
20 portuni et cynocefali truces. Has tu effigies omnibus
in fanis et sacellis si intueri uel placare potueris,
nihil est obstare quod possit tibi. SYCOF. Illosne
quaeso tu mihi planetas loqueris, numeris qui totum
rotant? MAND. Ipsos nec uisu faciles nec dictu affa-
25 biles, atomos in ore uoluunt, stellas numerant, maria
aestimant, sola mutare non possunt sua. SYCOF. Egomet audieram, quod ipsi omnia gubernarent. MAND.

---

2 uolumus *R*   3 noscere] no *pr. ss.* *P* | Quaedam *Rittersh.*
8 inpendas *LP* imp. *V* | nunc] ŭ *R* | ópus disceptatióne ëst *L* |
disceptione *C*   9 Primū/ (s *er.*, ŭ *ex* u *pr.*) *L*   11 facil-
lima *p*   13 *s.* Praeclarior — gratia *f*   18 "nunc 'obsequi   *V*
19 importuni *LV* inportum (*sic*) *P*   20 cinocefali *LP* | effu-
gies *L* effigies *VP*   21 intueri (ri *in lacuna* 4 *litterarum*) *V*
intueare *LP?* *unde* inturare *Danaeus* mitigare *Daniel* |
placere *P*   25 in orbe *Canneg.*   26 estimant *VP* |
sola /// /// mutare (mutare *bis fuisse scriptum uidetur*) *P*   27
gubernare ω *correxi*

Hahahe, hic si aliquid gubernari censes, nescio ubi
naufragium dixeris. Vbi rerum omnium penuriam
esse norunt, illic homines- congregant. Summa est
medella, uicissim alia ut euerrant loca. Messes hac
atque illac transferunt diris tempestatibus omnesque 5
fructus paucorum improbitas capit. SARD. Nonum tibi
est transferri messes? MAND. Istis licet rerum omnium
species atque formas ut libuerit uertere. Sed quot
gradibus et transfusionibus? aliud ex alio iubent. Tri-
ticum ex uino subito fieri uideas, uinum ex tritico. 10
Iam flaua seges hordei facile efficitur ex quouis titulo
et nomine. Mortales uero animas siue inferis siue
superis addere nullus labor. SARD. Vides ergo tam
potentes placari oportere? MAND. Hahahe, paucis hoc
licet, sacraria istaec nimis superba sunt et sumptuosa 15
maxime: si obaudire uultis, exiguo uotum soli sacello
soluite. SYCOF. Et oracla istaec ubinam specialiter
sunt expetenda? MAND. Vbi libet, hac atque illac,
sursum deorsum, in terra in mari. SVCOF. Et quisnam
infelix deprehendere aut adire possit haec tam uaga 20
sidera? MAND. Adire *non* facile est, abire impossibile.
SYCOF. Quam ob rem? MAND. Mysteria sunt in aditu
diuersa et occulta, quae nos soli nouimus: Arpyiae,
cynocephali, furiae, ululae, nocturnae striges. Absentes
hydris congregant, praesentes uirgis submouent. Ita 25

.n.
3 non regant *L* non regant *P* ŭ regant congregant (*posterior
uox pr. del.*) *V* congregant *Rp* 4 medela *PR* | euertant *VP* euer-
h
tat *L* everrant *Daniel*[2] | ac *P* 8 Sed] SARD. *ss. P* | quot *VP*[2]*R*
quod *LP*[1] 9 *interrogandi nota erasa V* | aliud] MAND. *ss. P*
15 sumptuosa· Maxime si ∞ *post* maxime *dist. Klinkh.* 17
SYCOF. Et] Et *er. P* | oracla *VP?* oracl'a *L* oracula *C* |
istaec] ista// *P* | spetialiter ∞ 18 expetenta (*ss.* d)
V 19 in terra *om. P* | et in mari *p* | Ecquisnam *Grut.* 20
uaria *uulgo* 21 facile ∞ difficile *Klinkh. propter p.* 30, 1.
1
ego non *addidi* 22 auditu *P* 23 Arpigiae *VP* Arpigae
pr. c. L 24 cynocephali] capripedes *al. in ras. V ubi sequitur lacuna* 3 *litterarum*

neque abesse licitum est nec adire tutum. Turbas
abigunt et turbas amant. Quid plura quaeris? Si te
numina diligunt, ne tu quicquam hinc noueris. SYCOF.
Atqui sacerdos noster, mysterium hoc iam displicet.
5 De secundo illo genere anserino edissere atque expone,
si quid est boni. MAND. Isti sunt qui pro hominibus
perorant ante aras atque altaria, quibus cygnea sunt
capita et colla. Reliquias edere mensarum solent.
Isti sunt ariolorum longe fallacissimi, tantum est, quod
10 uota hominum interpretantur et uale precemque dicunt,
sed responsa numquam eliciunt congrua. SARD.Hosne
tu olores esse narras? ego in sacellis proxime anseres
inspexi multos, neminem uidi cygnum. magnis gutturi-
bus capita attollunt, alas pro manibus gerunt. Primum
15 inter sese linguam trisulco uibrant sibilo. inde ubi
sonuerit unus, cuncti alas quatiunt diris cum clangoribus. MAND. Non paruo explentur isti. Panem neque
nouerunt neque uolunt, hordea insectantur fracta et
madida, spicas nonnulli uorant. Quidam etiam polenta
20 utuntur et carne iam subrancida. SYCOF. En sumptum
inanem. MAND. De istis quondam magnus dixit Tullius: „Anseribus cibaria publice locantur et canes alun-
tur in Capitolio." SYCOF. O genus hominum multi-
forme et multiplex! his egomet fuisse arbitror matrem

---

1 licitum] est *om.* p | a//dere (*u er.*) P   2 Turbans P¹ |
Quid plura querole? ∞ Querole *del. Klinkh.* (*uid. infra*), quaeris
ego   3 ne/ (c *er.*) P | quicquam (c *et* m *al.*) V | hinc *al. ss.* P
4 Atq; P   7 p/erorant (h *er.*) P | antae P   8 colla & capita
(*pr. c.*) L   10 male *libri* uale *Scaliger*   11 eligunt *libri*
eliciunt *Canneg.*   15 lingua (*al.* s *ss.*) V lingua p | sybilo L
16 *s.* Plautus in Querulo de anseribus: Cuncti — clangoribus
Seruius ad Vergil. A. III 226 | sonuerit///unus (son *er.*) P |
quatiunt (t *pr. m., in locum* s *erasi*) L | cum] con V | cla/goribus
(s *er.*) P   18 facta P   21 ianem P   22 Anseribus —
Capitolio: *Cicero pro S. Roscio c.* XX § 56 | collocantur P |
ca/nes (r *er.*) V

Circen, Proteum patrem. SARD. Edepol neque isti
placent. Cynocefalos nunc expone, si meliores putas.
MAND. Isti sunt, qui in fanis ac sacellis obseruant
uela et limina, quibus a pectore capita sunt canina,
alui *obesi*, pandae manus: aeditui custodesque istos 5
Hecuba quondam, postquam uere facta est canis, Anubi
nupta nostro latranti deo, omnibus templis ac delubris
semper denos edidit. Sic a pectore biformes, infra
homines, sursum feras. Itaque ubi ignotus precator
templa petierit, hinc atque hinc multisono cuncti la- 10
tratu fremunt. Vt adeas, tantum dabis, ut perorare
liceat, multo plus dabis. Mysterium de religione faciunt et commercium. Quae communia sunt et gratuita,
uendunt foris. Istis omnibus litandum: si paruo ne-
queas, at quanti queas. Respicite ad homines pote- 15
statesque uestras et nobis ueniam date mihique credite:
deus facilius aditur quam probe cognoscitur. SYCOF.
Actum est neque istos uolo, nihilque inter omnia quae
narrasti improbius puto. SARD. Felices uos qui non
cynocefalos pertulistis. Ego autem ipsum uidi Cer- 20
berum, ubi, nisi ramus aureus adfuisset, Aeneas non

---

1 circien *p* | protheum *ω* | patrḕm prótheuṁ *L* 2 pla-
cet (*pr. c.*) *L* 4 et] ad *Canneg.* 5 alui des *ω* aluides *uno uerbo*
C alui densi *R* aluidens i *p* albi dentes *Rittersh.*, alui grandes
Daniel auidae et *uir doctus ap. Daniel.* alui pedes *Koen.*, alipedes
Canneg., alui obesi *scripsi* | *pro* pandae *al. in ras.* curuẹ *habet V* |
aedituos *Canneg.* 6 ecuba *ω* | an (ubi *ss. al.*) *V* ,7 latrati
(*al. c.*) *L* 8 sep *R* | denis (*pr. c.*) *L* 9 homimes *L* |
ignotos *P* 11 orare *P* 13 commertium *L* | cõmmunia
(o *ex* u) *P* 15 at *L* ut *VRp* aut *P* 16 mihi (*om.* que)
C Rp 17 facili/us (f *er. P* | aditur] acbtur *P* (acbutur *C*) |
prole *LV* prolem *P* | cognitur *ω* | prole cognoscitur *Daniel*
probe c. *Anonymus Leid. n.* 501 probe colitur *Daniel* aditur,
Querole, quam cognoscitur *Scaliger* proles cognoscitur *Canneg.*
pro te *uel* pro re cogitur *Klinkh.* quam pro templis ianitor
Lennepius pro lite cognitor *Wernsdorfius* 18 istum *p* 19
potŏ *L* | Felices] *Mandrogero tribuit Klinkh.* 20 cinoce falsos
P | uidere malim *Canneg.* 21 *Vergili A. VI* 406.

euaserat. SYCOF. Quid de simiis? MAND. Istae sunt
quae futura scribunt, gesta quae uos dicitis, hominum-
que fata leuibus uoluunt paginis. Non quidem peri-
culosa haec animalia, sed molesta atque improba.
5 Quas illic sannas, quos corymbos uideas, si nummos
asperseris? Nam si insuper nuces et sorba dederis,
omnem popellum ceperis. SYCOF. Arpyias quaeso praeteristi quae semper rapiunt et uorant. MAND. Istae
sunt quae uota hominum obseruant atque honores
10 numinum. Non solum sollemnia, uerum etiam extraordinaria requirunt et parentum debita. Si aliquid
ad diem praesentatum non est, cum tormentis exig-
unt. Hac atque illac totum per orbem iuxta terras
peruolant. Digitos ad praedam exacuunt curuis timen-
15 dos unguibus. Semperque mensis aduolant, quod
contingunt, auferunt, quod relinquunt, polluunt. Istaec
prodigia alere quam nosse malo. Sed neutrum placet.
SARD. Noctiuagas etiam praeteristi, celeres, capripedes,
hirquicomantes. MAND. Innumerabilia sunt haec pro-
20 digia, sed ignaua et uilia. Solum hoc est quod secuntur atque obseruant unice Panem deum. SYCOF.
Omnia sacra tute ipse improbasti: quaenam igitur
praedicas? MAND. Quoniam simpliciter interrogastis,
scitote inter istaec omnia nihil esse melius, quam ut
25 aliqui fato nascatur bono. QVER. Et ita suspicamur.

---

1 simiis] sim' P   2 gestaque quae *Canneg.*   3 paginis
bis V   5 illac *P* | corimbos *P* colymbos *.i.* κυβιστευματα, *sal-
tationes Scaliger* ronchos *ATurnebus* | nummos non asp. ω non
del. *Klinkh.*   7 pupillum ω popellum *Canneg.* | Arpigias *L*
Arpygias (gias *al. m.*) *V* Arp///gias (hi *er.*) *P* | queso *P*   8
uolant ω uorant *Klinkh.*   9 h numinum *P*   10 sollempnia
P .i. consuetudinarios *gl. R*   11 debitū *L¹*   12 pres. ω
13 iuxta//terras *P*   ¹14 predam ω | exaguunt *P*   16 Istahec
PRp   17 alere] ualere *C*   18 Noctiuagos *CRp* | Noctiua-
gas // preteristi (etiam *om.*) *P* | preteristi ω | celeres] & ss. *P*
20 sequuntur *LV²* secuntur *V¹P*   21 deum] dm̄ ω domini
Daniel | atque ss. *P*   23 predicas ω | MAND *om.* *P¹* | interro-
gasti *C*   24 ista hec *PR* | omnia *V*

Sed fatum ipsum qualiter tandem coli uel propitiari potest? MAND. Dicam: genii sunt colendi, quoniam ipsi decreta fatorum regunt. Isti sunt placandi atque exorandi simulque, si qua intra aedes latet, mala fortuna uincienda atque exportanda est. QVER. Pulchre 5 edepol doces, sed ut facilius nunc sequamur omnia, da nobis experimentum tuae potestatis et sapientiae. quoniam ea quae noueras narrasti, nunc, si potes, ea quae nescis dicito. MAND. Non equidem êx integro fieri istud potest. Tamen accipite pauca de quibus 10 intellegatis cetera. Certe egomet neque mores neque facultates uestras didici. SARD. Certum est. MAND. Tu Sardanapalle pauper es. SARD. Agnosco, uerum tamen uereor, ne plures hoc sciant. MAND. Humili loco natus. SARD. Ita est. MAND. Ideo tibi contra regium 15 nomen datum est. SARD. Ita aiunt. MAND. Homo es uorax, petulans et calamitosissimus. SARD. Eho Mandrogerus, numquidnam hoc sum precatus, ut uitia enarres mea? MAND. Mentiri mihi non licet. Estne adhuc quod narrare me uelis? SARD. Vtinam ne istaec 20 quidem de me locutus esses! si quidem ulterius, haec amicis dicito. SYCOF. Ego te Mandrogerus hoc exoro, futura nunc mihi ut enarres, et ea tantummodo quae sunt bona. MAND. Ego non possum nisi a capite exponere. Tu Sycofanta nobili et claro natus es loco. 25 SYCOF. Ita est. MAND. Ab initio nequam. SYCOF. Etiam hoc confiteor, manet. MAND. Damna te premunt. SYCOF. Verum est. MAND. Periculum saepe tibi incumbit igni ferro flumine. SYCOF. Pulchre edepol om-

---

1 coli] *in ras.* colt *P* (coli uel *om. O*) 5 uinciendu *P* | export.] ex *al. ss. P* | *post* est *rasura P* 9 nescitis *P¹* 11 intellegatis *VLP²* intellegas *L¹* | caetera *LP* 13 sardinapalle *VP* | Veruntamen *L* 14 sciat *p* 15 contra] .i. per contrarium *gl. L* 17 calamita/sissimus (*s post* a *er.*) *P* | Heo *LP* Eho *V* 18 suprecatus *P* 19 non *om. P* | Estne *VR* Esne *LP*? 20 adhuc aliquid quod *Rp* | ista et *LV* ista hec *P* 21 si quid u.

hoc *Canneg. f.* si quid est 27 Dampna *P* 29 fero (*al. c*). *V*

nia narrauit quasi qui mecum uixerit. MAND. Datum
tibi est de proprio nihil habere. SYCOF. Intellego.
MAND. Sed de alieno plurimum. SYCOF. Iam istud
nobis sufficit. Nunc illud te quaesumus, ut etiam
5 huic responsa tribuas homini minime malo. MAND.
Ita fiat. Heus tu amice, tun Querolus diceris? QVER.
Di te seruent, ita est. MAND. Quid horae nuncupamus? SYCOF. Inter sextam et tertiam. MAND. Nihil
fefellit, de clepsydra respondisse hominem putes. Hem
10 quid igitur? Mars trigonus, Saturnus Venerem respicit, Iuppiter quadratus, Mercurius huic iratus, sol ro-
tundus, luna in saltu est. Collegi omnem iam genesim
tuam Querole. Mala fortuna te premit. QVER. Agnosco.
MAND. Pater nihil reliquit, amici nihil largiuntur.
15 QVER. Verum est. MAND. Vis totum audire? Vicinum
malum pateris, seruum pessimum. QVER. Agnosco omnia. MAND. Vis et nomina seruulorum tibimet etiam
nunc eloquar? QVER. Audire cupio. MAND. Seruus tibi
est Pantomalus. QVER. Verum est. MAND. Est alter
20 Zeta. QVER. Manifestum est. SYCOF. O sacerdotem
diuinum. MAND. Visne adhuc amplius? scisne a me
domum tuam ignorari? QVER. Maxime. MAND. Porticus tibi est in dextra, ut ingrediaris, sacrarium e
diuerso. QVER. Ita sunt omnia. MAND. In sacrario
25 tria sigilla. QVER. Verum est. MAN. Tutelae unum,
geniorum duo. QVER. Iam iam comprobasti potestatem

6 heus te *R* | tun *L* tun *V* tu/ *P* ne *(om. tu) Rp* 7 dii ∞ |
QVER. Dii te — nuncupamus? MAND. Inter — tertiam. SYC.
Nihil — putes QVER. Hem q. igitur? MAND. Mars etc, *nescio
quis in Danielis ed. altera* | orae *p* 8 sextam] secundam *Da-
niel marg.* | tertiam] septimam *Klinkh.* | MAND. Nihil *Rp*
QVER. Nihil *L¹ Queroli nomen erasum L²* 9 cleps.] horolo-
gium aquaticum *gl. R* | hominem respondisse *L* 10 sq.
Mars — saltu est *et* Mala — premit *Luitprandus Antapod.*
c. 11 11 iupiter *P* | huic] tibi *Liutpr.* 13 te premit]
p̄ ⁸⁴ *L* 14 reliquid *P* 17 seru.] famulorum *Rp* 20 G
Daniel hic et infra 23 ut] unde *Canneg.* 26 iamiam] iam
„f. iam tuam" *Daniel in L adnotauit*

ac disciplinam. nunc remedium promito. MAND. Tibi
celeriter consuli potest et sine sumptu ac mora. Sacrarium certe solum ac secretum est. QVER. Ita. MAND.
Certe nihil est illic conditum. QVER. Nihil praeter
sigilla. MAND. Sollemnitas quaedam ibidem celebranda 5
est, sed religio tecum omnes exclusit foras. QVER.
Vt libet. MAND. Religio per extraneos celebranda est.
QVER. Ita fiat. MAND. Sed quosnam possumus nunc
inuenire tam cito? optimum erat atque oportunum,
isti si uellent operam nunc tibi dare. QVER. Quaeso 10
amici, officium nunc et religionem impendite. Ego
quoque, si opus fuerit, uobis operam praestabo meam.
SYCOF. Nihil quidem istinc nouimus, sed si ita facto
opus est, fiat. SARD. Inhumanum est uotis operam
denegare. MAND. Bene dicitis, ambo estis boni. QVER. 15
Pro nefas, mene quasi ex consilio nunc solum fore.
Hem Pantomale, celeriter iam nunc peruola et arbitrum
uicinum nostrum, ubicumque iam nunc reppereris, usque ad nos pertrahe. Sed noui egomet te: Vade iam
nunc et cauponibus tete hodie colloca. MAND. Nescis 20
Querole factum ac decretum mouentis rei? QVER.
Quid igitur? MAND. Hora est synastria, istaec mihi
placet. Nisi iam nunc aliquid geritur, frustra huc
uenimus. QVER. Eamus igitur intus. MAND. Tu prae-
cede, nos tecum simul. Hem quod exciderat: Estne 25

---

1 promitte C | Vbí ω Tibi Daniel   3 Itast Canneg.
4 illi L illic VPRp | preter LP   5 Sollempnitas P   6
sed — excludit in ras. P | excludit PRp   7 est] ē al. V
8 Si LP? V² Se V¹ Sed scripsi | quos iam Canneg. Si quos
nunc possimus Klinkh. | nunc ss. P   9 tam cito in ras. P |
oport. ω   11 impendite· Ego (arculo pr. m. coniuncta uerba) L
                                                           h
14 Inumanum (h al. ss.) V   15 naegare P   16 nunc VPR non
L   17 patomale P | nunc iam P | arbitrum} iudicem gl. R
         re
18 repperis (pr. c.) L 20 Nescio P¹ 21 factum V fatum Daniel |
ac decretum ss. P | monentis rei ω momentis regi Pithoeus .i.
imminentis gl. Rp mouentis scripsi 22 constellationaria gl. R |
Synastria istaec Pithoeus coniunxit | Ista hec PR   23 placent
P   24 intus (intu in ras.) P | precede L   25 sumus ω correxi
                                                           3*

aliqua tibi arcula inanis? QVER. Non una quidem.
MAND. Una tantum est opus, in qua lustrum illud
exportetur foras. QVER. *Ego* et claues largior, ut inclusa excludatur calamitas. MAND. Omnia sunt per-
5 acta, quod bonum faustum felixque sit huic domui.
Nos praesto sumus.

II 4   PANTOMALVS SERVVS

PANT. Omnes quidem dominos malos esse constat, et manifestissimum est. Verum satis sum ex-
pertus nihil esse deterius meo. Non quidem pericu-
10 losus ille est homo, verum ingratus nimium et rancidus.
Furtum si admissum domi fuerit, execratur tamquam
aliquod scelus. Si dest tui aliquid, uide *ut* continuo
clamat et maledicit quam male. Sedile mensam lectum
si aliquis in ignem iniciat, festinatio nostra ut solet,
15 etiam hinc quaeritur. Tecta si percolent, si confrin-
gantur fores, omnia ad se reuocat, omnia requirit.
hercle hic non potest ferri. Expensas autem rationes-
que totas propria perscribit manu. Quidquid expensum
non docetur, postulat reddi sibi. In itinere autem
20 quam ingratus atque intractabilis. Quotiens est autem
antelucandum, primum uino, dein somno indulgemus:
hinc primum est iurgium. Post autem inter somnum
et motum necesse est, ut sequantur plurima: Turba
trepida, perquisitio iumentorum, custodum fuga, mulae

---

2 opus// in *P*   3 QVER / Ergo *P* | Ergo ω *corr. Daniel* | in
clausa *P*   4 parata *Grut.*   5 sit. huic d. nos *R*   7 PANT. Omnes
V PANT. *om. LP*   8 expertus//nichil (st *er.*) *P*   11 fuerit domi *Rp*
12 destui *L* de | stui *V* destitui *PRp* destrui *Daniel* | uideat ω
uiderit *Rp* | si dest tui aliquid, uide ut *scripsi*   14 in inignem *P*
15 quaeritur queritur *LP V* | percolent].i.si pluuia transfundantur
P | confringatur (pr. c.) *L*   17 ferri *in* ras. *P* feri *V* fieri
p | Expænsas *L*¹   18 proprias *ss. P* | quidquid *V*   20 est
al. *ss. P* | .i. ante lucem surgendum *gl. R*   23 metum ω
temetum *Daniel* motum *Klinkh. et Wernsd.*   24 trepidatio
Rittersh.

dispares, iuncturae inuersae, mulio nec se regens: hinc
rursus noua in itinere culpa. Quando autem alius
facit iter, paulisper patientia totum istud emendat et
mora. At contra Querolus causam ex causa quaerit,
aliud ex alio ligat. Moueri inutile carpentum non 5
uult neque animal debile: continuo conclamat: „Quare
istud non suggessisti prius?" quasi ille prius uidere
hoc non potuerit. O iniqua dominatio. Ipse autem
si culpam fortassis aduertit, dissimulat et tacet et tum
litem intendit, quando excusatio nulla iam subest, ne 10
postea succurrat illud: „iam uolebam facere", „iam
uolebam dicere". iam, quotiens ultro citroque extrudi-
mur, necesse est remeare ad diem. Atque, ut agno-
scatis penitus artem hominis pessimi, unam semper
ultra iustum nobis largitur diem, ut ad praescriptum 15
reuertamur. Nonne iste irarum causas quaeritat? Nos
autem semper quicquid libet, aliud alio fuerit tempore,
illam nobis specialiter diem tribuimus qua redituri
sumus: Itaque dominus, qui falli sese non uolt neque
decipi, quem Kalendis uelit adesse, redire iubet pri- 20
die. Illud autem quale est, quod temulentum execratur
atque agnoscit quam cito? modum qualitatemque uini
in uoltu et labiis primo conspectu uidet [falli se pror-

---

1 inuersae (i *in ras.)* P | nec mulas nec se *Orellius* | huic
rei prorsus ∞ hinc rursus *Klinkh.*   2 itinere (e *in ras.)* P |
aliud fuit. sit ∞ fit *uulgo* alius facit iter *Klinkh.*   3 et *om.*
∞ add. *Klinkh.*   5 litigat *Canneg.* | moueri *uel* nouare *Rittersh.*

6 continuoque clamat ∞ *correxi*   8 O iniqua] O q̇ seua *(in
ras. excepta* ua *syllaba)* V   9 tum] cum p   10 litem in-
tendit] licet tendit P 11 iam uolebam dicere *om.* P   14 artem
VP . . . em L *euanuerunt priora,* ar *adscripsit m. s.* XVII,

uel mentem *Daniel*   15 largiter P | causas *om.* P   16 quae-
rit P   17 quicquid] quic *in ras.* P (quidlibet C²) 19 simus
p uult ∞   20 *post* pridie *lacuna sex litterarum extremo in uersu*
V   21 quale *om.* P | temolentum (v *pr. ss.)* V | exsecratur P
23 uultu ∞ at o ex u *pr.* L | s. Falli — solent *uncinis inclusit
Klinkh.* | se *ss.* P

sus non uolt neque circumueniri, ut solent]. Quis-
quamne huic possit bene aut seruire aut obsequi?
calidam fumosam non uolt neque calices unguentatos.
Quaenam hae sunt deliciae? urceolum contusum et
5 infractum, *oenophorum* exauriculatum et sordidum, ampullam truncam *rimosamque depstis* fultam cerulis non
simpliciter intuetur: bilem tenere uix potest. Iam
excogitare nequeo, quid sit quod tam prauis placere
possit moribus. Vinum autem corruptum tenuatum-
10 que lymphis continuo intellegit. Solemus etiam uinum uino admiscere: Numquid adulter*in*um dici hoc
potest, cum lagoena uetere castrata suco rursus com-
pletur nouo? Etiam hoc Querolus crimen indignum
putat et, ut est nequitia, suspicatur hoc statim. Ipsum
15 etiam' pauxillum argenti leuibus *tun*sum tympanis
limari commutarique semper credit, quia factum est
semel. Quantula est autem discretio? In argento
certe unus est color: Nam de solidis mutandis mille
sunt praestigia. „Muta remuta" facimus, et hoc mu-
20 tari non potest. Has saltem distingui non oportet
tam gemellas formulas. Quid tam simile quam solidus solido est? Etiam hic distantia quaeritur in auro:
uoltus, aetas et color, nobilitas, litteratura, patria,

---

1 uolt *LVP* uult R | circumuerit *(al.* niri *ss.)* P 3 uolt] o *ex*
u *pr.* L | ul' patenam *mg. al. add.* P 4 contunsum *C* 5 yno-
forum ∞ 6 limosam ∞ *correxi* | densis ∞ *correxi* 7 bilem] .i.
amaritudinem fellis *gl.* R 9 moribus possit *Rp* | Vnum *LV?*
Vinum P 11 Nunquid *V* | adulterium ∞ *correxi* | hoc *om.* C 12
lagena R | suco///rus' (r *al. ss.)* P | suco) .i. uino R sacco *Rit-
tersh.*: *sic Plinius XVIIII* 53 inueterari uina saccisque castrari,
item XXIII 45 *XIIII* 138 13 conpl. *V* | hoc *om.* P | crimen
(ri *in ras.)* P 14 & ut *LV?* & *om.* P 15 paxillum *L* |
tensum ∞ tunsum *Wernsd.* | tipanis P triumphanis (*gl.* .i. foliis)
Rp 18 solidis] .i. nummis uel denariis R | millae *I.* 19
mutare muta *p* | facimus] .i. dicimus *gl.* R facinus *Canneg.* | et
hoc] .s. argentum R 20 saltim *V¹* saltem *LV²P* | portet P
23 uoltus] o *ex* u *pr.* V | color] or *ex* ur *pr.* L

grauitas usque ad scriptulos quaeritur in auro plus
quam in homine. Itaque ubi aurum est, totum est.
Hoc ante Querolus ignorabat, sed mali perdunt bonos.
Ille autem arbiter, ad quem nunc eo, quam sceleratus
est homo! seruis alimenta minuit, opus autem plus 5
iusto imperat. Inuerso hercle modio si liceret, turpe
eliceret lucrum. Itaque si quando isti casu uel consulto se uident, tunc inuicem sese docent. Et tamen
hercle, ut omnia dicantur: si necesse est, malo meum.
Adhuc ille noster qualiscumque est, tamen auarus non 10
est in suos. Solum illud est quod nimium crebro
uerberat semperque clamat. Itaque illis ambobus deus
iratus sit. Et non sumus tamen tam miseri atquè
tam stulti, quam quidam putant. Aliqui somnulentos
nos esse credunt, quoniam somniculamur de die. Nos 15
autem id facimus uigiliarum causa, quia uigilamus
noctibus. Famulus qui diurnis quiescit horis, omni
uigilat tempore. Nihil umquam melius in rebus hu-
manis fecisse naturam quam noctem puto. Illa est
dies nostra; tunc aguntur omnia. Nocte balneas adi- 20
mus, quamuis sollicitet dies. Lauamus autem cum
pedisequis et puellis: nonne haec est uita libera? lu-
minis autem uel splendoris illud subornatur, quod sufficiat, *non* quod publicet. Ego nudam teneo, quam
domino uestitam uix uidere licet. Ego latera lustro, 25
ego effusa capillorum metior uolumina, adsideo am-

---

1 scripulos *C*   3 querulus *L* | Sed et mali *C*   5 mi/nuit
(i *ex* u) *L*   6 sçi *P* | liceret **ω** liceret *P* eliceret *Daniel*   7
casu] a *ex* u *L*   12 uerberat *ex* uerberett *pr. L*   13 simus
(*pr. c.*) *L* | atque stulti (tam *om.*) *Rp*   14 somnulentos **ω**
somnolentos *R*   17 nactibus (*pr. c.*) *V* | Eos qui de nocte
uigilant non est mirum Et de die somniculari *f*   18 tempore
(*om.* omni) *Klinkh.* | unquam *V*   21 lauamur *Rp*   22 pe-
disequis *LP?* pedisequis *V*   23 plendoris *L* | quod **ω** non
quod *Rp*   24 plublicet *L*   25 domino] domi *P*   26 ef-
fossa *Rp* | adsideo//ampl. *P*

plector, foueo foueor: Cuinam dominorum hoc licet?
illud autem nostrae felicitatis caput, quod inter nos
zelotypi non sumus. Furta omnes facimus, fraudem
tamen nemo patitur, quoniam totum hoc mutuum est.
5 Dominos autem obseruamus atque excludimus, nam
inter seruos et ancillas una coniugatio est. Vae illis
apud quos domini uigilias multam in noctem pro-
trahunt. Tantum enim seruis de uita abstuleris, quantum de nocte abscideris. Quanti sunt ingenui, qui
10 transfigurare sese uellent hoc modo, mane ut domini
fierent, serui ut uespere. Numquidnam tibi Querole
opus est, ut, cum istaec omnia, nos exercere tua, ut
tributum, cogites? Nobis autem cotidie nuptiae nata-
les, ioca dibacchationes, ancillarum feriae. Propter
15 hoc quidam nec manumitti uolunt. Quis enim tantam
expensam tantamque impunitatem praestare possit li-
bero? sed nimium hic resedi. Meus ille credo iam
nunc clamabit, ut solet. Fas erat me facere quod
praecepit, id est ut ad sodales pergerem. Sed quid-
20 nam hic fiet? accipienda et mussitanda iniuria est.
Domini sunt, dicant quod uolunt; quam diu libuerit,
tolerandum est. Di boni numquamne indulgendum

---

3 zelotipi *ω*   4 partitur *p*   4 obseramus *Rittersh.* | exclu-
dimur *p*   6 seruos] o *ex* u *pr. L* | Ve *LP*   9 quanti enim
sunt *Rp* | ingenii *P* 11 ut/uespere (s *er.*) *P* | uesperi *R* | num-
quam *libri* Numquidnam *Orellius* Numquid *uel* Namque *Klinkh.*
12 ut cum] tecum *Daniel* cum *om. Rp* | ista hec *Rp* | exercemus
Daniel in L adscripsit | tu aut *LV* tu aũt *PR* 13 tu attributum c.
Klinkh. tu ad tributum c. *Daniel l. l. et in notis* tu tantum tr.
c. *Wernsd. alia uid. ap. Orellium* ut, cum istaec omnia (*sc.*
exercemus), nos exercere tua ut tributum (*sc.* est) cogites *scripsi* |
cogitas *P*   14 iocandi bacch. *p* dibacationes (h *al.*) *V* dibat-
cationes *P* dibach. *L* | Propter *om. P*   15 „in hoc loco parum
quid deest" *p* | Qui (s *al. ss.*) *V*   16 inpun. *P* 18 clamauit *ω*
clam. *ex* clem. *pr. L* clamabit *Daniel* | qd. cepit (*pr.* p *ss.*) *L*
19 id est] id *P*   22 dii *ω* | boni *ex* bona *L*

est mihi quod dudum peto, ut *d*ominus ille durus et
dirus nimis a*g*at ex municipe aut ex togato aut ex
officii principe? quam ob rem istud dico? quia post
indulgentiam sordidior est abiectio. Quid igitur optem,
nisi ut faciat ipse, quod facit? Viuat ambitor togatus, 5
conuiuator iudicum, obseruator ianuarum, seruulorum
seruulus, rimator circumforanus, circumspectator calli-
dus, speculator captatorque horarum et temporum,
matutinus meridianus uespertinus. Inpudens salutet
fastidientes, occurrat non uenientibus utaturque in 10
aestu tubulis angustis et nouis.

MANDROGERVS. QVEROLVS   III 1

MAND. Depone ab humeris Querole pondus tam
graue. satis factum est religioni, quod tute ipse malam
fortunam portasti foras. QVER. O Mandrogerus, fateor,
numquam fieri posse hoc credidi. Potentiam tuam et 15
religionem ipsa res probat. Arcula istaec iam dudum,
ut a me introlata est, quam leuis mihi soli fuit, et
nunc quam grauis est duobus? MAND. Nescis nihil
esse grauius fortuna mala? QVER. Edepol noui et
scio. MAND. Di te seruent homo, mihi ipsi hoc 20
praeter spem uenit, quod laudas modo. Nullam
umquam domum sic purificatam retineo. Quicquid
erat calamitatis egestatisque, inclusimus. QVER.
Miror hercle unde pondus? MAND. ˙Enarrari subito
hoc non potest; ceterum solet euenire, ut istaec ca- 25

---

1 ut om̄s *L* ut // m̄s *V* ut m̄s *PRp* ut omnis *Daniel* ut do-
minus *scripsi* | et dirus] sit diues *Canneg.* 2 aut ⍵ agat *Klinkh.*
3 illud *Rp* 5 *an* patiatur? | ipse *om. p* 6 iudic/um (i *er.*) *P*
7 circumspector *C* 8 spectator *P (ubi* t *pro* l' *positum su-*
spicor) | capitor *V¹* 9 Inp. *LV?* Imp. *P* | salutat *L* 10
fastidiantes *L* | non] non in *P* | utatorque *P* ∥ *solum* MANDRO-
GERVS *P* | *post* QVERVLVS *interstitium* X *litterarum V* 15
                                 h
Nunquam *V* | hoc *al. ss. P*   16 istaec (h *al. ss.*) *P* ista haec
R   20 Dii *VP* Di *L* | preter ⍵   21 spem] τp̄r *P* | uenit
ex euenit *factum uidetur L*   23 includimus *P*   25 caeterum
L | ista hec *P* ista hẹc *R*

lamitas moueri multis non possit iugis. Iam istinc.
Ergo ministri nunc mei lustrum istud in fluuios da-
bunt. Tu autem monita quae iam nunc dabo sensibus
imis cape: Mala haec fortuna quam abstulimus redire
5 temptabit domum. QVER. Nec di sinant, una sit illi
istaec et perpetua uia. MAND. Triduo ergo istoc periculum tibi est, ne haec ad te redire temptet res mala.
· Tu igitur uniuerso hoc triduo domi clausus esto nocte
ac die. Nihil de domo tua foras nunc dederis nihil-
10 que intra aedes recipias. Vicinos cognatos amicos
omnes tamquam profanos respue. Ipsam bonam fortunam clamantem pulsantemque hodie nemo audiat.
Exacto autem hoc triduo illud domi non habebis, quod
ipse ex ipsa excluseris. Abi ergo intus. QVER. Ego
15 uero ac libens, dum tantummodo inter me ac fortunam
meam solum paries intersit. MAND. Celeriter hinc *te*
abige. Hem Querole fortiter claude nunc fores. QVER.
Factum est. MAND. Seras et catenas adhibe. QVER.
Tamquam pro memet fecero.

III 2   MANDROGERVS. SYCOFANTA.
SARDANAPALLVS

20   MAND. Pulchre edepol res processit. Inuentus
spoliatus clausus est homo. Sed ubinam ornam re-
spicimus? uel ubi arculam istam confringemus atque
abscondemus, ne furtum indicia prodant? SYCOF.
Nescio edepol nisi ubicumque in flumine. SARD.

1 istinc] .s. efferantur *gl. R*   3 non ita quae *LV?* monita
quae P monitãq, R   4 Mala *om.* P | Mala a *ex corr. pr.* L
5 temtabit (p *pr. ss.*) V | dii ω | illĕ i *in ras. pr.* L   6 istaec
om. P ista hec R | istuc *ex istoc pr.* L *et* istoc VPRp   7
nec̨ P   9 foris ω foras *Rittersh.*   10 amicos cognatos Rp
12 pulsantæem L¹   13 hoc *om.* p | non *om., al.* num *ss.* P
14 ipse *om.* Rp | exclu/seris (s *er.*) L   16 hunc ω hinc te
Canneg.   17 abege V¹ *an* abi ergo? || *solum* MANDRO-
GERVS P   20 P/ulchre V   21 homo /////// Sed ubinam
(Sed ubinam *bis scriptum erat*) P   23 absc̃/demus *pr. c.* L

Credis Mandrogerus? prae gaudio ornam illam inspi-
cere non ausus fui. SYCOF. Neque ego. MAND. Atqui
hercle ita facto opus fuit, ne mora suspicionem affer-
ret. SYCOF. Verum est. MAND. Primum fuit, ut in-
ueniretur: istud iam sequitur, tutum est. SYCOF. Quic- 5
quid libet narres, Mandrogerus, recedamus qualibet.
Ego autem non credam mihi, nisi aurum inspexero.
MAND. Neque ego. simul pergamus. SYCOF. Hac atque
illac, tantum ad secretum locum. MAND. Pro nefas,
uiae omnes seruantur, ripae frequentantur. Pergamus 10
quocumque celeri.

PANTOMALVS ET ARBITER   IIII 1

ARB. Hem Pantomale, domi quid agitur? Vester
ille quid facit? PANT. Quod nosti male. ARB. Ergo
queritur? PANT. Non plane, ita sit nobis incolumis
atque propitius. ARB. Atqui hercle solet esse ingratus. 15
PANT. Quid uis fieri? sic res habet: caelum numquid
aequaliter administratur? sol ipse non semper nitet.
ARB. Bene, Pantomale noster, tandem pro dominis
solus qui haec dictitas. PANT. Eadem dico uobis ab-
sentibus praesentibusque. ARB. Credo, nam semper 20
noui te bonum. PANT. Tu nos bonos ac semper felices
facis, qui nostrum illum bene mones. ARB. Feci et
facio semper. PANT. Vah, utinam ille mores seruaret
tuos essetque apud nos tam patiens atque indulgens,
quam tu cum tuis. ARB. Non agnosco haec Pantomale 25
suffragia, nimium nosmet praedicas. PANT. Edepol nos

---

1 illam *in ras. pr. L*   2 Atque herche *P*   3 suspitio-
nem *L* | *afferret (prius f in ras. pr.) L* 4 Ueritū (um *al. ss.*)
P | est *om. P¹*   5 Istud quod iam *Rittersh.*   6 narras *Rp* |
mandro (gerus *al. ss.*) *P* | secedamus *Klinkh.*   7 intellexero
(spe *ss. al.*) *P*   8 dissimulo *co* simul *scripsi*   10 frequen-
tantur *VPR* frequentur *L* || *solum* ARBITER *P*   14 quae-
ritur *co*   15 ARB. *in ras. P*   16 num (quid *pr. ss.*) *L*   22
Feci & *P*   23 Vach *P*   26 predicas *L*

omnes scimus et laudamus plurimum. Vtinamqne illa
tibi omnia eueniant, quod nos optamus seruuli. ARB.
Immo tibi! hercle pellibus ossibusque uestris eueniat,
quicquid optasti mihi. PANT. Ah cur ita suspicaris?
5 num quidnam in aliquo nos grauas? ARB. Non, sed
quia uobis naturale est odisse dominos semper
sine discrimine. PANT. Male imprecamur multis,
verum est, et saepe et libere, sed illis sycofantis et
maliloquis, quod nosti bene. ARB. Age iam credo.
10 Sed quidnam tu dominum facere aiebas? PANT.
Rem diuinam coeperat. Magus praesto erat cum mi-
nistris. Intus omnes tunc ibant simul. ARB. Quidnam est hoc quod fores clausas uideo? credo diuinam
rem gerunt. Euoca illinc aliquem. PANT. Hem Theo-
15 cles, hem Zeta! aliquis huc adsit cito. Quidnam esse
hoc dicam? Silentium est ingens, nemo est. ARB. Solebant non ita somniculari ianitores ista in domo
PANT. Credo hercle, religionis causa ab importunis
cautio est. Eamus huc ad pseudothyrum quod nosti
20 bene. ARB. Quid si illic clausum est? PANT. Ne uere-
are me duce. Noster ille est aditus; claudi, non in-
tercludi potest.

MANDROGERVS. SYCOFANTA ET SARDANA-
IIII 2   PALLVS. *QVEROLVS*

MAND. O me miserum. SYCOF. O me infelicem.
SARD. O me nudum et naufragum. SYCOF. O magister

---

1 Vtinamque //// illa (ita *er. uidetur*) *L*   2 quod] q̄/ *P*
3 ossibus (que *om.*) *C*   4 ah *V* Ha *LP*   5 Non *om. Rp*
7 Male p̄ inprec. (p̄ *in ras.*) *P* mala *Klinkh.*   8 sepe ω | sicof.
P   9 maliloquus *p* | quod] quos *Canneg.*   11 açcoeperat *P*
(occoeperat *C*)   13 quod *om. P* | clausas]. *al.* ēē *ss. P*   14
rem diuinam *Rp* | theodes *P*   15 cito *ex* ticto *P*   18 in-
port *P* | .i. cauendum est Donat. in Terent. *in L adscriptum
(gl. ni f. libri R)*   19 ad psedothirum *LV at* psĕd. *pr. c. V*
adipse dochirum *P* ostium remotum a publico *gl. R* | quod
VRp quam *LP?*   21 ducere *Rp* | est ille *p* | intercludi *P*
solum MANDROGERVS *P* QVEROLVS *addidi*

Mandrogerus. SARD. O Sycofanta noster. MAND. O
pater Sardanapalle. SARD. Sumite tristitiam, miseri sodales, cucullorum tegmina. plus est hoc quam hominem
perdidisse, damnum uere plangitur. Quid agitis nunc
potentes? quid de thesauris cogitatis? aurum in cine- 5
rem uersum est. Vtinamque totum sic fieret aurum:
magis essemus diuites. MAND. Depone pauper inane
pondus, lacrimas demus funeri. O fallax thesaure, ne
te ego per maria et uentos sequor. Propter te feliciter nauigaui, propter te feci omnia. Mathesim et 10
magicam sum consecutus, ut me sepulti fallerent?
aliorum fortunam exposui, fatum ignoraui meum. Iam
iam omnia recognosco uaria haec phantasmata. Erat
hic plane bona fortuna, sed alteri debebatur, non
mihi. Nostra haec mutauere fata, thesaurum nos, 15
sed alienum, inuenimus. Quaenam est haec peruersi-
tas? Numquam ego fleui meum, nunc plango alienum.
Et te Querole iustus non tangit dolor? SARD. O cru-
dele aurum, quisnam te morbus tulit? quis te sic rogus adussit? quis te subripuit magus? exheredasti 20
nos thesaure: quonam redituri sumus tot abdicati?
quae nos aula recipiet? quae nos olla tuebitur? MAND.
Accede amice, aulam iterum atque iterum uisita. SYCOF.
Aliam spem quaerere amice poteras, haec iam non
calet. MAND. Perlege quaeso iterum titulum funeris 25
atque omnem scripturae fidem. SARD. Quaeso inquam
sodes, funus egomet quodlibet contingere nequeo; nihil

---

2 sardinapalle V^1 sardapalle (na *al. ss.*) P | SYCOF. sumite
R | Sume (ite *al. ss.*) V | sodoles P 3 cucull.] .i. uiatorum R
7 esse (m' *pr. ss.*) L | paulisper *Rittersh.* 9 ego] g R | sequar
Rp 11 tonsetututus L 13 iam *semel* C | omniao *m.* P |
uana *Orellius* | fantasmata ∞ 14 fortona L | alte (ri *ss. pr.*) L |
debobatur P 15 facta P 16 est haec $VPRp$ haec est L
20 exheredasti] edasti *in ras.* V 21 quoniam ∞ quo iam *Grut.*
quonam *Daniel* 22 tu/e///bit (*post* tu *litt.* t *er.*) P 25 fueris P

est quod metuam magis. SYCOF. Meticulosus homo es,
tu Sardanapalle; ego perlego: TRIERINUS· TRICIPITINI·
FILIUS· CONDITUS· ET· SEPULTUS· HIC· IACET Hem me
miserum, hem me miserum. MAND. Quidnam tibi est?
5 SYCOF. Anima in faucibus: audieram egomet olere aurum, istud etiam redolet. MAND. Quomodo? SYCOF.
Claustrum illud plumbeum densa per foramina diris
fraglat odoribus. Numquam ante haec comperi aurum
sic ranciscere. Vsurario cuilibet faetere hoc potest.
10 MAND. Quisnam cinerum est odor? SYCOF. Ille pretio-
sus atque tristis, cultus quem poscit miser. MAND.
Honorifice hoc bustum tractatum apparet, cuius adhuc
sic redolet dignitas. SYCOF. Ego istaec non pertulis-
sem, si recinenti ac monenti credidissem graculae.
15 SARD. Ego in laqueos non incidissem, si monita curti
seruassem canis. MAND. Et qualiter te admonuit?
SARD. Egredienti mihi ad angiportum suras omnes
conscidit. MAND. Vtinam tibi crura ipsa eneruasset,
ne umquam inde mouisses pedem. O Euclio funeste,
20 parumne uiuus illusisti? ne defunctus desines? et quid
ego non merui qui agelasto illi et perfido fidem ac-

---

1 Meticulosus V^1 Metuculosus LV^2P 2 sardinapalle V^1 |
tricipini R 3 hem me miserum *semel* P 4 hem] heu
Rittersh.   5 SARD. ∞ SYCOF. *Klinkh.* | faucibus] heret
ss. al. P 6 istud R 7 duris PRp 8 fraglat (*ra-*
surae super r *et* l) V flagrat LP fragrat *Rittersh.* | Nun/quam
V | ante hec *in ras.* P 10 est odor *in ras. pr.* V | pre-
ciosus LP 13 ista haec R 14 credissem (di *ss. al.*) P |
grac.] nomem uxoris suae *gl.* Rp 15 Ego *om.* Rp | non *al.*
ss. P | monit V 16 ammonuit R 17 angniportum P | su-
res P 18 conscendit LV consci//dit P | tibi *pr. ss.* L 19
euche (*pr. c.*) V 20 illusti (si *pr. ss.*) P | desinens ∞ desines
CRp desinas *Klinkh.* | Hei quid *Grut.* ecquid *Orellius*   21
qui] q P qui *post* agelasto *legitur* p | *post* qui *interposita sunt*
in ∞ *haec uerba:* agelastus est sine ius minimo stans. (legatus
est P sine risu O *Daniel*) *deleta quidem al. m. in* VP, *Da-*
nielis ni f. manu in L Sed *nescio an his sublatis lacuna sit*
statuenda post qui

commodaui. et *en* fortunas meas in ipso risit exitu.
SYCOF. Heia quid nunc facimus? MAND. Quid autem,
nisi quod dudum diximus, ut nos saltem de filio eius
Querolo ulciscamur probe? atque illum, quoniam est
credulus, mirificis *ludamus* modis? Aulam illi per fe- 5
nestram propellamus clanculum, ut et.ipse lugere in-
cipiat, quem nos iam dudum plangimus. pedetemptim
accede atque ausculta, Querolus quid rerum gerat.
SARD. Consilium placet. MAND. Accede edepol, sed
urbane respice. SARD. Attat quid ego uideo? Omnes 10
nunc intus homines fustes et uirgas tenent. MAND.
Credo edepol isti malam fortunam exspectant creduli.
accede atque homines miris terrifica modis: malam
illam dicito esse te et comminare tamquam in aedes
inruas. SARD. Io Querole. QVER. Quis tu homo es? 15
SARD. Fores celeriter uide. QVER. Quam ob rem?
SARD. Vt domum rursus ingrediar meam. QVER. Hem
Zeta, hem Pantomale, hac atque illac obsistite. SARD.
Hem Querole. QVER. Quid rogo nomen tu uocitas
meum? SARD. Ego sum tua fortuna, quam reditūram 20
praedixit magus. QVER. | Abi hinc ocius mala fortuna,
quo te sacerdos detulit. | Abscede hinc, ego hodie for-
tunam non recipio nec bonam. MAND. Heus tu Syco-

---

1 et] hei *Grut.* en *Wernsd.* et en *ego* qui *Klinkh.* | risit *ex*
ridet *ni f. P* 2 Eia *R* 3 saltim *P* 4 querolo *P* 5
laudemus ω ludamus *Pithoeus* 6 propelamus *P*[1] 8 auscula
P 9 MAND. accede (*cum interstitio*) *L* | sed turba ne *Canneg*
11 MAND. Crede (*cum interstitio*) *L* 12 Crede *LV* Credo *P*
15 quas (in *om.*) *P* | Io (o *cum apice*) *L* 16 uides ω uide
Klinkh. sodes *Canneg.* uidues *uel* foras c. uadas *Wernsd.* | Quam-
obrem] *litterae* uamobr *in ras. P* 17 meā (a *ex* u) *V* 18
post Obsistite *in* ω *secuntur uerba* Abi—detulit, *quae ex Klink-*
hameri sententia post magus *u.* 21 *traieci* 20 tu (a *pr. ss*) *L*
21 predixit ω | potius *libri* ocius *Orellius* 22 Abscede hinc
del. *Klinkh.* 23 recipio *VPRp* recipiam *L* | ne (*pr. c*) *L*

fanta ad ianuam *istam* homines seuoca, dum ego
bustum hoc per fenestras ingero. SYCOF. Aperite hanc
ianuam. QVER. Omnes celeriter huc accurrite. MAND.
Ecce tibi thesaurum Querole, quem reliquit Euclio.
5 Talem semper habeas, talem relinquas filiis. Omnia
sunt perfecta, nos hinc ad nauem celeriter, ne quod
etiam nunc subito hic nobis nascatur malum. SARD.
Ah quid hodie acciderit, subeundum est. Tantum re-
curram huc paululum: perdidi mysterium, nisi ipse
10 Queroli uerba audio. homo est autem et credulus et
formidolosus plurimum. Qualiter nunc ille exhorrescit
mortuum? Admouebo aurem hac leuiter. hem quidnam
ego audio? Omnes intus gaudent, tripudiant, nulla
spes mihi est. auscultabo iterum: actum est, felicitas
15 ad istos uenit, nobis ergo nobis male. Omnes intus
saccos capsas scrinia requirunt, aurum isti tractant,
solidi intus tinniunt: heu me miserum. Vita erat,
ubi nos mortem putabamus esse conditam. Errauimus misere, sed non simpliciter; errauimus set non
20 semel. metamorphosis hic agitur: bustum abstulimus,
aurum abiecimus Sed quid ego? nunc solum hoc
restat [nunc] mihi ut pro fure iam nunc tenear. Ibo
ad coniuratos meos, ne tantum facinus uerumque funus
solus egomet defleam.

V 1   LAR FAMILIARIS

25   Tandem urna peperit auri grauida pondera, uilis

---

1 hanc ad ianuam *P* (ad hanc ianuam *C*) | sta ∞ (ss. *pr.*
L) istam *ego* | seuocto (tc *pro* a) *L* euoca *R¹* 3 celeriter *om.*
C 4 reliquid *P* 8 ah *V* ha *LP* | quod *C* quicquid *Rp* 11 exor-
rescit *P* exhorrescet *Grut.* 13 Omnes / /// / / / saccos (*uocis
erasae prima littera* g *erat*) *P* 19 miseri ∞ misere *ego* | et
non ∞ set *scripsi* 20 metamorforsis *V* 21 ego nunc? *R*
nunc *del Pareus* nonne *Canneg.* 22 nunc mihi ∞ nunc *deleui,*
at fort. leg. nunc solum hoc restat unum mihi | Ibo] ideo *R*
24 egomet solus *P* LAR FAMILIARIS *LV om. P* 25
grauia *Klinkh.* | pondere *Daniel²*

que mater grande puerperium dedit indigna quae
frangeretur. Tanta hoc non meruit fides. Magna
plane aula et memorabilis uno atque eodem tempore
domino fidem persoluit, furtum fecit furibus. O sapiens Euclio, nos iactantes non sumus. thesaurum 5
seruasti uiuus, liberasti mortuus. Omnes itaque homines nunc intellegant neque adipisci neque perdere
ualere aliquid, nisi ubique faueat totum ille qui potest.
Quantum ad personam Queroli spectat, perfecta iam
sunt omnia. Sed Mandrogerontem illum furem ac 10
perfidum nunc inlaqueari uolo, qui ubi primum hoc
audierit remque omnem agnouerit, continuo rediturus
est, ut thesaurum diuidat. Codicillos etiam proferre
audebit, quibus ita coheres scriptus est, si aulam
Querolo sine fraude ostenderet. Quid huic merito 15
eueniat, nisi quod iam nunc fiet? ferat quod facere
uoluit, nam quod fecit nostrum est.

QVEROLVS. ARBITER ET PANTOMALVS   V 2

QVER. O arbiter iamne credis quod uidisti modo?
ARB. Edepol credo et scio. QVER. Quid tu Pantomale
dicis? PANT. Quid ego dico nunc fieri? queri ut post 20
hac desinas. QVER. Mens mihi gaudio est confusa.
Quid primum? stupeam an gaudeam, consiliumne senis

---

1 pueperium *P post h. u.* PANTOMAL' *rubro additum P*
2 frangerentur *P*   6 uiuis *P*   8 aliquem *Klinkh.* | ubi (q.
ss. pr.) *L* ubi *codex Sti Victoris* | foueat *P* faueant *Rp*   9
queroli *VPR* queruli *L*   10 mandrogero ante *P* (Mandroge-
rum ante *C*) | ac fidum (per *ss. pr.*) *P*   11 inlaq. *VPR* illaq. *L*
13 codicellos *R*   14 coheres *P* cohaeres *LV* ‖ *personarum notae
desunt omnes P*   18 O *deest P*   19 *post* Edepol *interstitium
dimidii uersus P*   20 Q. e. nunc dico *P* | inter dico *et* fieri
interstitium 14 uel 16 litterarum *P* | fieri ∞ fieri? *R* fieri *Da-
niel* flere *uel* queri *Rittersh.* hoc ipsum post fieri interposui.* 22
primum] mum *in ras P* | et *libri at* & (*ss. al. an*) *V*

nostri an diuinitatis? ARB. Inprimis *d*onum diuinitatis;
nam si ad hominem respiciendum est, facile intelle-
gitur et apparet furem tibi plus profuisse quam patrem. QVER. Quid de memet censes, qui tam tarde
5 agnouerim fragmenta urnae illius, quam iamdudum
noueram? ARB. Ego mihi non credideram, nisi quod
ilico inspexi locum terramque motam ante hoc non
credidi. PANT. Atqui ego nihil dubitationis recepi, *u*bi
in testulis quasdam litteras uidi. QVER. Ergo istaec
10 omnia Mandrogerus ille fecit? ARB. A*t* quid fieri aliud
potest? QVER. O sceleratum hominem, magum mathe-
maticum*que* qui sese diceret. Egone manibus meis
praesidium paternum ut efferrem de domo, ego memet
domine condere*m*? Ego ut redeunti obuiarem the-
15 sauro? hoc est plane illud quod Lar familiaris prae-
dixit meus: etiam renitenti ac repugnanti uentura mihi
omnia bona. ARB. Quam pulchre factum est, ut cupiditas sic falleretur hominis fallacissimi? QVER. Credis
arbiter, me*os* ut *no*sti mores munificos nimis? mu-
20 nerare hercle possim hominem si nanciscerer; ita ridicule sceleratus fuit atque ipse sese lusit in omnibus.
ARB. Ille quidem, ut scimus, male meruit perfidus,
sed quoniam tibi per illum bene uenerunt omnia, omnes illi bene optamus facto non merito suo. QVER.
25 Attat quidnam est? nisi fallor Mandrogerus´ille est
eminus. Quidnam ille h*u*c reuenit? Nouum credo ali-

---

1 *Arbitri notam hinc sublatam post* bonum (*sic libri,* donum
Orellius) *reposuit Koenius*   2 faci/le *P* ˙   3 tii *P*   5 fig-
menta *Canneg.*   8 *an* non memini? | recepi *in ras. P* | Ibi ∞
ubi *Daniel*   9 ista hec *P* ista hæc *R*   10 Aut ∞ At
Daniel | a quo fieri alio *Canneg.*   11 mathematicumque
Rittersh. que *om.* ∞   14 condereĩ: ∞ conderē (*gl.* con-
deretur) *R* | domi ne ∞ domi ut reconderem *Klinkh.*   16
acre pugnanti *L*   17 bona omnia *PRp*   18 sic fall. *VPRp*
fall. sic *L*   19 meus ∞ at meûs (o *al.* ss.) *P* (meo, *et antea
uidetur habuisse* m̃i *C*) meos *Rittersh.* | et nosti *Canneg*   20
homine *L*   22 sci̧amus *V*   24 illi *VPR* ille *L* | optemus
Canneg.   26 hic *LP* hic *V* huc *Rittersh.*

quod praestigium iterum hac ex*h*ibet. Arb. celeriter intus Pantomale et fragmenta urnae illius huc ad nos exhibe. Arb. Placet hercle. Qver. O bone arbiter, fraudulento isti magnam iniciamus calumniam. thesaurum nostrum ab hoc ereptum poscamus modo atque 5 adstruamus ab ipso nobis alienum mortuum esse coniectum domi. Arb. Consilium placet. Qver. Propositum ergo retineam*us*, secuntur cetera.

QVEROLVS. ARBITER ET MANDROGERVS V 3

Mand. Aue mi Querole. Qver. Etiam salutas furcifer, quasi hodie me non uideris? Mand. Vidi 10 edepol te uisumque iterum gaudeo. Qver. At ego, iam nunc uiuo faciam, ne tu iterum facias. Mand. Eho quid commerui? Qver. Rogas sceleste, qui hodie domum expilasti meam? Mand. Missa istaec face; non sum alienus uobis. Domum egomet istam iam pridem 15 holo. Qver. Iterum ad magicas? Aurum subripuisti codie meum. Mand. Fortassis iure feci: non debebatur et mihi? Qver. Pulchre edepol, solus exinde hic fui. Vbinam mihi nunc tu frater nasceris et nouellus et senex? Vnde subito tam uetustus, qui nuper natus 20 non eras? Nam si fratrem meum te esse adseueres perdite, illud nunc restat, ut te dicas bimulum; nam tertio anno pater meus ille Euclio cum est profectus

---

1 prest ω | exibet *LV* exibet *P* exibit *Rittersh.*   2 hic *LP* hic *V*   8 retineam ω retineamus *Daniel* | sequuntur *LP* secuntur *V¹R ut semper* sequantur *V²* *Daniel* sequentur *Cunneg.* | caetera *LP*   ‖ QVEROLVS ET MANDROGERVS *p solum* MANDR. *P*   9 Aue mi] ueni *P* | salutis (*pr. c.*) *P* 10 furtifer *P* | hodi (*pr. c.*) *L* | Vidi] *V in ras P* 11 Ad ego *P¹* 12 si uiuo *Rp.* si *al. ss.* *P* | gaudeas *Klinkh.* | eho *V* heo *LP* 13 q *P* 14 exspoliasti *P* (expol. *C*) 15 uobis] nob *in ras.* *P* 17 hodie *om.* *P* | Non] Nam non *Rp* | debæbatur *L* 18 & *ss.* *P* 21 adseueræs *L* adsereres *Pareus* | o perdite *R* 22 trimulum *Pareus*   23 eucho (h *deleto* li *ss. pr.*) *V*

4 *

me hercle reliquit solum atque unicum. MAND. Superflua sunt ista, coheres ego sum, non frater, tibi. QVER.
Non recte edepol fieri istud solebat; nam mallem amice
fratrem te quam coheredem esse asseras. MAND. Quid
5 multis opus est Querole: quod scriptum est lege.
Sume igitur, noui fidem uestram. QVER. Hercle ex-
plorasti. Hem quid istuc est? „Senex Euclio Querolo
salutem dicit filio. quia furtum tibimet fieri metuerem
uel per seruum uel per extraneum quemlibet, Man-
10 drogerontem fidelem amicum et peregre mihi cognitum
ad te direxi, ut is tibimet quod reliqui sine fraude
ostenderet. Huic tu medium · thesauri dabis si fides
ipsius atque opera expostulat." Hem sodes, paululum
in parte huc ades. Nihil huic deberi res ipsa expo-
15 nit et docet, sed usque quaque si placet insumam: si
libuerit, aliquid dabitur muneris. Tu igitur patris mei
amicus ac sodalis peregre fuisti? MAND. Ipsa res docet. QVER. Nimirum inde tam fideliter nobis commissa
istaec taces. age amice, quoniam institutus es heres,
20 da quod possit diuidi. MAND. Edepol inuestigaui ac
dedi integrum atque inlibatum thesaurum. QVER. Eho
tu mihi aliquando thesaurum dedisti? MAND. Tu negas?
QVER. Nisi omnia in memoriam redigis, forsitan aliquid exciderit mihi. quem tu narras thesaurum? MAND.
25 Quem tibi Euclio reliquit, ego tradidi. QVER. Et aurum
ad te quemadmodum peruenit, homo alienissime?

---

1 reliquid *P* 2 usta *P* | sum *ss. P* 6 herche *P* 9 per extr.]
per *om. C* | mandrogerontenⱽ*P* ●11 ut his *p* 12 sic *Rittersh.*
13 oporaⱽ *L* | paulolum (*pr. c.*) *L* 14—16 Nihil — muneris
Arbitro dedit Klinkh. 14 hinc *Wernsd.* 15 insummā *LP*
insūmā *V* insumam *scripsi* 16 Tu igitur] *Q. praefixit Daniel
in L* 18 nobiscum missa ꞷ *p* (cum *L* cū *VP*) *corr. Daniel fort.*
nobiscum diuisa istaec? tace. 19 istaec] ista e͞o *P* (istaec esse
C) | tace ꞷ a te *Grut.* commissa istaec taces? *Klinkh.* missa
istaec face *idem antea* 21 illibatum *R* | eho *V* heo *LP* 22
aliquod thesaurŭm *VL* thes. aliquod *PR* at aliquoͤd *P* ali-
quando *Daniel* | MAN. *in ras. V* 23 QVER. *in ras. V*

MAND. Iocabar equidem, fidem equidem postea ut per-
spiceres meam. QVER. Tu ergo thesaurum et secretum
illud, quod noster senex dereliquerat, abstulisti? MAND.
Vtique hoc tibi cessit bene; alter enim non reddidiset.
QVER. Age iam sodes, *lus*isti satis. restitue potius, ueram 5
ut cognoscamus fidem. MAND. Dis gratias, uicine arbiter, quod spes nostra in tuto est. Dixin paulo ante
facere hoc non potuisse extraneum? Agimus gratias.
QVER. Di te seruent amicorum optime, qui et mihi
superstiti et defuncto illi seruasti fidem. Sed ubinam 10
quaeso aulam illam condidisti? fiat plane, quod ille
praecepit senex. exprome thesaurum, diuisio celebretur,
quoniam praesto est arbiter. MAND. Immo potius tu
aurum exprome et fidem tuam, quoniam egomet partes
explicui meas. QVER. Fatigas nos Mandrogerus, an 15
uere loqueris? MAND. Edepol uere loquor atque ho-
neste; nam qui totum habere potui, partem peto.
QVER. Ergo inter manus *tuas* aurum fuit nostrum?
MAND. Fuit hercle. QVER. Tu nusquam hodie pedem,
nisi restituas quod abstulisse te fateris, quia ire in- 20
ficias non potes. Heia inquam, restitues quod abstulisti? MAND. Reddidi. QVER. Cui? quando? quomodo?
MAND. Hodie per fenestram. QVER. Hahahe. Tu thesaurum ubi repperisti? MAND. Apud aedes sacras.
QVER. Quo aditu extulisti. MAND. Hac per istam ia- 25
nuam. QVER. Quid igitur fuit causae, ut per fenestram

---

a
1 Iocabor (*pr. c.*)*P* | equidem fidem equidem *ω alterum
del. Pareus* | per ficeres *P* 5 iam /// sodes (iam *bis scriptum
fuerat*) *L* | soluisti *ω* corr. *Rittersh.* 6 MAN. *rubro ss. pr.* V
Querolo continuat Gruterus et Klinkh. | Diis *VP* Dis *L* 7 Dixin]
haec Mandrogero dat Klinkh. 9 *Queroli nomen del. Grut.* | Dii
ω | optime *V* optume *LP?* 15 explicui/meas *P* | an/uere *P*
a
18 thesaurum *ω p* thesauru *V²* tuas aurum *ego* | n̄r̄ *V* n̄r̄// *P*
nostrum *Lp* 20 restituas *V* restitues *LP* | fateris — infitias
in ras. P | inficias *V* 21 Heia] Mandrog. *dedit Daniel in L* |
inquam *V* inquit *LP punctis deletum P* inquid *R* | restitue/
(s *cr.*) *P* restitue *Rp* 23 thessaurum *V*

redderes? Mand. Tu inquam thesaurum illum aspor-
tasti foras. Qver. Pulchre edepol condicionem codicil-
lorum impleuisti, qua praeceptum est, ut thesaurum
mihi sine fraude ostenderes. Verum tamen perscri-
5 ptionem hanc transeo, qua uti possum, etiam si aurum
nunc ipse mihi traderes. Haec superflua sunt, ubi
res nusquam apparet. redde quod negas. Mand. O
tempora, o mores, o pater Euclio! Hancine mihi tu
domi fidem praedicabas? reddidi, fateor, omnesque per
10 deos, ipsumque thesaurum inlibatum intra aedes proieci tuas. Qver. O arbiter bone, plus iste admisit quam
putabamus. Hic nisi fallor ipse est, qui ornam illam
funestam nobis proiecit in domum. Mand. Di te seruent: Ipsam ego proieci. Tandem apparet ueritas.
15 Qver. Dic quaeso Mandrogerus: fragmenta si aspexe-
ris, potesne agnoscere? Mand. Ita ut compaginari
per me possint omnia. Qver. Hem Pantomale, nescio
quid paulo ante hic proferri iusseram. Arb. Praesto
sunt partes illae, in quibus titulus inscriptus fuit.
20 Qver. Agnoscisne Mandrogerus? Mand. Agnosco
hercle. Tandem cessent artes et praestigia. Qver. Si
uerum agnoscis, lege celeriter quod scriptum hic fuit.
Mand. Et legi et lego. Cedo huc mihi Pantomale
fragmentorum paginas. Trierinus· Tricipitini· filius·
25 conditus· et· sepultus· hic· iacet Qver. Eho sce-
lestissime dispicis? si uiuorum neglexisti gratiam,
etiamne mortuis manus intulisti ad ludum et ludibria?
Neque contentus eruisse bustum atque cineres ultimo

---

1 Tu quam (in ss.) V 2 conditionem VP | codicellorum V¹R
3 qua] quia C 4 michi pr. ss. P | praescriptonem Daniel 5
qa̅ P 7 res in ras. 6 litterarum P 8 O patria o tempora o
mores Rp | Hanccine L 9 predicabas VL p̅s̅tabas (pr. c.) P
10 deos] iuro ss. P | que om. C | illibatum R | contra (at gl.
intra) Rp 12 urnam ω 13 Dii ω 18 Arb.] Pantomalo dat
Orellius 21 prest. ω 22 uere Klinkh. 23 Caedo VL huic
LP huc V 25 eho V heo LP | scel. me Rp 26 despicis
p | gratias C

per fenestram etiam funestas mihi proiecisti reliquias?
Quid ad haec dicis? thesaurum abstulisti, uiolasti se-
pulcrum, perdite; domum meam non solum compilasti,
uerum etiam polluisti, sacrilege. Tu negas? MAND.
Quaeso, quandoquidem me fortuna sic destituit, nihil 5
quaero ulterius. Vale. QVER. At ego hercle quaero,
cui mala omnia congessisti, scelus. Hem Pantomale,
numquam ab istoc pedem. Ego iam nunc, ubinam
praetor sedeat, inuestigabo celeriter atque omnia istaec
exequar iure et legibus. MAND. Quaeso arbiter, pro 10
me ut uerba facias: Nihil nisi ueniam expostulo. ARB.
O mi Querole, numquam te celeriter usque ad sanguinem. Ignosce ac remitte: haec uera est uictoria.
QVER. Age reliquiae illius defuncti recondentur: quid
de thesauro fiet? ARB. Quid dicis Mandrogerus? MAND. 15
Iuro per deos, iuro per ipsam quam rupi fidem, mihi
nec aurum nec thesaurum esse. QVER. Remoue paulisper inania. Putemus nos paululum in iudicio stare.
Ornam certe illam tu abstulisti. MAND. Factum est.
QVER. Elige nunc Mandrogerus, utrum uoles: bustum 20
illic an aurum fuit? Quandoquidem causa eius modi
est, ut multis constet modis. MAND. Auribus teneo
lupum, neque uti fallam neque uti confitear scio.
Vtrum dixero, id contra me futurum uideo. Dicam
tamen. Aurum illic fuit. QVER. Redde igitur. MAND. 25
Hoc iam factum est. QVER. Factum doce. MAND. Or-

---

2 dicetis *Rp*   3 compulasti *V* uel spoliasti *ss. R*   5
sic *pr. ss. L*   6 VALE *P*   8 ab istoc *VRp* abstoc *LP*
9 pretor *ω*   11 expostolo *R*   12 Nunquam *V* | te celeriter
ω tu celeriter *c. Sti Victoris* te celerites *Daniel* te scelera
celeriter *Grut.* num tam seueriter *Koenius* n. te excites *uel*
irrites *Orellius*   14 defuncti illius *PRp* | reconduntur *V* re-
conduntur *LP* recondantur *Rittersh.*   17 paliper *P*   18 in
iudicio paululum *L*   22 constat *LV¹P¹* constet *V²P²Rp*
24 Utrum utrum *Rittersh.* | Dic// (al. c.) *P*

nam tu recognoscis? QVER. Quid uis, ut respondeam?
Primum egomet aulam non recognosco, satisne hoc
sufficit? MAND. Quid? titulum non recognoscis? QVER.
Magis quam te, quem hodie primum hic noscito, sed
5 finge nunc a nobis ornam et titulum recognosci: redde
quod in aula fuit. MAND. Tu autem, quid in aula,
quid fuisse dicis? QVER. Ego interim non proposui,
tu fare quid uelis. MAND. Et uos a me aurum quemadmodum postulatis, cum res ipsa bustum et cinerem
10 comprobet? ARB. Ergo adquiescis, ut bustum illic
fuerit? MAND. Adquiesco, quandoquidem ita, sic se
res habet. hac non processit, alia temptandum est
uia. QVER. O stulte, sacrilegium confiteris, dum furtum
negas. MAND. Quid si nihil illic fuit? QVER. Quidnam
15 igitur postulas? aurum si fuit, abstulisti: si non sustu-
listi, non fuit. MAND. Vos quaeso dicite uicissim: quidnam illic fuit? QVER. Nobis interim sufficit purgare
nosmet, obiecta repellere. Nam rite ingredimur; temptandum uia. MAND. Quodnam hoc monstri genus est?
20 ego totum feci solus, totum nescio. Iam iam quaeso,
quoniam mihi neque res neque causa superest, simpliciter dicite, utrumne furtum an sacrilegium ego
commisi. Nisi forte illud nunc restat mihi, ut qui
furtum non potui, sacrilegium neque uolui, utrumque
25 fecisse conuincar nefas. QVER. Etiamne circuitione rem
geris? Quid aliud autem in causa est, nisi quod prae-

---

3 Quid? *VR* 5 vrnam *R* 6 quod in] in *pr. ss. L* 7 quid
fuisse] qd *eras P* | interim *ex* iterum *pr. c. L* | non *ss. al. P*
8 qd *VR* qd *P* quid *L* 9 ipsa *om. C* 11 ita sese *Daniel* 12
temtandum (p *pr. ss.*) *V* 14 QVER. *om. et* Qv. *ss. P* | Quidnam]
Quidquid *P* 15 tulisti (sus *om.*) *PRp* 17 MAND. *marg. pr. P* 18
Nam si] Non litem ingredimur *Daniel*[2] | si te ∞ te *om. C* rite
scripsi | tempt.] p *postea intrusum V* | alia *add. Klinkh.* 19
Quidnam *PRp* 20 iam *semel C* 22 dicere (*al. c.* cite) *P* 24
sacrilegium] *litt.* sacrile *in ras. P* 25 conuincor *P* conuincar.
Nefas *Rp* („exclamatio" *Daniel ss. in L an hoc gl. libri R?*)

sidium abstulisti et cineres abdidisti? unum fraudu-
lenter, aliud nequiter. Neque enim te bustum expetisse,
aurum abiecisse credere quisquam potest. MAND. Optime totum hoc asseritur et mihi ipsi uerisimile uidetur. Sed si quid creditis, non est ita. QVER. Age 5
iam, bono animo esto, nil ·praeter sacrilegium perpe-
trasti, aurum autem ibi non fuit. MAND. Furtum igitur
non commisi, di te seruent, uicimus, nam istoc ego
tempore poenam malo quam pecuniam debere. Sed
illud quaeso exponite: unde tantum illic erat? QVER. 10
Nescis magus nihil esse grauius fortuna mala? MAND.
Recognosco. QVER. Etiam quaeritas, unde pondus? teg-
men ornae illius non uidisti plumbeum? MAND. Iam-
iam omnia sibi conueniunt. His praestigiis etiam
certus falli non potuisset magus? ARB. Nondum intel- 15
legis inepte impositum uobis esse ab illo quem bene
noueras? Vnde autem illi thesaurum homini prope
pauperi? ac si habuisset ille, ergone iste secretum
nescisset patris tibique ille indicaret, quod non crediderat filio? porro autem pater familias ille thesaurum 20
si sciebat, illi tandem crediderat loco? tibique illic
patuisset aditus? MAND. Edepol quid dicam nescio?
ARB. Ergo Euclionem tu non noueras? habuit senex
ille multa haec laetissina, qui te etiam defunctus ridet.
MAND. Edepol tandem intellego. Illius plane hic ne- 25
quitiam recognosco; frequenter ille similibus me lusit
modis. Quaeso igitur, date ueniam, quod cineres illos
abstuli: aurum credidi. ARB. Bene excusas Mandroge-

---

1 addidisti *Canneg.*   6 iam *erasa supra a uirgula* L
nil] nichil *PRp* | dii ω   10 tantum] pondus *add. Rittersh.*   12
queritas ω   13 illius urnae *L* urnae illius *VPRp* | Iamiam *LV*
Iam *P*   14 psidiis *Rp*   16 nobis ω uobis *ego* tibi *Klinkh.*
18 ac si] ḥạ/ (s *er.*) *P* (an *rec. ex* has *C*) | ne *pr. ss.* L   20—21
porro—loco *del. Klinkh.*   20 pater *mg. al.* P   21 tandem]
tantum *Wernsd.* | tibiqe (*cum rasura super* q *et ante* e) *V* que
om. P | illuc *Rittersh.*   23 non *om. Rp*   24 te *om. C*   28
ex/cusas *P* | mandr⁺ *V*

rus; agnosco ingenium lepidissimum; agnosco plane
Euclionis nostri sodalem: talem semper ille dixit senex. MAND. Sinite quaeso me abire. ARB. Hem Querole, humanum, ac misericordem semper fuisse te scio:
5 hominem tam elegantem abire ne permiseris. Non
unit 3 officii homo est: magum mathematicumque hic
habes, tantum, quod primum est, furtum facere non
potest. recipe quaeso amicum ueterem et nouum, quandoquidem pater Euclio solum hunc tibi reliquit in
10 bonis. QVER. Ah sed furem timeo. ARB. Quid unum
furem metuis? iam totum hic abstulit. MAND. Quaeso
Querole noster, patri egomet tuo me iam deuoueram,
tibi nunc seruire cupio, quandoquidem hodie sic mi-
sertus es mei? Da uictum, qui uitam indulsisti. QVER.
15 Si ambo ita uoltis, fiat. Potesne discere leges nouas?
MAND. Hahahe, illas egomet ex parte condidi. QVER.
Senatus consultum dico egomet seruilianum et parasiticum. MAND. Ohe, uisne interdictorum capita iam
nunc eloquar? ad legem porciam caniniam furiam [fu-
20 fiam] consulibus Torquato et Taurea. QVER. Potesne
obseruare omnia? MAND. Istud apud me parum est:
tu nunc ut ediscam iubes, ego docere iam uolo. ARB.
Hui multarum palmarum hic est, recipe quaeso iuris
instructissimum. Talem quaerere homines pro magno

---

2 dix pr. ss. P (dilexit repositum in C)   3 Sinit (pr. c.)
L | abire me Rp | He L Hem VCR | humanum u ex a pr.
L | f. te nescio P te fuisse scio Rp   5 eligantem LP eleg.
VR | miseris (om. per) C   6 Magnum P   9 tibi om. P
10 ah V ha LP¹ hah P² | furiem P | unum ω iam Klinkh.
11 metuis in ras. P | Qaeso (pr. c.) V   14 es/ (t er.) L   15
uoltis PR   17 et seruil. Rp   18 Oe V oe LP | iam om. Rp
19 porci//am (n er.) L portiam Rp | fufiam VL (in L f ex r) fu-
siam PR deleuit Klinkh.   21 paruum VR par.um (pr. c.) L
parum C   23 iura LP¹ iuris VP² iure Rp   24 quaere P |
pro mago Wernsd.

solent. QVER. Quoniam ita uoltis fiat, sed ubinam
illi sunt socii atque adiutores tui?

SYCOFANTA. QVEROLVS V 4

SYCOF. Nosque praesto sumus, o parens ac pa-
trone. QVER. O Sycofanta, o Sardanapalle, haec uestra
est religio. Sed causas iam hic praestitit, uos abite 5
quolibet. SYCOF. Et nosmet scimus Querole, quoniam
tris edaces domus una non capit. Verum quaesumus,
uiatici nobis aliquid ut aspergas, quoniam spem omnem amisimus. QVER. Viaticum ego uobis quonam
pro merito? SYCOF. Nos cum Mandrogeronte huc 10
uenimus. QVER. Digna causa! — — — —

DECRETUM PARASITICVM

— — — — — — — mercedem uulnerum ictus
accipiat parasitus. In conuiuio si fuerit ueste discissus, a rege conuiuii duplam mercedem reparationis
accipiat. De liuoribus in quadrantem solidi unius, 15
de tumoribus in trientem poena transibit. Quodsi et
tumor fuerit et liuor, solidi unius bessem iure optimo
consequetur. Vnam uero unciam aposiae, hoc est ex-
coctionis, contemplationi concedimus. Placuit autem,
ut etiam de plagis et uulneribus infixis summoto stre- 20

---

1 uultis ω   2 sunt al. ss. P   ‖ ET SARD· add. P
3 Nos quoque P²   4 sardinapalle V¹ sardanapallae (s ex c)
P   5 iam om. P¹ | abite] litterae abit in ras. P   7 tres R
10 mandrote P   11 Digna] Oi digna P | causa] pauca desi-
derantur. Continuo sequitur in libris eodem in uersu quod ad
Aululariam non pertinet edictum parasiticum: prima eius uerba
mercedem u. u. accipiat Aululariae adiunxit post alios Klink-
hamerus. | finitur uersus post mercedem V post uulnerum L
post si fuerit P   12 uictus ω ictus JFGronouius   14 rege]
.i. principe gl. R   15 illius ω unius ss. al. V idem coniectura
inuenit Daniel   16 Quodsi et tumor] Quod etsi t. p et om. P
17 bissem ω bessem Klinkh.   18 aposie P apoziae Daniel qui
ἀπόζεμα add. in L aporiae Daniel² | hoc est excoctionis del.
Daniel | contemplationi V que add. Klinkh. contemplationis
LP contemplatione Daniel   20 infixis LV defixis P in-
flictis Canneg. | summo ω summoto R

pitu crimina*l*i amicorum praestetur inspectio, ita ut
dodrantem solidi nec inspicientum gratia nec largi-
entis excedat humanitas. In loxu autem et ossibus
loco motis usque ad deuncem solidi iniuriarum com-
5 modum placuit extendi. Iam porro de ossibus fractis
placuit conuenitque, ut in minutalibus solidus, in prin-
cipalibus uero ossibus argenti libra protenus traderetur.
Quae autem uel principalia uideri ossa debeant uel
minuta, medicorum tractatus inueniat. Si autem pa-
10 rasitus amplius quam praefinitum est postularit, plus
petiti periculo stranguletur. Rex conuiuii iniuriarum
merita etiam uoluntariis decertationibus cogatur exsoluere, ita ut praemium criminosi *in* mercedem trans-
eat uulnerati. In tantum autem parasitis consuli iura
15 uoluerunt, ut si uulneribus adflictus contestata lite
defecerit, heredibus eius paterni laboris ac meriti praemia non negentur. Quodsi parasitus quamuis tractatus incommode, tamen de_ malis suis intestatus occi-
derit, heres agere non poterit. Qui causas mortis
20 non reddiderit, insepultus abiciatur. Et haec omnia
sic constituimus quasi inter *se* hominum liberorum et
aequalium lasciuiens turba desaeuiat. Nam si a patrono
uel seruo patroni parasitus contra leges pertulerit iniuriam, habebit fugiendi liberam potestatem.

---

1 crimi*n*ari ꞷ criminali *Daniel* | praestentur *P*   2 inspi-
cientium *Rp*   3 loxu *VL* luxu *PR*   4 iniuriarum commo-
dum *in ras. al. P* 5 complacuit *P*   6 inprinc. *VP* imprinc. *L*
7 protenus *LV¹PR¹* protinus *V²R²*   12 uoluntari/is (i *ex* u)
L uoluptuariis *Canneg.*   13 premium ꞷ | in merc.] in *om.* ꞷ
add. *Wernsd.* mercedem non tr. *Canneg.*   14 *s. uerba haec*
autem *ad* Quodsi *omissa in P sed marg. adiecta saec. XV.*
16 defecerit] .s. pater parasitorum *gl. R* | paterni] parti *Can-
neg.* | premia ꞷ   21 se *om.* ꞷ add. *Daniel*, inter hominum l. et
ae. lasciuiam turba*Daniel²*   interim *uel* interea *uel* interdum
idem   24 AVLVLARIA PLAVTI EXPLICITA FELICITER
LV EXPLIꞔ QVERVLVS *P*

INDEX
NOMINVM RERVM INFERIORIS AETATIS
VOCABVLORVM

disciplinae Graecorum 5, 5
discissus ueste 59, 13
discretio 38, 17
distantia 38, 22
di te seruent 34, 7; 41, 20;
 53, 9; 54, 13; 57, 8
ex diuerso 24, 5 e diuerso
 7, 8; 34, 23
diuinitas 50, 1
diuinus *uates* 4, 11; 25, 11;
 27, 16
dodrans solidi 60, 2
domi *in domum* 51, 7
dupla 59, 14

ecquid* 7, 15
eneruare crura 46, 18
erudite ratiocinator 18, 6
Euclio 3, 19 *bis;* 6, 11; 14, 10;
 22, 19; 46, 19; 48, 4; 49, 5;
 51, 23; 52, 7. 25; 54, 8;
 58, 9; Euclionis 58, 2
exauriculatus oenophorus 38, 5
excidi mandato 21, 24; excidit hoc 16, 15
excoctio 59, 18
excipere ferrum *comminus pu-
 gnare* 16, 10
exequi iure et legibus 55, 10
exequiae inanes 14, 5
exheredare 45, 20
exigere et exsoluere 16, 14
exosus *inuisus* 18, 7
expensa 40, 16
expensae 36, 17
experimentum dare 33, 7
explicui partes meas 53, 15
explodere 10, 3
res ipsa exponit et docet 52, 15
ex transuerso *praeter spem*
 20, 2
extraordinaria *sc. tributa* 32, 10
extrudere *mittere aliquo ex
 aedibus* 37, 12

fabellae *confabulationes* 3, 16
face 51, 14

fallis turpiter *falleris* 14, 21
fatigare *ludere* 53, 15
fatum *de Lare* 7, 7. 22; 8, 22
feriae ancillarum 40, 14
ferulae 27, 9
fibula 21, 21. 23.
mala fortuna 33, 4; 34, 13;
 41, 14. 19; 42, 4; 47, 12. 13. 21;
 57, 11
fortuna bona 20, 24; 42, 11;
 45, 14; 47, 23
formula *exigua forma* 38, 21
toto uti foro 18, 28
fraglare 46, 8
fragmenta urnae 50, 5; 51, 2;
 54, 15 fragmentorum paginae
 54, 24
fore *esse* 35, 16 fuero 6, 1
 fueris 17, 1 fuit 7, 1
fortassis 51, 17
fuliginosus 21, 18
fultus *sartus* 38, 6
fumosa *calida* 38, 3
funus contingendi *metus* 45, 27
furia lex 58, 19
furiae 29, 24
fusia lex 58, 19
furtum facere alicui 49, 4

gaudia *de feris captis* 24, 16
genesim colligere 34, 13
genius 7, 9; 9, 6; 12, 3 genii 33, 2
 geniorum sigilla duo 34, 26
gesta 32, 2
gracula 46, 14
Graecia nostra 17, 2
Graecorum disciplinae 5, 5
gratiam referat *accipiat* 5, 8
grauare quem in qua re *accu-
 sare* 44, 5

habeat teneat possideat 15, 11
hac atque illac 8, 4; 29, 18;
 32, 13; 43, 8; 47, 18
h *omissum*: amigerum 7, 17 *at*
 hamati 23, 9 arioli 30, 9
 arpyiae 29, 23; 32, 7 aue
 51, 9 *at* haue 8, 4

HISTORIA

APOLLONII REGIS TYRI.

RECENSUIT ET PRAEFATUS EST

ALEXANDER RIESE.

LIPSIAE

IN AEDIBUS B. G. TEUBNERI.

MDCCCLXXI.

PRAEFATIO.

I.

· Historiam Apollonii regis Tyri e Graeco sermone in Latinum ab ignoto auctore uersam ut ederem, TY-CHONIS MOMMSENI beneficio mihi contigit, qui, cum aenigmatis Symphosii in anthologia Latina edendis me ad illam fabulam memet uertisse quondam memorassem, totum apparatum criticum (ut uocabulo utar) a se con-jectum usui meo perliberaliter concessit. Eius libelli codex longe princeps est

Laurentianus plutei LXVI num. 40 membrana- *A* ceus in forma quadrata minore, saeculo nono uel decimo longoþardicis litteris exaratus, qui post *Exordium regis Assyriorum* et *Exordia Amazonum et Scytharum* et *Excidium Troiae* Dareti tributum a Ioanne subdiacono scriptum aliaque in foliis 62 r.—70 u. (quo codex finitur) libellum nostrum continet. cf. Bandinius catalog. bibl. lat. Laurent. II p. 812 sqq. Ceterum fol. 70 u. Augustus Steitz a Mommseno (qui ne describeret tempore urgente olim impeditus erat), fol. 70 r. Andreas Spengel a me rogati officiose descripserunt. — Is codex, a reliquis bonis libris in plurimis locis ualde discrepans, ubique tamen, pusillis quibusdam exceptis, in quibus errare potuit uel exiguas lacunas admisit librarius, ita est et mendis fere liber et sententiis uerbisque optimus, ut hunc unicum mihi ducem sequendum proposuissem — si modo integer extaret. Sed lacunis post fol. 66 et 68 pag. ed. m. 14, 12—42, 4 et 47, 16—54, 7 et 60, 13 ad fin. interierunt.

B'' Quare ad alterum quoque codicum genus,
quod et ipsum, quamquam praestantiam libri *A* haud-
quaquam assequitur, non fere est interpolatum, confu-
B giendum erat. Constat id primum fragmento Tegernseeensi saeculo X ineunte scripto, quod e Doceni u.
cl. bibliotheca circiter a. 1828 in regios codices Mona-
censes peruenit. Codicis qui olim 38 foliis constitisse
uidetur, quinque tantum folia (14, 18, 27, 31, 32; =
ed. meae p. 22, 22—24, 7. 28, 21—30, 13. 48, 12—49,
22. 53, 21—58, 9) supersunt. Ad eandem familiam
b pertinent codices inter se simillimi Vossianus form.
β quadr. 113 saeculi noni uel decimi, et Oxoniensis
collegii Magdalenaei 50 saeculi undecimi, quos ubi inter
B' se consentiunt littera *B'* significaui. Cum Tegernseeensi
(*B*) hi libri plerumque congruunt, paululum tamen *B*
a *B'* recedit et lectiones raro deteriores, saepius meliores praebet: quarum quae meliores sunt ad *A* familiam partim uergunt. Continet Vossianus[1] fol. 1—30 r.
librum Ethici philosophi, fol. 30 u.—38 u. *historiam
Apollonii regis Tyri* usque ad p. 43, 17; fol. 39 r.—
46 u. historiam Troianam Daretis Phrygii, sed initio cum
inscriptione deficiente; deinde christiana uaria, fol. 70 r.
—90 u. *de situ orbis* tractatus extat, quo codex finitur.
— Oxoniensis, qui foliis 88—108 opus nostrum continet, solus librorum meliorum totam historiam praebet,
neque ideo est spernendus, cum in parte, qua *b* quoque adest, illi simillimus, hic illic autem inferior, raro
B'' etiam uano emendandi conatu deprauatus sit. — Omnis
autem haec secunda codicum classis textum exhibet
ab *A* ita diuersum, ut, cum et narrationis progressus
et plerumque etiam singulae sententiae (nec tamen
omnes) cum *A* conspirent, uerbis ea saepe prorsus
aliis hic atque illic expressae sint. Cuius rei rationes
explicare infra p. XVI conabor; utut autem hae se habent, quaerenti mihi, quae ratio in edendo libro ad-
hibenda esset, cum fieri non posset ut solum *A* librum

---

1) p. 23, 7 *chresimon* nota in eo posita est *χ*.

utpote qui mancus esset sequerer, duae uiae iniri posse
uidebantur, ut aut et *A* et *B''* totos iuxta ponerem, quo
utriusque familiae quoad seruata est indoles plene elu-
ceret, aut *A* pro fundamento haberem et librorum *B.b.β*
discrepantiam adnotarem tantum, in eis autem partibus
ubi ille deest, *B''* familiam sequerer. Quam rationem,
licet aliquid inaequalitatis habeat, praetuli, cum breui-
tati consulerem et praeterea aliquantulum saltem auxilii
ad lectionem familiae *A* recuperandam ubique in ter-
tiae familiae codicibus, qui sunt interpolati, adsit.

Huius familiae, quae et ipsa nono uel decimo saeculo non recentior est (nam ad eam uersio Anglosaxonica pertinet) codices plurimi sunt, multosque eorum
Mommsenus totos uel ex parte contulit. Eorum omnium hoc est proprium, ut in uniuersum quidem cum
·*B''* familia consentiant, passim autem ab illa discedentes
tamquam in transitu congruant cum *A*, sed et permulta
additamenta habeant ab *A* et *B''* pariter aliena quaeque ad antiquam fabulae originem non pertinere diligenter exploranti certissime constet. Eidem, cum libere
uersentur, prout libet, sententias uel singula uerba omit-
tunt uel similia pro illis ponunt; glossematum quoque
uelut p. 28, 3 aperta indicia sunt; nec ipsos inter se
ubique congruere consentaneum est. Eos ubique afferre
taedio, non usui esset; id unum egi, ut in quibus partibus *A* deperditus est, in eis ex optimo eorum *γ* ea
quidem plene enotarem, quae cum illo communia eum
habere uel uerisimile uel probabile aut mihi uisum est
aut alicui forsan uideri possit; praeterea, ut *γ* cum *A*
comparare liceret, eum p. 42—47 exhibui, ubi *A* extat.
Nec tamen usquam fere quae *γ* suppeditauit in con-
textum recipere in re incerta ausus sum: qui librum
A et ubi *A* deest, *B''* familiam repraesentat. [1])

---

1) Tantum p. 25, 7 et 25, 21—26, 11 hanc familiam secutus sum, quamquam nescio num posteriore loco recte fece-
rim; prior tamen in *B'* ita comparatus est, ut inter paucas
eius familiae interpolationes habendus sit, neque dubito quin
A ibi cum *γ* olim consenserit. — Ceterum adnoto, obliquis

Neque aliquid in γ omissum esse ubique indicandum
putaui: non enim sui ipsius causa, sed eam tantum ob
rem, quod eis locis ubi γ a B'' recedit cum A familia
consentire potest, memorandus est; atque prorsus nil
interest, utrum locum quempiam cum B'' congruentem
exhibeat an omnino eum amittat.

γ $\gamma =$ codex Sloanianus 1619 musei Britannici
saeculo XI exeunte scriptus; post *historiam Alexandri
Magni* fol. 16 r. — 27 r. de *Apollonio* fabulam, deinde
Daretem Phrygium (quem saepius cum nostro descriptum)
esse uidemus) continet. Sunt loci, quibus cum A uel
cum B uel cum β solis conspiret, a reliquis dissentiens.

δ Porro Bodleianus 247 (Laud. H. 39) saeculi XII
uel XIII Apollonii historiam fol. 204—223 continet;
praecedunt historiae Vandalorum, Langobardorum, Ca-
roli Magni, Alexandri Magni, epistola eiusdem. In uniuersum cum γ consentit, sed aliquanto liberior ideoque
peior est, nonnulla autem in illo mutata sunt quae δ
non ita habet. Rarissime hunc librum attuli.

ε Versionem Anglosaxonicam (ed. Thorpe Lon-
dinii a. 1834 ex cod. membr. Cantabrigiensi colleg.
Corp. Christi S. 18. 201) saeculo undecimo tribuere
non ineptum, decimo multo probabilius est. Proxime
congruit cum δ, multa tamen omittit, ut uel consulto
breuiata uideri possit; inter quae multa sunt, in quibus B'' ab A discrepat. Interiit a p. 26, 5 usque ad
p. 62, 5. Rarissime latinis uerbis eam attuli.

Permulti praeterea extant Apollonii codices quos
cum nouelli sint omnes accuratius non indagaui. Mommsenus (Pericles prince of Tyre, Oldenburg 1857, praef.
p. XII) narrat, circiter duodecim in Britannia, septem
Vindobonae, duos Vratislauiae, tres Monaci, nonnullos

---

litteris me ea distinxisse, quae in A desunt, in eis autem
partibus in quibus A deficit ea, quae in B'' desunt: quaedam uero, ut p. 5, 2. 9, 4. 10, 5, quamquam ab A omissa,
non ita distinxi, quia non ab eius familia sed tantum mero
librarii errore ab ipso illo codice ea abesse constat.

in Italia et Gallia [1]) codices extare Hauptiumque adeo
circiter centum fabulae libros nosse. Mommseni colla-
tiones in manibus habui librorum Bodleiani 287 (s. XIII
uel XIV) et 834 (s. XV), Arundeliani 292 (s. XIII) et
123 (post s. XII), Monacensis 215 (a. 1462 scripti),
Cantabrigiensium colleg. Corp. Christi 318 et 451 et
colleg. Sidn. Δ 3. 15, Cottonian. Vesp. A. XIII P. 106.
plut. 23, G: sed nil boni fructus praebent. Etiam Ber-
nensis 208 saec. XIII, quem Hagenus meus amicissime
ultro mihi contulit, ad tertiam classem pertinet. —
Antiquissima libelli nostri commemoratio ea est,
qua catalogus bibliothecae circiter a. 747 monasterio do-
natae in *Gestis abbatum Fontanellensium* seruatus 'Historiam Apollonii regis Tyri in codice uno' exhibet, cf.
Liebrechtius ad Dunlopii *Geschichte der Prosadichtungen*
p. 545; Pertzii Monum. hist. Germ. II p. 287. Satis antiquo tempore fabula nostra in compendium redacta est,
quod in Laurentiano plut. 65 n. 35 saec. X p. 129—
131 extat (cf. Bandinii catal. II p. 758); alterum Vincentius Bellouacensis operi suo inseruisse dicitur. Gratissima
quippe medio aeuo fabula Apollonii erat, *gesta cuius
celebrem et late uulgatam habent historiam* teste Guilelmo
Tyrio XIII 1. Proxime ad ipsam fabulam ea forma accedit quam *Gesta Romanorum* c. 153 praebent, quamquam ea quoque liberrime et hic illic satis barbare
mutata est; multis deinde modis linguisque inde a saeculo XII uulgabatur, quae enumerare meum non est
(cf. Graesse, *Litterärgeschichte* IV p. 457 sqq. Simrock,
Quellen des Shakespeare II p. 163 sqq.): hoc tantum
memoro, Graecis quoque uersibus in Creta anno 1500
fabulam redditam esse nostroque etiam aeuo in Asiae
minoris ora in oppido Aiwali eam in uulgi sermonibus
uersari (Hahn, *griechische und albanesische Märchen* II
250 sqq. Liebrecht ann. Heidelb. 1864 p. 217): id quod
a militibus cruciferis originem trahere Mommsenus pro-

---

1) Catalogus bibl. Parisinae codices 4955, 6487, 7531,
8502, 8503 affert saeculoque XIV omnes tribuit.

babiliter coniecit. — Edita est fabula primo s. l. et a. circa
a. 1471, deinde a Velsero Aug. Vindel. 1595 (cf. eius
opera 1682 p. 681 sqq.) ex libro inter tertiam et secun-
dam classem et *Gesta Rom.* ancipiti; postremo pessime
ex codice nouello a Lapaumio (Scriptt. Erotici ed. Didot.
Paris. 1856 p. 611).

II.

Iam de ipsius fabulae origine aetate forma breuiter
sed ut ad liquidum tandem res perducatur disserendum
est. In qua omnia ficta esse per se patet, quamquam
rex Antiochus qui Antiochiam condidit (qui mortuus est
ol. 129, 4) in eius initio occurrit. Videtur autem nonnulla ni fallor uerae historiae momenta poeta noster
eorum obscure memor in suum usum libere mutasse.
Nota sunt quae de Antiochi illius erga Stratonicen no-
uercam amore a Luciano qui fertur (de dea Syria c.
17. 18) aliisque narrantur: fabulosus autem Antiochus
filiam suam adamauit. Erasistratus scitus medicus qui
Suida bis testante [1]) illius amorem detexit, cum Chaere-
mone medico eiusque discipulo apud nostrum comparari
possit; ad Antiochum clandestino amore aegrotantem cf.
nostrae fabulae c. 18 (p. 22), adeoque Ἀρχε-στράτι-
δος nomen cum Στρατο-νίκης illo comparare liceat.
Nec multo post illius aetatem *Apollonius* quidam *Tyrius*
uixit philosophus qui περὶ Ζήνωνος scripsit (Zeno mortuus est ol. 132, 3) a Strabone Diogene Porphyrio me-
moratus. [2]) Sed ea omnia pro lusibus haberi facile
patiar, praesertim cum ad aetatem fabulae definiendam
nil ex eis efficiatur. Quam nescio num fabularum Mi-
lesiacarum numero adiungendam censeamus: suadet
prolixa narrationis ubertas, dissuadetur eo quod Milesiae

---

1) sub u. Ἐρασίστρατος et Σέλευκος.
2) Lucianus narrationi suae Λούκιος ἢ ὄνος titulum propterea indidit, quod Lucium quendam Patrensem in eo imi-
tatur: is uero festiue inludendi causa elegit.

fabulae quantum nouimus omnes, uelut Aristidis quique eum uertit Sisennae et posteriore aeuo Apulei [1] — nec Petronium equidem segregarim — obscena pleraque uenantur, quae in nostra fabula non tam frequenter occurrunt. Cuius uniuersum argumentum prorsus simile est scriptis eroticis Graecorum adhuc seruatis, quae inde ab altero tertioue post Chr. saeculo usque ad Byzantinorum tempora composita sunt; quo quidem tempore etiam fabulae ad historiam se applicantes (praecipue de Alexandro Magno, sed alia quoque uelut de bello Troiano Daretis et Dictyis) apud Graecos Romanosque excultae sunt quoque Iulius Valerius fabulam de Alexandro quae personati Callisthenis dicitur e graeco in latinum sermonem libere uertit. Nostra autem fabula ex se ipsa tantummodo iudicanda est: quod ut fieri possit, primum componam quae in ea inueni ad disceptandam rem idonea, deinde quae ex illis efficiantur inuestigemus. Igitur sermo Christianis sententiis uerbisque refertus est; sed et ueteris religionis multa nec obscura uestigia accuratamque omnino antiquitatis rerum notitiam deprehendimus. Porro multa insunt quae e Graeco uersa esse appareat: insunt etiam quae tantummodo Latinae originis esse possunt; uocabula autem multa ultimis antiquitatis saeculis propria continet. Iam singula perlustremus.

1. Sententiae uocesque Christianae. Multa inest *dei* commemoratio (e. c. 27, 18. 37, 24. 43, 1. 47, 10); notabilia sunt: iusiurandum *per deum uiuum* (58, 18; cf. 40, 14), *per communem salutem* (17, 16), *per spem uitae meae* (30, 14), porro illa *uolente deo* (17, 3), *parcente fortuna et deo uolente* (15, 5), *gubernante deo* (32, 15), *fauente deo* (5, 6. 16, 11); *deum testari* (37, 8. 65, 13), *deo gratias agere* (12, 3. 37, 18); *de deo spera meliora* (18, 14); adde illum qui *angelico uultu* in somnio apparet (61, 21). Adde porro uotum barbam capillosque in luctu *non tondendi* Nasi-

---

1) cf. Capitolini uita Clod. Albini c. 12.

raeorum illud proprium (33, 8. 34, 18. 45, 4. 59, 18). [1])
Denique ni fallor sermonis sacrae scripturae imitationem
in hisce deprehendere licet: *parabolae* pro aenigmatis
(52, 15. cf. p. XIII), *laetare et gaude* (8, 13. 27, 5; 16),
mirantur et gaudent (65, 5; cf. *miror et laetor* 26, 26),
salue et laetare (50, 23), *allocutus est dicens* (47, 2.
60, 21. cf. 60, 11. 63, 17), *tolle et lege* (24, 20. cf.
23, 19); fortasse etiam in his: *tectum paupertatis suae*
(16, 4); *sub iugo mortis stare* (37, 11); *benignitatem
animae suae ostendere* (18, 10). cf. p. XII de *patria*.

2. Veterum deorum religionumque commemoratio. *Apollo* (20, 9), *Neptunus* (14, 16. 57, 5.
preces ad eum 15, 9. Neptunalia 47, 11) cum *Tri-
tone* (14, 17), et *Aeolo* (14, 8); *Diana* (32, 12. 61. 62.
63. 67) eiusque templum et sacrarium Ephesi, ubi
Tharsia sacerdos fit; *Lucina* (28, 8), *Priapus* 'quem
Lampsaceni colunt' (39, 15; 19), *Di Manes* in inscriptione (46, 14), *Tartarea domus* cum *inferis* (64, 26);
adde illa *fortuna premente* (13, 15), *parcente fortuna*
(15, 5); Tarsiorum ('*uestra*') *felicitate* (12, 16); *caelorum* (56, 18) et *templorum* (7, 15. 62, 2 sqq.) commemo-
rationem moremque *uino et coronis sepulcra colendi*
(36, 16) nec non *Chaldaeorum* mathesin (6, 5) et *ge-
nesin* astrologicam (46, 5), quae etiam in Pseudo - Cal-
listhene c. 1 summi est momenti. cf. etiam 'tantus
emanabat splendor, ut ipsa *dea* esse uideretur' (62, 13)
cum p. 20, 9. — Itaque Christiana et antiqua religio
omnino distinctae et secretae sunt nullumque 'syn-
cretismi' quem dicunt signum apparet. Cf. etiam *rerum
naturam* (1, 4) pro deo.

3. Antiquitatis rerum notitia: cf. quae le-
guntur de *talentis* (8, 19. 10, 15. 21, 2. 60, 16), de *aureis*
(13, 1. 40, 7; 22. 41, 11. 42, 4. 47, 17. 48, 8 all.) et
aereis (12, 19), de *libra auri* (40, 6. 41, 13) uel *pondo
auri* (61, 6), de *sestertiis* (29, 6. 30, 8. 34, 11. 39, 5. 50,

---

1) cf. tamen etiam Ouidium Heroid. 13, 41 '*squalore* tuos
imitata labores dicar' sqq.

19. 57, 5. 63, 5); de *thermis* (65, 18), *spectaculis* et *balneis* (7, 15), de *gymnasio* et *pilae lusu* et 'liquore Palladio' i. e. oleo (16, 17 sqq.); de *gustatione* et *cena* (18, 4), de *triclinio* (18, 3. 20, 8); de *lyra* (19, 19. 20, 4. 43, 12) et *plectro* (20, 11. 43, 17), de *symphonia* (40, 9), de *organis* et *coronis* signis laetitiae (64, 3); de *foro* et *tribunali* (12, 11. 24, 6. 35, 4. 58, 28. 59, 16. 64, 14), de titulo *patris patriae* (64, 18); de *statuis* (38, 14, cf. et 40, 3) altera in *biga* (13, 7. 35, 4. 64, 20), altera in *prora* (61, 8) positis; de *inscriptionibus* (13, 10. 38, 14. cf. 40, 5. 46, 13. 61, 11. 64, 24); de *diademate* (27, 19. 59, 18); de more *auriculis reum comprehendendi* (59, 14); de *studiis liberalibus* (43, 12) et *schola,* in quam quinquennis iam Tharsia intrat (33, 15); de *cruribus frangendis* poena seruili (47, 19); de *cremandis cadaueribus* (30, 16 sqq.: sed in *loculis* ponuntur 29, 5. 34, 10).

4. Graecae originis fabulae uestigia.
Primo loco ponendus est frequens participiorum praesentis temporis praeteritum tempus significantium usus, quem si ex graecis aoristi participiis uertendis ortum esse dicemus, non falsi erimus. Sic *dicens* est εἰκών (16, 15. 24, 4. 26, 18. 46, 3. 47, 2), pariter inuenimus *uale dicens* (11, 5. 13, 8. 21, 8), *ueniens* (11 adn.), *conuenientes* (38, 4. 59, 7), *exiens* (41, 22), *ascendens* (12, 11. 28, 5), *descendens* (52, 12. 62, 2), *uidens* (39, 1), *carpens* (16, 16), *dans* (42, 4), *induens* (59, 16), *deponens* (20, 14), *rogantes* (47, 10) pro χαίρειν ἐάσας, ἐλθών, συνελθόντες, ἐξελθών, ἐπιβάς, καταβάς rell. perperam ad uerbum expressa. *habens,* ut ἔχων, pro μετά uel σύν usurpatur 30, 8; cf. 6, 2. *dicens* superflue ut λέγων positum est (3, 16. 6, 7. cf. p. X 4). cf. etiam *stans* (pro ἀναστᾶσα 2, 9?) et *uolentes* (ut βουλόμενοι 65, 11). — Porro firmum argumentum graecae originis est illud *ciues Tarsis* 12, 12 et 12, 20 ab optimo libro exhibitum, graecam formam Ταρσεῖς repraesentans. *Tribunarium* (15, 17. 16, 5; 12. 17, 20. 66, 13) et *subsannium* (47, 3; 6. 48, 13.: an *subsanium?*) Romanis

ignota: *sed* τριβωνάριον habet Athenaeus p. 258 A,
σανίς extat pro κατάστρωμα apud Eurip. Hel. 1556 et
Lucianum et sic σανίδωμα apud posteriores.[1]) *Intellegens nobilem puellam* (39, 4) est μαϑὼν τὴν παῖδα
εὐγενῆ οὖσαν; sic *intellego te locupletem* (sc. ὄντα
20, 5); cf. 32, 9. *Habundantia litterarum* (4, 12) uel
studiorum (24, 3. cf. 63, 22) est πολυμαϑία, *amatrix
studiorum* (21, 10) φιλομαϑής, *prudentia litterarum*
(4, 3) fortasse λόγων ἐπιστήμη. Memorabilem dictio-
nem *princeps patriae* (4, 1; 11. 8, 8. 10, 5. 15, 21.
38, 4; 11; 13 all.) ex usu posteriorum, praecipue
christianorum, Graecorum explicemus oportet, quo πα-
τριά uel familiam uel gentem nationemue significat
(πατριαί· χῶραι, φυλαί, τοπαρχίαι Suidas), ut idem
sit atque *princeps ciuitatis* (39, 3. 48, 18. 49, 14).
Ceterum *rex* quoque Apollonius appellatur (in titulo;
9, 12 in *A*, non in *B'*. 62, 16) et Athenagora *princeps*
(40, 18. 44, 2). *Sortiti sunt* (47, 16): cf. ἔλαχον. Mare
saepius quam plerique praeter poetas *pelagus* (πέλαγος)
appellat noster (7, 8. 28, 19; 21. 36, 4. 37, 16 all.).
Classis nauium (9, 6; 8): cf. fortasse νεῶν στόλος.
Regem magnum (59, 9): cf. τὸν μέγαν βασιλέα?
Adiectiua *infausto* et *beatissimi* (60, 18. 64, 15) optime
intelleges, si κακοδαίμονι et μακαριώτατοι substitues.
Magnifice allocutionem (48, 6) nescio an cum illa ὦ σε-
βαστέ contulerim. *Festinus ueni* (6, 15): adiectiuum
pro aduerbio, usu graeco et poetarum. Nescio num
etiam comparatiui *uade celerius* (17, 23), *gaudeo plenius* (25, 6; cf. 60, 9), *salubrioribus cibis* (32, 8) huc
trahendi sint. Quid sibi uelit illud *scelere uehor* (5, 3)
mihi quidem uel in aenigmate nimis obscurum uidetur.
Proponam coniecturam, fuisse graece olim ὀχεύομαι
i. e. coitum facio (quod hic optime locum habet); qui
autem uerterit, eum uel in exemplari suo inuenisse uel
sua neglegentia effecisse ὀχέομαι — id quod uertere
poterat *uehor*. Denique *sed et* (7, 6) est ἀλλὰ καί,

---

1) *ta'antum* graeca forma habet cod. γ p. 60, 16.

sed nec (50, 3) ἀλλ᾽ οὐδέ, *similiter* (40, 25. 43, 12.
42, 10?) ὁμοίως, *ne forte* (45, 8) μή πως, *ut quid*
(45, 7) si recte se habet ὡς τί, *ac si* (44, 3. 50, 2)
ὡσεί; *constanter* pro 'statim' (17, 11. 50, 22) est fortasse συνεχῶς, *tantum* in precibus adhibetur (48, 17.
52, 10) ut graece μόνον imperatiuo additum. Dignosci-
mus in his omnibus originem graecam inscitia eius qui
uertit sermonisque latini imperitia uix uelatam.

5. Latinus sermo posteriorum p. Chr. saeculorum.[1] *Aporiatus* (Vulgata. Ambros. *aporiatio*
Tertull.) 37, 23. 41, 18. *acquiesco* pro oboediendo (17,
24. Cypr. Hieron.). *Briseida* (40, 4) casu nominatiuo
(anthol. Lat.)? *ceroma, ae* (17, 11. Arnob.). *comes* sensu
inde a Diocletiani fere aetate usitato (66, 15; 66, 21).
concupiscentia (1, 10. Eccles.). *confundi* i. e. pudore
affici (18, 1. 40, 18. 41, 17. cf. 50, 4. Cypr. Sulpicius
Seu.). *de longe* (44, 9) et *de post tribunal* (65, 1):
sic *de inter* in Cypriano adscriptis. *dedecus* i. e. corpus deformatum (35, 23. Apul. Iustin.). *disponere* pro
statuendo (27, 14. Vlpian. Cypr.). *dilectio* (26, 22. Tertull.). *dum* c. coni. saepe pro *cum* c. coni. *honorati*:
qui magistratibus functi sunt (35, 21. Lamprid.). *humiliare* (40, 15. Vulgata. Eccl.). *longus* pro longinquo
33, 12 (Iustin.). *maledico* c. accus. (46, 19. Petron.
Cypr.). *medietas* pro dimidio (66, 2; 3. Pallad.); *me-
dius* pro dimidio (29, 8. 40, 6: hoc Plautus Varroque
habet, potestque ex Frontoniani aeui resuscitatione
uetustorum remansisse). *paranymphus* (66, 10. Aug.
Venant.). *parabola* pro narratione obscuriore quacum-
que (52, 15. Eccl.). *praesento* (60, 17. 63, 3. Apul.
Aurelius Vict.). *pietas* pro misericordia (40, 18. 41,
1; 20. Cypr.). *quia* post uerba dicendi sentiendi-
que adhibitum (6, 13. 10, 4. 22, 10. 26, 3. 39, 20.
40, 2. 46, 5. 49, 13; 21. cf. 33, 11 et 31, 23 adn.),

---

[1] Auctores uocabulorum temporis angustiis impeditus
tantum ex Forcellinii thesauro sumere potui, addito Cypriani
indice ab Hartelio ed. Cypr. III 407 sqq. confecto.

quod ap. Cypr. et omnino inde a tertio saeculo frequenter occurrit. *sabanum* (16, 18. Pallad.). *salutato-*
rium substantiue (39, 15. Luxor.). *scholasticus* pro uiro
docto quolibet (50, 9. cf. ad 22, 22. Trebell. Hieron.).
scruto pro 'scrutor' (26, 1. Ammian. Aur. Vict.). *sor-*
tior pro nanciscendo (47, 16. Vlp.). *turbulus* (53, 21.
Apul.). *zaeta* (21, 18. Lamprid.). — Porro sunt, quae
uulgarem siue rusticam linguam in litteras quoque
ultima antiquitate inrepentem olent, uelut quod accu-
satiuus et ablatiuus casus saepissime inter se commu-
tantur (quod in textum recipere rarius fortasse quam
oportebat ausus sum): cf. *rediit in studiis suis* 35, 14;
in pelago mittam 28, 21; *sedit in lectum* 40, 12;
descendit ratem 32, 15; 37, 16; 31, 15; 39, 12; 47,
3; 6; 61, 16; 63, 15; 18 et multa alia. Porro *ille*
articuli instar ponitur (24, 9. 25, 2. 27, 3. cf. 31, 13.
35, 13. 62, 5), *suus* adhibetur pro *eius* (7, 13. 41, 5.
64, 13); *habet annos quindecim ex quo* (36, 2) et *quid*
est hoc quod (8, 5. 22, 4. 23, 1) Gallorum qui nunc
est dicendi usui (il y a; qu'est-ce que) similia sunt.
His adde illa *quomodo tecum* (41, 5)? *ad perfectionem*
(31, 17). *populi* pro hominibus (59, 14). *constanter*
pro statim (17, 11. 50, 22. sed u. supra). *inuicem* pro
simul (63, 24). *allo uento* (i. e. uehementi) 28, 6. *sequi*
c. dat. (64, 5). Sunt etiam quae non rustice sonantia
solus noster exhibet: *tribunarium* et *subsannium* (u.
supra), *libentiose* (48, 11. *libentia* extat ap. Plaut. et
Gell.), *maiores ciuitatis* (12, 12. cf. 62, 5; ad 58, 28),
profectoria (28, 3), *aspectus* pro latebris unde specta-
tur (42, 3), *sonat* i. e. fama fertur (63, 24), *testari* pro
aliqua re (64, 20), *tua* uel *uestra pietas* pro 'tu' et
'uos' (46, 9. 65, 14; cf. 60, 21). Pauca quaedam cum
Plautino dicendi genere communia habet, e. c. *decidere*
pro moriendo (30, 11), quod Claudianus quoque resusci-
tauit; *cumulatus* c. genetiuo (20, 17), *dolet* c. dat.
(24, 1), *definire* pro constituendo (52, 14); quae quidem
altero p. Chr. n. saeculo usui dicendi reddita sunt.
Plautino quodam siue dicam populari lepore conspicua

sunt: *rex longam habct manum* (9, 8 adn.); *plus dabis, plus plorabis* (41, 15); *non possum pro duobus aureis quattuor crura habere* (48, 20); cf. 41, 23 sq.; uerborum lusus (qui e graeco translati esse non possunt): *quaero* et *queror* (9, 8 adn.); *incidit* et *didicit* (20, 3); *miserorum misericors* (21, 9); cf. *fugere* et *effugere* (8, 15); 19, 19; 4, 14 adn.; adde quoddam finium in uerbis consonantium studium conspicuum p. 2, 1. 5, 3. 6, 8. 8, 16. 24, 18. 32, 5. 41, 15. 60, 22. Etiam Symphosii aenigmata (p. 52, 24 sqq.) et Vergiliana sententia (21, 21) e graeco sumpta esse non possunt. Sed etiam sunt quae contortam quandam elegantiam exhibent·*sermonis conloquium* (3, 9. 19, 9), *regni uires* (8, 14. 22, 11), *uox clamoris* (20, 13), *nodus uirginitatis* (2, 8. 42, 16), *facundia sermonis* (43, 14), *exsequiae funeris* (34, 12), *clementiae·indulgentia* (24, 8), *caligo tempestatis* (17, 3), cf. et *tectum paupertatis* (16, 4). Etiam hic illic uerba contorte posita sunt, ut 45, 5: cui rei frequentem temporis praesentis perfectique in narrando uicissitudinem adiungo (cf. 4, 13. 7, 8. 23, 13. 28, 11. 32, 15 all.). —

Exponendum iam est, quid ex his omnibus, quae inter se dissentire primo obtutu uidentur, efficiatur. Primum igitur Graecae originis manifesta deprehendimus uestigia, eamque recte primus suspicatus est Velserus, quem plerique secuti sunt. Fabulam ceteris Graecorum similem reddunt etiam nauigationes, tempestates, piratarum incursiones, somniorum imagines, urbes in quibus res agitur, pudicitia tot calamitatibus seruata, all. Speciosum sane est, quod Simrockius l. c. profert, piscatorem qui tribunarii dimidium Apollonio dedit (c. 12) cum sancto Martino, Tharsiam in lupanari integram (c. 34 sq.) cum sancta Agnete comparari posse: sed haud necesse est, cum ceterum ueteris religionis tot uestigia animaduertamus: quae faciunt, ut omnibus usque ad quintum p. Chr. saeculis fabula graeca tribui possit. Hanc in Latinum sermonem conuersam esse dico ab

homine Christiano nec erudito nimium nec facundo.
Hic, ut fecit Iulius Valerius in uertendo Pseudo-Calli-
sthene, quem uario modo cum nostro comparare licet,
non conuertit modo, sed hic illic transformauit quoque, fortasse etiam breuiauit. [1])   Hic autem est qui
Symphosii aenigmata inseruit, quae Graecus nosse uix
potuit; hic etiam, qui Christianae religionis uocabula
supra posita addidit. Nam hoc omnibus persuasissimum
erit, christiana illa et ethnica ab eodem homine pro-
uenire non potuisse (ne enim quis de 'syncretismo' tunc
solito cogitet, ipsa rei uerborumque ratio impedit); sed
et hoc legentes perspicient, ethnica illa ad ipsam nar-
rationem necessario pertinere, christiana leuiter tantum
adsuta esse. [2]) Symphosium uero cum Romanus ille
adhibuerit, saeculum ei ante sextum p. Chr. n. assignari
non licet, si quidem illum circa a. 500 uixisse recte
olim docui (in annal. gymnas. Austr. 1868 p. 483 sqq.
anthol. lat. I p. XXVI; cf. Hagenus Anecd. Heluet. p.
272 adn.). Multum tamen post illum annum nostrum
detrudere nolim, cum a septimi praesertim saeculi bar-
barie eius dicendi genus laudabiliter abhorreat, multa
autem cum priorum inde a tertio saeculorum dicendi
genere communia habeat (neque tamen Afrum neque
Nonianum genus redolet): neque, quod codex *A* saeculo
nono uel decimo scriptus mendis fere caret, id alicui
persuadebit, ut ei aeuo scriptorem ipsum magis appro-
pinquet. Carolingica enim aetate litteris quidem floren-

---

1) Ab hoc profectam puto exilem illam et siccam loquen-
tium inductionem his uerbis *Rex ait* uel *Apollonius ait* all.
taediose iteratis: quae quidem cum reliquis ineruditi stili,
quo Romanus ille usus est, signis faciunt, ut hic illic sermonis genus siue populare siue sacrae scripturae simplici-
tatem imitans euadere uideatur: sed uideatur tantum. Ultima historiae pars magis etiam quam priores breuiata mihi
uidetur.
2) Luculentum exemplum u. p. 15, 5: *parcente fortuna*
(φειδομένης τῆς τύχης) aderat; *et deo uolente* Christianus ille
addendum putauit.

tibus graeci tamen sermonis peritia nulla erat; accedit
quod circiter a. 747 libellus noster (cf. p. VII) iam
extitit. Ceterum altera quoque recensio B'' saeculo
IX iam extitit: quae nescio an ipsa quoque ab eodem
illo qui A ex graeco uertit, ante A nec tam perfecte
conscripta sit. Sic Symphosius ipse duas aenigmatum
suorum recensiones edidit (cf. l. c.). Sed illud uix conici
poterit, a duobus hominibus, neutro alterius rationem
habente, A et B'' scriptas esse: quod si ita esset, mi-
raremur profecto quod multis tamen in locis hae recensiones prorsus ad uerbum congruunt. Veri paulo similius
est, per uiuidum narrandi sermonem aliamue ob causam
tempore satis antiquo ex A, fabulae forma primaria,
alteram illam uerbis saepe, rebus rarissime diuersam
detortam esse. Sic Iulii Valerii, sic aliorum scriptorum
duae recensiones factae sunt. Quam mox, exaequandi
utramque studio excitante, tertia interpolatorum codicum
classis secuta est. Neu quis opponat, A et B'' non in
minutis tantum rebus interse distare, iam dixi quam
libere qui Graecam fabulam uertit in ea uersatus sit.
Itaque quae christiana, quae popularia, quae ru-
diuscula [1]), quae uergenti Latinitati propria insunt, a
Latino homine, — quae ad antiquos mores religionesque
uere spectantia, quae elegantis et contorti etiam sermonis signa quaeque ἑλληνίζοντα insunt, ea a Graeco
scriptore prouenerunt. Sic ni fallor optime et omnibus rationibus aptissime res tot dubia adeoque con-
traria in se habere uisa enucleata est. In fine prae-

---

1) In his uersus quoque ponendi sunt quos hic illic (cap.
11. 16. 18. 41) auctor operi suo exornandi causa ut Capella,
Iulius Valerius, Boetius (de prioribus ut taceam) eroticique
Graecorum scriptores inseruit, quique mendis prosodiacis
scatent. Hos ad Graecum exemplar auctor finxisse uidetur,
ut Iulius Valerius qui septem narrationi interposita carmina
praeter I 42 et III 30 omnia ad personati Callisthenis imitationem fecit. Versuum Apollonianorum illi qui capiti 16
insunt, nulla distinctione a prosa oratione seiuncti sunt: id
quod non tacendum puto.

fandi monendum puto, ne ab eis qui antiquarum litterarum historiam abhinc describent, libellus de Apollonio
rege Tyri altissimo, ut adhuc factum est, silentio prae-
tereatur.

Dabam Francofurti ad Moenum
m. Martio a. 1871.

Sigla codicum:

A = Laurentianus 66, 40
B = fragmentum Tegernseeense
b = Vossianus q. 113
β = Oxoniensis collegii Magdalenaei 50
B' = $b\beta$ consentientes
B'' = $Bb\beta$ consentientes
γ = Sloanianus (mus. Britann.) 1619
δ = Bodleianus 247
ϵ = uersio Anglosaxonica.

HISTORIA APOLLONII REGIS TYRI.

I. In ciuitate Antiochia rex fuit quidam nomine
Antiochus, a quo ipsa ciuitas nomen accepit Antiochia.
Hic habuit *ex amissa coniuge* unam filiam, uirginem
speciosissimam, in qua nihil rerum natura exerrauerat,
5 nisi quod mortalem statuerat. Quae dum ad nubilem
peruenisset aetatem et species et formonsitas cresceret,
multi eam in matrimonium petebant et cum magna dotis
pollicitatione currebant. Et cum pater deliberaret, cui
potentissimo filiam suam in matrimonium daret, cogente
10 iniqua cupiditate flamma concupiscentiae incidit in amorem filiae suae et coepit eam aliter diligere quam pa-

Incipit Historia Apollonii regis Tyrie *A fol.* 62. Incipit
(perpulcra et mirabilis *add.* β) historia Apollonii regis (regis
om. β) Tyri (e uxoris et filiae *add.* β) *B'. — Nominum pro-
priorum scripturas hasce semel adnotasse sufficit:* Anthiocus *et*
Anthiocia *uel* Anthiochus *et* Anthiochia *A*; *recte B'*; Appollonius β, *recte rell.*; Tharsus (*urbs*) *A* β (Tarsus *b*): Tharsia
(*puella*) *codd. omnes*; Stranguillio *uel* Stranguillius *A* Stranguilio *B''*; Diunisias *A* Dionisias *B''*; Hellenicus *A* Helani-
cus *b* Elanicus β; Taliarchus *A, sic uel* Thaliarcus β Ta-
larcus *b*. *Notaui tantum, quae aliter inueni.*
   1 In ciu. Ant. *om.* *B'*   fuit quid. rex Ant. nom. *B'*
3 his *A*   ex am. coni. *om.* *A*   unam *om. B'*   u. sp.]
incredibili pulchritudine γ   4 nichil β   rerum *om. b, post*
natura *in* β   ex *om. B'*   5 mortale *A*   quae cum *B'*
ubilem *A*   6 uenisset *B'*   et specie pulchritudinis cresceret
B'   7 in matrimonio postulabant *B'*   8 pollicicitatione *b*.
   quaerebant *puto*   Et *A* Sed *B'*   9 potissimum *B'*,
recte? in matrimonio *B'*   cogitante β   10 cupidinis *B'*
flamme β   concupiscentiae *om. B'*   in f. s. am. *ponunt B'*
   11 cepit *A*   aliter] plus *B'*

trem oportebat. Qui cum luctatur cum furore, pugnat
cum pudore, uincitur amore: excidit illi pietas, oblitus
est se esse patrem et induit coniugem. Et cum sui
pectoris uulnus ferre non posset, quadam die prima
luce uigilaus inrumpit cubiculum filiae suae, famulos 5
longe excedere iussit quasi cum filia *sua* secretum conloquium habiturus, et stimulante furore libidinis diu repugnanti filiae suae nodum uirginitatis eripuit, perfecto-
que scelere euasit cubiculum. Puella uero stans dum
miratur scelesti patris impietatem, fluentem sanguinem 10
cupit celare: sed guttae sanguinis in pauimentum ceci-
derunt.

    II. Subito nutrix eius introiuit cubiculum. Ut vidit
puellam flebili uultu, asperso pauimento sanguine, roseo
rubore perfusam ait 'quid sibi uult iste turbatus ani- 15
mus?' Puella ait 'cara nutrix, modo hoc in cubiculo
duo nobilia perierunt nomina.' Nutrix ignorans ait
'domina, quare hoc dicis?' Puella ait 'ante legitimam
mearum nuptiarum diem saeuo scelere uiolatam uides.'
Nutrix ut haec audiuit atque uidit, exhorruit atque ait 20

    1 luctaretur β   pugna *A*   2 pudore *Gesta Rom.* dolore
AB' ab amore *B'* excedit *b* piaetas, *corr., b* et oblitus,
om. est, *B'* 3 et *om. B'* Sed cũ *A B'* sui *A* seui *b* sẹui β
4 efferre *b* 5 uigilat *B'* inrupit *B'* sue ḷ *A* suae *om. B'*
    6 longius secedere *B'* iubet β qua////sioũ *A* sua *om.*
AB' conloquiã *A ut uidetur* colloquium β 7 et *om. B'*
furoris libidine *b* repugnante *AB'* 8 filia, *om.* sun, *B'*
    erupit *b* disrupit β perpetratoque *B'* 9 cubiculum.
Scelesti (Sic scelestẽ *b*) patris impietatem puella mirans cupit celare, sed in pauimento (pauimentum *b*) certa uidentur.
Cumque puella quid faceret cogitaret, nutrix subito introiit.
Quam ut uidit *B'* 10 scelestis *A* 11 cẹpit *A* pauimento *A* 13 Quam ut uidit, *om.* puellam, *B'* 14 asperso-
que *B'* sang. pau. *ponunt B'* roseo rubore perfusa *A*,
om. B'] corruit et *B'* 15 iste *om. B'* t. animus tuus *B'*
16 hic *B'* 17 nubilia *A* duo nobilium nomina perierunt *B'* ignorans *om. B'* 18 dña *A* legitimum nupt.
m. *B'* 19 seuo *AB'* uiolata sum *B'* uides *A, om. B'*
20 Nutrix ait *b* Ait nutrix β ut—exhorruit atque *om. B'*
uidisset · exorruit *A*

'quis tanta fretus audacia uirginis reginae maculauit torum?' Puella ait 'impietas fecit scelus.' Nutrix ait 'cur ergo non indicas patri?' Puella ait 'et ubi est pater?' et ait 'cara nutrix, si intellegis quod factum est:
5 periit in me nomen patris. Itaque ne hoc scelus genitoris mei patefaciam et haec macula gentibus innotescat, mortis remedium mihi placet.' Nutrix ut audiuit puellam mortis remedium quaerere, uix eam blando sermonis conloquio reuocat, ut a praepositae mortis immani-
10 tate excederet, et inuitam patris sui uoluntati satisfacere cohortatur.

III. Qui cum simulata mente ostendebat se ciuibus suis pium genitorem, intra domesticos uero parietes maritum se filiae gloriabatur. Et ut semper impio toro
15 frueretur, ad expellendos nuptiarum petitores *nouum nequitiae genus excogitauit.* Quaestiones proponebat dicens 'quicumque uestrum quaestionis meae propositae solutionem inuenerit, accipiet filiam meam in matrimonium, qui autem non inuenerit, decollabitur.'

---

1 fretus *om. B'* regine *A* maculauit *om. B'* thorum *AB'* ausus est uiolare nec timuit regem? *B'* 3 Quare hoc non *B'* indicasti *β* 4 et ait—nutrix *om. B'* kara *A* intelligis *B'* sic intelleges *puto* quod—est *om. B'* 5 nomen patris periit (periit patris *β*) in me *B'* Itaque ne hoc scelus genitoris mei patefaciã mortis remediũ mihi placet. Horreat hęc macula gentib; innotescat *A* Itaque ne hoc gentibus pateat mei genitoris scelus et patris macula ciuibus inn(ign *β*)otescat, mortis remedium mihi (mihi remedium *b*) placet *B'* 7 utut uidit *A* puellam] eam *B'* 8 uix eam *om. B'* sermone *A* 9 conloqo *A* colloquio *β* reuocauit *B'* a] ad *A* ut a—excederet et *om. B'* immanitate excedere et inuita *A* 10 patrisque *B'* suae uoluptati *b* 11 t ortatur *b* hoc hortatur *β* 12 Inter haec rex imp(inp *β*)iissimus simulata mente *B'* 13 parietes *A* et priuatos *add. B'* 14 maritu *A* gloriabatur *A* laetabatur *B'* impiis thoris *B'* filia *add. B'* thoro ferueretur *A* 15 nuptiarum *om. B'* petitionis *β* nouum *b* nodos *β* nouum—excogitauit *om. A* 16 questiones *sic ubique A* dicens *A* dicendo *B'* 17 Si quis *B'* uſm *AB'* questiones *A* propositae *om. B'* 18 accipiat *b* in matrimonio *B'* 19 autem *A* uero *B'*

1*

Itaque plurimi undique reges, undique patriae principes
propter incredibilem puellae speciem contempta morte
properabant. Et si quis forte prudentia litterarum
quaestionis solutionem inuenisset, quasi nihil dixisset,
decollabatur et caput eius super portae fastigium 5
suspendebatur, *ut aduenientes, imaginem mortis ui-*
dentes, conturbarentur, ne ad talem conditionem acce-
derent.

IV. Et cum has crudelitates rex Antiochus exerceret, *interposito breui temporis spatio* quidam adu- 10
lescens locuples ualde genere Tyrius *patriae suae prin-*
ceps nomine Apollonius *fidus habundantia litterarum*
nauigans attingit Antiochiam ingressusque ad regem ita
eum salutauit 'haue, domine rex Antioche!' et *ait* 'quod
pater pius *es*, ad uota tua festinus ueni; gener regio 15
genere ortus, peto filiam tuam in matrimonium.' Rex
ut audiuit quod audire nolebat, irato uultu respiciens
iouenem sic ait ad eum 'iuuenis, nosti nuptiarum

1 Et qa — 3 properabant *post* suspendebatur *in A po-*
sita sunt   Itaque *ego* Et qa *A* Quia *b* q? β (Et *om. B'.*)
undique β plurimi   reges ac principes patriae *B'*   2 speciem
puellae *B'*   cont. morte *om. b*   3 forte *om. B'*   prudentię *A* .
4 quaes solutionem *b*   die-dixisset *A*   5 capud *B'*   super
A in B'   fastigio β   6 ponebatur *B'*   ut aduenientes—
accederent *om. A*   adinuenientes *b*   7 conditionis *b*
9 Et *om. B'*   crudelitate *A*   exerc. rex Ant. *B'*   10 interposito—spatio *om. A*   aduliscens *A* adoliscens *b* adholescens β   11 Tyrius patriae suae princeps locuples (locuplex *b*) inmensus (immenso β) Ap. nomine *B'*   patriae—
princeps *om. A*   12 fidus—litterarum *om. A*   13 atti git
A (*m. pr.*) adtingit *b* attigit β   que *om. b*   ita eum
salutauit *A*] ait *B'*   14 Habě dñe rex anthioche *A*] Have
(ave β) rex *B'*   et—gener *om. B'* (ait *et* es *addidt*), *quorum*
loco habent Et ut uidit rex, quod uidere nolebat, ad iuuenem ait: salui sunt nupti (cuncti β) parentes tui? Iuuenis
ait 'ultimum signauerunt diem.' Rex ait 'ultimum nomen
reliquerunt.' Iuuenis ait 'regio *sqq. B'*   15 gener *delendum?*
Regio sum genere ego ortus β   16 hortus *A*   in m. (matrimonio *b*) f. t. peto *B'*   17 irato uultu *om. B'*   18 sic
et ad eum *om. B'*   iuuenis *om. B'*

condicionem?' At ille ait 'noui et ad portae fastigium
uidi.' Indignatus rex ait 'audi ergo quaestionem: scelere uehor, maternam carnem uescor, quaero fratrem
meum meae matris filium uxoris meae uirum nec in-
5 uenio.' Iuuenis accepta quaestione paululum discessit
a rege; quam cum sapienter scrutaretur, fauente deo
inuenit quaestionis solutionem ingressusque ad regem
sic ait: 'domine rex, proposuisti mihi quaestionem; audi
ergo solutionem. Quod dixisti: scelere uehor, non es
10 mentitus: te respice. Et quod dixisti: maternam carnem
uescor, nec et hoc mentitus es: filiam tuam intuere.'

V. Rex ut uidit iuuenem quaestionis solutionem
inuenisse, *timens ne scelus suum patefieret, irato uultu*
eum respiciens sic ait ad eum: *'Longe es, iuuenis, a*
15 *quaestionis solutione,* erras, nihil uerum dicis. Decol-
lari quidem mereris, sed habebis triginta dierum spatium: recogita tecum. Et dum reuersus fueris et quaestionis meae propositae solutionem inueneris, accipies
filiam meam in matrimonium: *sin alias, legem agnosces.'*

---

1 conditionem *B'*   Ad ille ait *A*] Iuuenis ait β, *om. b*
ad portam uidi *B'*   2 Indignatus—ait *om. A*   questionem *A*   3 ueor *b* ueor β   materna carne β   uescor
ex uehor *corr. m. pr. A* utor β   quęro *A*   frēm *A* fratre
meū *b*   4 matris meae *B'* matris †uirū *A* (*signa transponen-*
dum esse indicant)   meę †filium *A*   nec *B'* non *A*   5 Puer *B'*
secessit *B'*   6 quam—scrutaretur *A*] et dum docto
pectore quaereret, dum scrutatur scientiam, luctatur cum
sapientia *B'*   dō *A*   7 et reuersus ad regem ait *B*
8 Dūe *A* Bone *B'*   proposisti *A*   mihi *om. B'*   9 ergo *A*
eius *B'* (ei *b*)   Nam quod *B'*   ueor *b*   non est *A*   10
Et quod dix. *om. B'*   materna carne *Aβ*   11 utor β
nec—es *om. B'*   et *delendum puto*   intuere tuam *B'*   12
ut audiuit *B'*   quest. sol. inu. *B'*   13 exsoluisse *B'* inuenisset *A*   timens—respiciens *om. A*   patefaceret β
iratu *b*   14 sic *et* ad eum *om. B'*. *Sqq. dedi ex B'* (a quaestionis solutione *ego* a quaestione *B'* nichil β uerum *om. B'*)
Erras, iuuenis, nihil uerum dicis *nil amplius A*   16 quidem
om. B'   mereberis *A* merueras *B'*   habes *A*   XXX *b*
spacium *b*   17 Et *om. B'*   reu. dum *B'*   18 propositae
om. B'   19 in matrimonio *B'*   sin—agnosces *om. A*
alias *b* autem β   agnoscis *b* agnoscas β

Iuuenis conturbatum habebal animum, paratamque habens nauem *accepto commeatu* ascendit, tendit ad patriam suam Tyrum et aperto scrinio codicum suorum
inquirit omnes quaestiones actorum omniumque paene
philosophorum disputationes omniumque etiam Chaldae- 5
orum. Et dum aliud non inuenisset nisi quod cogita-
uerat, ad semet ipsum locutus est dicens 'quid agis,
Apolloni? quaestionem regis soluisti, filiam eius non
accepisti! ideo dilatatus es, ut neceris.'

VI. Et post dicessum adulescentis uocat ad se An- 10
tiochus rex dispensatorem suum fidelissimum nomine
Thaliarchum et dicit ei: 'Thaliarche, secretorum meorum
fidelissime minister, scias quia Tyrius Apollonius inuenit quaestionis meae solutionem. Ascende ergo con-
festim nauem ad persequendum iuuenem, et cum ueneris 15
Tyrum in patriam eius, inquire inimicum eius, qui
eum aut ferro aut ueneno interimat. *Reuersus cum*
fueris, libertatem accipies.' Thaliarchus uero hoc audito
adsumens pecuniam simulque uenenum nauem inuectus

est. Peruenit innocens tandem Apollonius prior ad patriam suam et introiuit. *Continuo iussit sibi ut homo
locuples nauem praeparari* atque ita onerari praecepit
. naues frumento. Ipse quoque Apollonius cum paucis
5 comitantibus fidelissimis seruis nauem occulte ascendit
deferens secum multum pondus auri atque argenti sed
et uestem copiosissimam, et hora noctis silentissima
. tertia tradidit se alto pelago.

VII.   Alia uero die in ciuitate sua quaeritur a
10 ciuibus suis ad salutandum et non inuentus est. Fit
tremor ingens, *quod princeps amatissimus nusquam
comparet;* sonat planctus ingens per totam ciuitatem.
Tantus namque amor ciuium suorum erga eum erat,
ut per multa tempora tonsores priuarentur, publica
15 spectacula tollerentur, balnea clauderentur, *non templa*

animo quaereret quaestionem illam, et non inuenit meritum
(memoratum *vel* editum *conicio*) nisi quod inuenerat. Et cum
aliud non inuenisset, secum cogitans ait 'Nisi fallor, Antiochus rex impio amore diligit filiam suam; et (et *om. b*) ideo
uult istud (ista *β*) adferre (ᵘᵃfferre *β*). Quid agis, Apolloni?
quaestionem regis (regis *om. b*) soluisti, filiam non accepisti,
et ideo dilatus es ut neceris.' *Sic B' hoc loco aptiore quidem quod
ad narrationis filum pertinet; nec tamen ex eo loco quem in A
haec obtinent (p. 6, 1—9) detrudere ausus sum, praesertim cum in
verbis B' insint quae recentioris originis suspicionem moveant.*
1 tandem] *puto* tamen   2 Continuo—praeparari *om. A*   ut
homo locuples iussit sibi *β*   3 locuplex *b*   praeparare *B'*
ita] ibi *puto*   atque—Apollonius (honerari *A*) *A*] et in ea
centum milia modios (modiorum *β*) frumenti honerare praecepit
et multum pondus auri et argenti et uestem copiosam *B'*
4 cum *om. B'*   5 nauem—tertia *A*] hora noctis tertia nauem
ascendit, *nil amplius, B'*   8 tradiditque se *b, om. β*   pelago
nauigat *β*   9 uero *om. B'*   in ciu. sua *om. B'*   a ciuibus nec
inuenitur, *rell. om., B'*   10 inuentum *A*   11 Meror ingens
nascitur *B'* Fit tremor ingens *A*   quod—comparet *om. A*
amantissimus *b*   12 ingens per] in *B'*   13 namque *A*
vero *b* enim *β*   ciuium suorum *om. B'*   suarum *A* erga *A*
circa *B'*   ciuium *post* eum *β*   14 per m. t.] multo
tempore *B'*   priv.] cessaret *b* cessarent *β*   a publico *A*
publica, *om.* a, *B'*   15 ualneę *A*   non—ingrederetur
om. A

neque tabernas quisquam ingrederetur. Et cum haec
Tyri aguntur, superuenit Thaliarchus *dispensator*, qui a
rege Antiocho missus fuerat ad necandum iuuenem.
Qui ut uidit omnia clausa, ait cuidam puero 'indica
mihi si ualeas, quae est haec causa, quod ciuitas ista 5
in luctu moratur?' Cui puer ait 'o hominem inpro-
bum *et stultum!* scit et interrogat! quis est enim qui
nesciat, ideo hanc ciuitatem in luctu esse, quia princeps huius patriae nomine Apollonius reuersus ab Antiochia subito nusquam conparuit?' Tunc Thaliarchus 10
dispensator regis hoc audito gaudio plenus rediit ad
nauem et tertia nauigationis die attigit Antiochiam ingressusque ad regem ait 'domine rex, laetare et gaude,
quia iuuenis ille Tyrius Apollonius timens regni tui
uires subito nusquam conparuit.' Rex ait 'fugere qui- 15
dem potest, sed effugere non potest.' Continuo huiusmodi edictum proposuit: 'quicumque mihi Tyrium Apollonium, contemptorem regni mei, uiuum exhibuerit,
accipiet auri talenta quinquaginta, qui uero caput eius

1 taberna *b* tabernacula quisque β   Et ut cum *A* Et
dum *b* Et cum β   2 Tyro geruntur *B'*   dispensator *om. A*
qui ad necandum eum a rege fuerat missus *B'*   4 Qui
ut uidit *A*] Et uidens *B'*   Indica mihi *A*] Dic *B'*   5 quae
est haec causa quod *A* qui causa *b* qua ex causa β   ista]
haec *B'*   6 o *om. B'*   improbum *B'*   7 et stultum *om. A*
scis et interrogas β   quis—nesciat *et* nomine *et* subito
om. B'   8 ciuitas haec (haec *om.* β) *B'*   esse *A*] moratur *B'*   qͧ (*i. e.* quia?) β   patriae huius princeps *B'*
9 ab Antiocho (anthiocho *b*) rege reuersus *B'*   10 comparuit *B'*
Tunc—audito] Dispensator ut audiuit *B'*   11 rediit
A dirigit iter (iter *om. b*) *B'*   12 tertia *cod. recens* certa
Ab cepta nauigatione · die · III β   attingit *b*   ingr.]
peruenitque *B'*   13 ad regem *om.* β   et ait *B'*   Laetare,
domine rex (*om.* et gaude) *B'*   14 quia—timens] Apollonius enim timens *B'* (enim *om. b*)   15 subito *om. B'*
nūquam *b*   quidem *om. B'*   17 ędictum *A* dictum *b*
proposuit rex Antiochus dicens *B'*   quicūq; *A*   tyrum *b*
tirium β   Appollonium *B'* ·   18 cont.—mei *om. B'*   exhibuerit *A* perduxerit *B'*   19 accipiet · L · talenta auri *B'*
quinq.] centum *A*   capud *b*

attulerit, accipiet centum.' Hoc edicto proposito non
tantum eius inimici sed etiam amici eius cupiditate
ducebantur et ad indagandum properabant. Quaeritur
Apollonius per mare per terram per montes per siluas
5 per uniuersas indagines, et non inueniebatur.

VIII. Tunc iussit rex classes nauium praeparari
ad persequendum iuuenem. Sed moras facientibus his
qui classes nauium praeparabant, deuenit Apollonius
ciuitatem Tharsiam et deambulans iuxta litus uisus est
10 a quodàm Hellenico *nomine* ciue suo, qui *ibidem* super-
uenerat ipsa hora, et accedens ad eum Hellenicus ait
'haue, rex Apolloni.' At ille salutatus fecit quod potentes facere consuerunt: spreuit hominem plebeium.
Tunc senex indignatus iterato salutauit eum Hellenicus

---

1 pertulerit centum accipiet B' accipiet ducenta A
p̄posito b non solum B' 2 eius *om.* B' sed etiam
inimici amici eius β sed etiam et A cup. seducti ad
persequendum iuuenem properabant B' 4 Apollonium A
   per mare *om.* A per terras B' 5 diuersas B' inuenitur B' 6 Tunc *om.* β rex iussit B' classem β
praeparare b 7 ad—iuuenem *om.* B' moras' b moras
om. β his *om.* B' 8 praeparabant—litus uisus A] in-
sistebant, iuuenis ille Tyrius Apollonius (tyrius tyrius appollonius b) iam ut medium umbilicum pelagi tenebat, respiciens ad eum gubernator sic ait 'domine Apolloni, num
(numquid β qui b) de arte mea aliquid quereris (queris b)'?
Apollonius ait 'ego quidem de arte tua nihil queror (quero
b), sed a rege illo (illo *om.* β) Antiocho quaeror (queror B').
Interiora itaque (Interiorem itaque partem b) pelagi tenea-
mus; rex enim longam habet manum; quod uoluerit facere,
perficiet. Sed uerandum est, ne nos persequatur.' (Sed—persequatur *om.* b.) Gubernator ait 'ergo, domine, armamenta
paranda sunt et aqua dulcis quaerenda est. Subiacet nobis
litus Tarsiae (tharsie, *et sic ubique*, β).' Iuuenis ait 'peta-
mus Tarsum, et erit nobis euentus.' Et ueniens Apollonius
Tarsum (tharso β) euasit ratem et dum deambulabat ad litus
maris (ad l. m. deambulat β) uisus B' 9 tharsiam *sic* A
   10 nomine *om.* A suo ciue b ibidem *om.* A 11
ipsa hora *om.* B' El. ait ad eum β 12 Aue domine
Apolloni B' potens b 13 consueuerat b consueuerunt β
   pleueium A, *om.* B' 14 Tunc—ait] Indignatus senex
iterato ait (ait iterato b) B'

et ait 'haue, inquam, Apolloni, resaluta et noli despi-
cere paupertatem nostram honestis moribus decoratam.
Si enim scis, cauendum tibi est, si autem nescis, admonendus es. Audi, forsitan quod nescis: quia pro-
scriptus es.' Apollonius ait 'patriae principem quis pro- 5
scripsit?' Hellenicus ait 'rex Antiochus.' Apollonius
ait 'qua ex causa?' Hellenicus ait 'quia quod pater
est esse uoluisti.' Apollonius ait 'et quanti me proscripsit?' Hellenicus respondit: 'ut quicumque te uiuum exhibuerit, auri talenta accipiat quinquaginta; qui 10
uero caput tuum absciderit, accipiet centum. Ideoque
moneo te: fuge, praesidium manda.' Haec cum dixisset
Hellenicus, discessit. Tunc iussit Apollonius reuocari
ad se senem et ait ad eum: 'rem fecisti optimam, ut
me instrueres.' Et iussit ei proferri centum talenta 15
auri et ait 'accipe, gratissimi exempli pauperrime, quia
mereris, et puta, te mihi caput a ceruicibus amputasse
et gaudium regi pertulisse. Et ecce habes pretium

1 aue *A B'*   inquid *b*   inqui☰ *β*   appolloni *A*   2 nostram *om. B'*   honestis *A* lionestatis *β* honestate *b*   deco-
rata *A*   3 siem scis *A*   si enim — admonendus es *om. B'*
    4 Et audi *B'*   quod] q *A*   quia] q₁ *β*   5 Apollo-
nius — Antiochus *om. A*   6 Cui Apollonius *A*   7 quia —
uoluisti *sic B'*] quia filiam eius in matrimonium petisti (*ex
glossemate ortum*) *A*   8 ait *om. β*   quantum *A*   9 Hell.
resp.] Senex ait *B'*   te *A* ei te *b* te illi *β*   uium *b*   10
quinquaginta *in A deesse uidetur*   accipiet auri talenta,
omisso numero, b accipiet · L · talenta (*om.* auri) *β*   qui uero
A] si *B'*   11 capud *b*   obtulerit *B'*   accipiet *om. B'*
centum *B'* ducenta *A*   Itaque *b* q *A*   12 fuge in praesidium. Mandans *b*   Hec *A*   Haec — discessit] Dixit et
sine mora discessit *B'*   13 iussit *om. β*   reuocari *A* rogari
ad se proferri senem (senem ad se *β*) *B'*   14 et ait — instrueres *om. B'*   15 instrueres, pro qua re reputa et mihi
caput a ceruicibus (amputasse *supplendum*) et gaudium regi
pertulisse *inepta tautologia A* (*u. l.* 17)   Et iussit ei *A* Cui
(Qui *β*) protinus iussit *B'*   proferri *om. B'*   16 auri auri adferri et ait cui ait *b* auri adferri et dari · cui ait *β*   gratissime
B', om. A; *correxi.* accipe *post* pauperrime *B'*   17 puta te
sicut paulo ante dixi caput, *om.* mihi, *A*   capud *B'*   car-
uicibus, *corr. m.* 2, *b*   18 et portasse gaudium regi *B'*
Et *om. B'*   praemium *B'* pretium *A*

centum talenta auri et puras manus a sanguine inno-
centis.' Cui Hellenicus ait 'absit, domine, ut ego huius
rei causa praemium accipiam. Apud bonos enim homines amicitiae praemio non comparantur, *sed inno-*
5 *centia*.' Et uale dicens *ei* discessit.

    IX. Post haec Apollonius dum deambularet in
eodem loco supra litore, occurrit ei alius homo nomine
Stranguillio. Accessit ad eum protinus et ait 'haue, mi
carissime Stranguillio.' Et ille dixit 'haue, domine
10 Apolloni. Quid itaque in his locis turbata mente uer-
saris?' Apollonius ait 'proscriptum uides.' Stranguillio
ait 'et quis te proscripsit?' Apollonius ait 'rex Antiochus.' Stranguillio ait 'qua ex causa?' Apollonius
ait 'quia filiam eius. *immo ut uerum dixerim coniugem*
15 in matrimonium petiui. Sed si fieri potest, in patria
uestra uolo latere.' Stranguillio ait 'domine Apolloni,
ciuitas nostra paupera est et nobilitatem tuam ferre non
potest. Praeterea duram famem saeuamque sterilitatem
patimur annonae, nec est *iam* ulla spes ciuibus nostris

---

    1 C *A*   auri *om. B'*   et manus puras *B'*   et san-
guinem innocentem β   2 Cui senex ait *B'*   absi *A*   ego
om. A   4 amicitia *B'* amicitiam *A*   precium *b* ptio β
comparatur *B'*   sed *recc.* et si *b* et β   sed innocentia *om. A*
    5 ei *om. A*   6 Post—Stranguillio] Et respiciens (Respi-
ciens ergo β) Apollonius uidit contra se uenientem notum
sibi hominem mixto (maesto *recc.*) uultu dolentem (hominem
iuxta uultu deferente β) nomine Stranguillionem (Strangui-
lionem β) *B'*   7 occurri *A*   8 Accessit—ait] Cui ait
Apollonius *A*   et ait—haue *erasa in* β   Auc *b* Aue · mi
kme *A*   mi carissime *om. B'*   9 Et ille dixit *A* Stranguilio ait *b* Et ait β   aue *AB'*   10 appolloni *b*   in *om. B'*
    11 Et stranguillius ait *A*   12 et quis] quis *b*   et quis
—rex Ant. Str. ait *om.* β   13 que ex *A*   14 immo—coniugem *om. A*   inmo ut uerius β   15 in matrimonio petii.
Itaque si *B'*   *incertum* ciuitate *an* patria *A*   16 latere uolo β
    17 pauper *b* ÷ *A*   tuam non potest sustinere *B'*
18 praeterea *A* preter *b* propter β   diram *B'*   sterelita-
tem *A*   19 patitur (*ante* steril.) *b, om.* β   annone *A* ·
iam *om. A* ·   spe *A*   ciuibus spes ulla salutis *b* ciuibus
ulla salus β   nostris *om. B*

salutis, sed crudelissima mors potius ante oculos nostros
uersatur.' Apollonius autem ad Stranguillionem ait 'age
ergo deo gratias, quod me profugum finibus uestris
applicuit. Dabo itaque ciuitati uestrae centum milia
frumenti modiorum, si fugam meam celaueritis.' Stran- 5
guillio ut audiuit, prostrauit se pedibus Apollonii dicens 'domine Apolloni, si ciuitati esurienti subueneris,
non solum fugam tuam celabunt, sed etiam si necesse
fuerit pro salute tua dimicabunt.'
  X. Cumque haec dixisset, perrexerunt in ciuita- 10
tem, et ascendens Apollonius tribunal in foro cunctis
ciuibus et maioribus eiusdem ciuitatis dixit 'Ciues Tharsis, quos annonae penuria turbat et opprimit, ego Apollonius Tyrius releuabo. Credo enim uos huius bene-
ficii memores fugam meam celaturos. Scitote enim, me 15
legibus Antiochi regis esse fugatum; sed uestra felicitate faciente hucusque ad uos sum delatus. Dabo itaque uobis centum milia frumenti modiorum eo pretio,
quo sum in patria mea eos mercatus: octo aereis singulos modios.' Ciues uero Tharsis, qui singulos modios

---

1 salutem *A in rasura* credulissima *b* potius *om. B'*
2 uersatur *A* est *B'* Apollonius — ait] Cui Apollonius ait
                                    i
'Stranguilio kr̄e (*i. e.* carissime) mihi (m̄ β, *om. b*) *B'* 3
dŏ gr̄as *A* 4 adplicuit β itaque *om. B'* 5 modiorum
frumenti *B'* Stranguilio *etiam A* 6 pedibus eius et ait
B' et dicens *A* 7 esurienti ciuitati *B'* 8 celabit *b*
celabt̄ β etiam *om. b* 9 dimicabt̄ β 10 Cumque—et
om. B 11 Ascendens itaque *B'* 12 et—ciuitatis *A*] praesentibus *B'* ait β tharsis *A* (*i. e.* Ταρσεῖς) tarsiae *b*
tar≡si β 13 penuria *A* caritas *b* inopia β turbat et
om. B' obprimit *b* Tyrius Apollonius *A* 14 tyrus *b*
reuelabo *b* relanabo β uos omnes huius β 15 ac fugam β me enim β 16 regis *om. b* uestra felicitas
faciente *A* uestra felicitate fauente (faciente *b*) *B'* deo *add.*
uersio Anglosaxonica 17 usque ad nos *om. B'* dilatus *A*
 itaque *A b* inquit β 18 modiorum frumenti *b* precio *b*
19 in patriá meá eo mercatus *A* eos *ego; om. B'* singulos modios aeris octo (VIII β) *B'* ereis *A* 20 Hoc audito
ciues Tarsiae (Tharsiae β) *B'* tharsis *A*

singulis aureis mercabantur, exhilarati facti adclama-
tionibus gratias agebant certatim accipientes frumentum.
Apollonius autem, ne deposita regia dignitate mercatoris uideretur adsumere nomen magis quam donatoris,
5 pretium quod acceperat utilitati eiusdem ciuitatis re-
donauit. Ciues uero his tantis *eius* beneficiis cumulati
optant ei statuam statuere ex aere et eam conlocauerunt
in biga in foro stante, in dextra manu fruges tenentem,
sinistro pede modium calcantem et in basi haec scripse-
10 runt: TARSIA CIUITAS APOLLONIO TYRIO DONUM
DEDIT EO QUOD STERILITATEM SUAM ET FAMEM
SEDAUERAT.

XI. Interpositis *deinde* mensibus [siue diebus] paucis, hortante Stranguillione et Dionysiade *coniuge eius*
15 et premente fortuna ad Pentapolitanas Cyrenaeorum terras adfirmabatur nauigare, ut ibi latere posset. Deducitur itaque Apollonius cum ingenti honore ad nauem
et uale dicens hominibus ascendit ratem. Qui dum

1 singulos aureos *Ab*; *recte* β   exilarati *b*   facti *A*
faucium *b* faustis β *fort.* factis   2 agentes certatim fru-
menta portabant *B'*   3 Tunc Ap., *om.* autem, *B'*   merca-
turi *A*   4 magis quam donatoris nomen uideretur assumere
B'   5 prętium *A* precium *b*   acciperat, *corr. in* acciperet,
A accepit *b* acceɔ̄ β   eiusdem ciuitatis (-ti *b*) utilitatibus *B'*
   6 his—cumulati] ob tanta eius beneficia *B'*   eius *om.*
A   7 optant ei *ego* optani *A*   optant—dextra] ex aere
bigam ei in foro (in foro ei β) statuerunt, in qua stans dex-
tera (dextrā β) *B'*   et eas *A*   8 in uica *A*   stantem *puto*
     tenentes *A* tenens *B'*   9 calcans *B'*   uasę *A* basse
b base β   haec *om. B'*   10 tyro *Ab*   11 q *A*   stere-
litatem *A*   et famam sed habere et *A*   sterilitatem—
sedauerat] liberalitatè suā fame seclauserte β libertate sua
famem sedauerit *b*   13 deinde *om. A*   siue diebus *A, om. B'*
   14 ortante *b* ɵrtaute β   strangulione *hic b*   diunisiadę *A*
dionisii ad ae *b* dionisiade β   coniuge eius *om. A*   15 et
premente fortuna *om. B'*   ad—posset] ad Pentapolim Cy-
renam .(cyrenem *b, corr. m. ead.*) nauigare proposuit (posuit
b), ut illic lateret, eo quod ibi benignius agi (agi *om. b*) ad-
firmaretur *B'*   uirꓲneorum *A*   16 adßrmabatur *A*   Deducitur—
nauem] Cum ingenti igitur honore a ciuibus deductus ad mare *B'*
   17 itaq *A*   18 et *om. B'*   omnibus *B'*   conscendit *B'*

per aliquot dies totidemque noctes uentis prosperis naui-
garet, *subito* intra duas horas diei mutata est pelagi fides,
in quo pacto· litus Tharsium reliquit.

Nam paucis horis perierunt *carbasa uentis.*
Concitat et totum *se effundit pontus* . .   5
. . . . . . rutilans inluminat orbem.
Et obscurato sereno lumine caeli
Aeolus imbriferis *spirans* turbata procellis
Corripit arua, Notus Libyco *pariterque mouetur*
. . . . caligine ratis   10
Scinditur omne latus pelagique uolumine †murmurat. |
Grando nubes zephyri fretum et inmania nimbi
Flamina dant uenti, mugitu mors sedula terret
Ereptusque sibi remis non inuenit undas.
Hinc Notus, hinc Boreas, hinc horridus Africus instat. 15
Ipse tridente suo Neptunus spargit harenas.
Triton terribili cornu cantabat in undis.

Hinc ex γ potiora enotabo. 1 per—prosperis *om. Aγ*
aliquod *b*   noctibus *b*   nauigat *B'γ*   2 subito *om. Aγ*
intra—diei *om. B'*   3 in quo—reliquit *om. A.*   in quo—
uentis *om. γ*   tarsum *b*   tharsum *β*   4 fides certa. Non certis
cecidere, *reliquis omissis A*   pier *β*   peruenerunt carbas-
sum *b*   5·Concitatur tempestas, *rell. omm., Aγ* Concitatus
(-tis *β*) totum (totus *b*) se (*om. b*) effuderat populus (mare *β*)
sic B'   pontus *ego*   et totum—hinc Notus *om. γ*   6 *om. B'*
urbem *A*   7 *om. A*   Et obscurato *β*] Et arrepto perita *b*
caelo lum *b* celi lumine *β*   8 Eulus inbrifero *A, om. B'*
imbriferis *ego* spirans *om. A* turbata procellis *A* spirante
certa procellis *b* pirate dira procella *β*   9 Corripit ar a·
Nothus clipeo *A, rell. om.* arua *ego* Corripitur notus *b* cor-
rupuntur. Noth' *β*   clypeum *b* clipeum *β* Libyco *ego*   quae
b mouet *β*   10 cal. ratis *A, om. B'*   11 *om. B'* Scindit
oms latus pelagi se uolumine murmurat *A, cuius hinc magna*

pars periit. que *ego*   12 Grand,us *β*   zephiri *β*   fretus
et humana *b*   13 flamm,a *β*   dentur uenti *b*   mugitum *B'*
tret *β* terret *om. b*   14 Erectisque *β* remis sibi *b*
non] nauta ñ *β*   Ipse—unda] et soluta est nauis *γ*   15
not *β* notus, inde *b*   affricus *B'γ*   16 tridenti *b*   arenas *b*

Arbor fracta ruit, antemnam corripit unda.
Tunc *sibi* quisque rapit tabulas mortemque moratur.

. XII. In tali caligine tempestatis perierunt uniuersi.
Apollonius solus beneficio tabulae in Pentapolitanorum
5 litora gubernatus parcente fortuna et deo uolente pro-
icitur fatigatus in Cyrenen regionem. Et dum euomit
undas quas potauerat, intuens mare tranquillum, quod
paulo ante turbidum senserat, respiciens fluctus sic ait
'o Neptune, praedator maris, fraudator hominum, inno-
10 centium deceptor, tabularum latro, Antiocho rege cru-
delior, utinam animam abstulisses meam! Cui me solum
reliquisti egenum et miserum et impie naufragum?
Facilius rex crudelissimus persequetur! Quo itaque
pergam? quam partem petam? quis ignotus ignoto
15 auxilium dabit?' Haec dum loquitur, animaduertit
uenientem contra se quendam robustum senem arte
piscatoris sordido tribunario coopertum. Cogente ne-
cessitate prostrauit se illi ad pedes et profusis lacrimis
ait 'miserere, quicumque es! succurre nudo naufrago
20 non humilibus genito. *Et* ut scias, cui misereraris: ego
sum Tyrius Apollonius, patriae meae princeps. Audi
nunc †trophaeum calamitatis meae, qui modo genibus

---

1 antymnam *b*   2 sibi *om. B'*   quosque β   tabulas *by*
naufragium β   minatur *B'γ* moratur *recc.*   4 tabulae beneficio βγ   in pentapolim natorum *b*   5 litore _guberna-
tur _ perientes *b* est littore pulsus (*sic γ*) gubernatore pereunte β
    parcente *ego* fortuna *om.* β   et deo uolente *om. b*   6 fati-
gantes *b*   cirenĕ β   in litore cyrenen, *om.* regionem, *b*
7 quem p. a. β   8 fluctu *b* ad fluct' β   9 p̄dator *b*   11 utinam — naufragum] Propter hoc me reseruasti, ut egenum et
inopem me dimitteres? γ   abstulisses animam β   12 reliquisti solum β   impio *b*   Facilius — persequetur *om.* β *ut
uidetur* persequatur *b*   13 r. Antiochus crud. γ   pergam]
ibo γ   14 aut quis γ   ignotus *om.* γ   15 uite auxilium γ
    an.] uidit γ   17 habitu piscatorem tunica sordida
coop. γ   18 ille β   profusi *b*   19 es, senior! succ. γ
20 humilibus natalibus γ   genitum *B'*   Et γ, *om. B'*
Vt autem β   quia miseraris *b* cui misereraris β   21 tyrus *b*
    Audi — uitam *om.* γ   22 tropheæm *b* tropheũ β   qui
modo *b* q̄ modo β

tuis prouolutus deprecor uitam.' Piscator ut uidit prima
specie iuuenem pedibus suis prostratum, misericordia
motus leuauit eum et tenuit manum eius et duxit infra
tectum paupertatis suae et posuit epulas quas potuit.
Et ut plenius pietati suae satisfaceret, exuit se tribu- 5
nario et in duas partes scidit aequales dedit*que* unam
iuueni dicens 'tolle quod habeo et uade in ciuitatem;
ibi forsitan inuenies, qui misereatur tibi; si non inueneris, huc reuertere. Paupertas quaecumque est suffi-
ciet nobis; mecum piscaberis. Illud tamen admoneo, 10
ut si quando deo fauente dignitati tuae redditus fueris,
et tu respicias paupertatem tribunarii mei.' Apollonius
ait 'nisi meminero, iterum naufragium patiar nec tui
similem inueniam!'

XIII. Et haec dicens *per* demonstratam sibi uiam iter 15
carpens portam ciuitatis intrauit. Et dum cogitat, unde
auxilium uitae peteret, uidit puerum nudum per pla-
team currentem, oleo unctum, praecinctum sabano,
ferentem lusus iuuenales ad gymnasium pertinentes,
maxima uoce dicentem 'audite ciues, audite peregrini, 20
liberi et ingenui: gymnasium patet.' Apollonius hoc
audito exuit se tribunario et ingreditur lauacrum, utitur
liquore palladio, et dum exercentes singulos intuetur,

1 prima sp. *om.* γ   2 specię *b*   3 et—et] eiusque
manum apprehendens γ   4 paup. s.] suum γ   quas posuit,
corr. m. sec., *b* quas habuit y   5 ei pietatem exhiberet γ
pietatis *b* pietati//// β   exuit *corr. ex* exiuit *b*   tribuna-
lio *b* tribunarium γ   6 scindit β   que γ, *om. B'*   unam
iuueni *b*] appolloni β   8 ciu. quae hic prope est γ   ubi β
qui *om. b*   misereatur tibi *by* tui mis. β. X *signum in mg. b*
9 paupertatem *b* cumque *om.* β, mihi γ   sufficiat β γ
10 nobis] tibi γ   piscabis *b* piscabis β   diligenter adm. γ
ammoneo *B'*   11 restitutus γ   12 respiens *b*   13 mem.
tui, utinam n. γ   15 per γ, *om. B'*   demonstratā sibi uiā
by et (lineolis erasis) β   16 cogitaret γ   17 uitae auxilium β   platea *b*   18 unctus *b*   praecinctum *om.* β
sabanum β   19 lusos *b* lusus β   ludos iuueniles γ   20
peregrine, *ut uidetur, b*   21 petite β   22 exuens *b* γ
lauachrō β   23 licore *b* liqre β   pallido β *m. pr. b* palladio β
m. sec. γ. *liquor palladius est oleum cf. Ouid. metam. VIII* 275.

parem sibi quaerens non inuenit. Subito Archistrates
rex totius illius regionis cum turba famulorum ingressus dum cum suis pilae lusum exerceret, uolente deo
miscuit se Apollonius regi et decurrentem sustulit pilam
5 et ·subtili uelocitate· percussam ludenti regi remisit re-
missamque rursus uelocius repercussit nec cadere pas-
sus est. Notauit sibi rex uelocitatem iuuenis, et quia
sciebat se in pilae lusu neminem parem habere, ad
suos ait ᶠfamuli, recedite; hic enim iuuenis ut suspicor
10 mihi comparandus est.' Apollonius ut audiuit ·se· laudari, constanter accessit ad regem et docta manu ceroma fricauit eum tanta subtilitate, ut de sene iuuenem
redderet. Deinde in solio gratissime fouit et exeunti
manum officiosam dedit et discessit.

15 XIV. Rex ad amicos post discessum iuuenis ait
'iuro uobis per communem salutem, melius me numquam lauasse quam hodie beneficio nescio cuius adolescentis' et respiciens unum de famulis ait 'iuuenis
ille qui mihi officium fecit uide quis est.' Ille secu-
20 tus iuuenem uidit eum tribunario sordido coopertum.
Reuersus ad regem ait 'iuuenis ille naufragus est.' Rex
ait 'unde scis?' Famulus ait 'illo tacente habitus indicat.' Rex ait 'uade celerius et dic illi: rogat te rex,
ut uenias ad cenam.' Apollonius ut audiuit, adquieuit
25 et ducente famulo peruenit ad regem. Famulus prior
ingressus ait regi 'naufragus adest, sed abiecto habitu

---

1 quaerit γ   et non βγ   Archestrates γ   2 regionis
om. b   magna famulorum stipante caterua ingressus γ
3 ad p. l. exerceretur γ   4 immiscuit γ   et dum cur-
renti γ   pilam om. b   5 percussit γ   7 Notuit rex sibi
uelocit β   pueri γ   8 in lusu parem non h. γ   lusum B'
    10 conparandus b   11 c⩵erome b cheromate β   12
effriguit cum t. s. γ   13 in solio b] ☰olio β (om. in)
fouet b   14 officiosissime γ   17 lauisse γ   quam b sīc
β (i. e. sicut)   uescio cuiusdā β   19 off.] obsequium γ
Famulus uero sec. γ   20 ut iuuenem γ   21 reüsusq; β
24 cẹnam β eum γ   ut uidit γ   25 et deducente γ   Famulus — regi om. β
Historia Apollonii.   2

introíre confunditur.' Statim rex iussit eum uestibus
dignis indui et ingredi ad cenam. Ingressus Apollonius triclinium contra regem adsignato loco discubuit.
Infertur gustatio, deinde cena regalis. Apollonius cunctis
epulantibus non epulabatur, sed aurum argentum uestes 5
mensas ministeria regalia dum flens cum dolore con-
siderat, quidam senex inuidus iuxta regem discumbens
uidit iuuenem curiose singula respicientem et ait regi
'bone rex, ecce homo cui tu benignitatem animae tuae
ostendisti, fortunae tuae inuidet.' Rex ait 'male suspi- 10
caris; nam iuuenis iste *mihi* non inuidet, sed plura
se perdidisse testatur.' Et hilari uultu respiciens Apollonium ait 'iuuenis, epulare nobiscum et meliora de
deo spera!'
    XV. Et dum hortatur iuuenem, subito introiuit filia 15
regis, adulta uirgo, et dedit osculum patri, deinde dis-
cumbentibus amicis. Quae dum singulos osculatur, peruenit ad naufragum. Rediit ad patrem et ait 'bone
rex et pater optime, quis est iste iuuenis, qui contra
te honorabili loco discumbit et flebili uultu nescio quid 20
dolet?' Rex ait 'nata dulcis, iuuenis ille naufragus est
et in gymnasio mihi officium gratissimum fecit. Propterea ad cenam illum rogaui. Quis autem aut unde
sit, nescio. Sed si scire uis, interroga illum; de-
cet enim te omnia nosse. Forsitan dum cognoueris, 25

    1 Statimque rex β   eum indui uestibus regalibus, et
introiuit ad cęnam β   4 adsignato βγ designato b   cęna β
    6 sed respiciens γ   argentum et aurum β   mensas γ,
om. B'   mı̈steria β   7 c.] intueretur γ   8 uidens, *om.*
et, γ   curiosę b   9 bone rex *om.* β   10 animi tui osten-
dis γ   fortunate inuidet β   inuidetur b inuidet, cui *Bodleianus*   11 suspiraris β   mihi γ, *om. B'*   12 inuidet b
hilarem, *corr. in* hilare, b   15 ortat̄ β   16 uirgo] iam γ
17 Quae dum *om.* b   singulis b   18 rediit β redita b redit γ
    ad regem γ   19 iste b, *om.* γ ille iuueniis β   20 discu-
buit γ   21 iste γ   22 gimnasio β   officio b   gratissime γ   23 uocaui γ   autem est aut B'   aut] uel γ   24
si uis scire β   dicet b   25 dum] cum γ

misereberis illi.' Hortante patre puella uenit ad iuuenem
et uerecundo sermone ait 'licet taciturnitas tua sit tri-
stior, generositas.tamen nobilitatem ostendit. Si uero
tibi molestum non est, indica mihi nomen et casus tuos.'
5 Apollonius ait 'si necessitatis nomen quaeris: in mari
perdidi; si nobilitatis: Tarso reliqui.' Puella ait 'aper-
tius indica mihi, ut intellegam.'

    XVI. Tunc ille uniuersos casus suos exposuit finito-
que sermonis conloquio fundere lacrimas coepit. Quem
10 ut uidit rex flentem, respiciens filiam ait 'nata dulcis,
peccasti. Dum uis nomen et casus adolescentis scire,
ueteres ei renouasti dolores. Peto itaque, domina, ut
quicquid uis iuueni dones.' Puella ut uidit sibi a patre
ultro permissum quod ipsa praestare uolebat, respiciens
15 iuuenem ait 'Apolloni, noster es; depone maerorem;
quia patris mei indulgentia permittit, locupletabo te.'
Apollonius cum gemitu et uerecundia gratias egit. Rex
gauisus tanta filiae suae benignitate ait 'nata dulcis-
sima, salutem habeas. Defer lyram et aufer iuueni
20 lacrimas et exhilara conuiuium.' Puella iussit sibi lyram
adferri et, ubi accepit eam, nimia dulcedine chordarum
miscuit sonum. Omnes laudare coeperunt et dicere
'non potest melius! non potest dulcius!' Apollonius
tacebat. Rex ait 'Apolloni, foedam rem facis. Omnes

1 miserebitur illi *b*   *rasura ante* uenit *b* 2 tua *om. b*
3 uere *b* ů tibi *β* sit *γ* 4 michi casus tuos et nomen *β*
Si nomen quaeris, dici; si opes, in pelago perdidi; si nobilitatem, Tharso reliqui *γ* 5 necessitas *β* in mare *b*
6 nobilitas *β* tarsum *b* tharso *β* 7 mihi *om. b* intelli-
gam *B'γ* 8 ille] Apollonius *γ* 9 sermone et conloquio *β*
  11 adholescentis *β* 12 Pete *b* domina *B'* dulcis
filia *γ* 13 uelis *γ* ut audiuit *γ* 15 ait 'iam A. *γ*
merorem et *B'* et *om. γ* 17 egit regi. Rex uero *γ* 18
tantam *b* benignitatem *b* ait ad eam *γ* 19 salutem *γ*
saluum *B'* Iube tibi afferre liram et *γ* 20 et *post* lacr.
om. B', add. m. sec. β; γ Statimque puella *γ* 21 af-
ferri *β* et] at *B'* dulc. uocis c. *γ, fort.* uoci *recte* cor-
darum *B'γ* 22 ceperunt *β* 23 Ap. uero t. ad quem r.
ait *γ* 24 fedam *β*

2*

fīliam meam in arte musica laudant; tu solus tacendo
uituperas.'. Apollonius ait 'bone rex, si permittis, dicam
quod sentio. Filia tua in artem musicam incidit, sed
non didicit. Denique iube mihi tradi lyram, et scies
quod nescis.' Rex Archistrates ait 'Apolloni, intellego 5
te in omnibus locupletem.' Et iussit ei tradi lyram.
Egressus foras Apollonius induit † statum, corona caput
decorauit et accipiens lyram introiuit triclinium et ita
stetit, ut omnes non Apollonium sed Apollinem aesti-
marent. Atque ita silentio facto   10

    arripuit plectrum animumque accommodat arti;
    cum chordis miscetur uox cantu modulata.

Discumbentes una cum rege magna uoce clamoris laudare coeperunt. Post haec deponens lyram induit statum comicum et inauditas actiones expressit, deinde 15
tragicum : †nihilo minus mirabiliter placet.
    XVII. Puella ut audiuit iuuenem omnium artium
studiorumque cumulatum, incidit in amorem. Finito
conuiuio puella respiciens patrem ait 'care genitor, per-
miseras mihi paulo ante, ut quicquid uoluissem de tuo, 20
Apollonio darem.' Rex ait 'et permisi et permitto.'

1 musica *om. β*   2 *post* uituperas *signum interrogationis
in β*   ait] respondit *γ*   3 in arte musica *b γ*   modo inc. *γ*
sed *om.* β γ   4 nondum *γ*   et scias quid nesciat *β*
5 nescit *γ*   Arch. *om. γ*   intelligo *B′ γ*   6 ei] sibi *β*
liram *β*   7 Regr. *γ*   induit *om. γ*   statim *b* statum *β,
in cuius mg. alia manus* comicum *addidit.* se statum comicum *γ*
coronā *b*   capud *B′*   8 liram *β γ*   9 omnes] discumbentes una cum rege *add. γ*   10 ita *om. γ*   11 que *om. β*
artis *b* atis, *corr. m.* 2 *in* arti, *β*   12 Miscetur uox
cantu (cantŭ *β*) modulata cum cordis *B′ γ* ᾱτιηιͻ *β in mg.*
13 *carminis finem deesse puto*   maxima uoce *β*   claman-
tes *γ*   14 ceperunt *β*   liram *β*   15 comicum *om. γ*
acciones *b*   deinde] s *γ*   deinde induit trahicum (tragicum
m. 2 in mg.) *β*   16 et nichominus *γ* nihilominus: *num* in his
omnibus?   17 ut uidit *β γ*   omn. studiorum
arte *γ*   18 am. illius *γ*   19 puella *om. γ*   20 de tuo
tamen *b*   21 Ap.] iuueni *γ*   Rex—permitto] Cui r. a.
'Nata dulcis, quicquid tibi placet, trade illi.' *γ*

· Puella intuens Apollonium ait 'Apolloni magister, accipe
ex indulgentia patris mei auri talenta ducenta, argenti
pondus quadraginta et uestem copiosam *et* seruos uiginti.' Et ait ad famulos 'adferte praesentibus amicis,
5 quae Apollonio [magistro meo] promisi, et in triclinio
ponite.' Iussu reginae inlata sunt omnia. Laudant omnes liberalitem puellae. Peracto conuiuio leuauerunt se
omnes et uale dicentes regi. et reginae discesserunt.
Ipse quoque Apollonius ait 'bone rex miserorum mise-
10 ricors et tu regina amatrix studiorum, ualete.' Et
respiciens famulos, quos sibi puella donauerat, ait 'tollite, famuli, haec quae mihi regina donauit, et eamus
hospitalia*que* requiramus.' Puella timens ne amatum
non uidens torqueretur, respiciens patrem ait 'bone rex
15 et pater optime, placetne tibi ut Apollonius hodie a
nobis ditatus abscedat, et quod illi donasti a malis hominibus rapiatur?' Rex ait 'bene dicis, domina' et con-
festim iubet ei adsignari zetam, ubi digne quiesceret.
      XVIII. Sed puella Archistratis filia ab amore in-
20 censa inquietam habuit noctem: .
                  †figit in pectore uulnus
      uerborum cantusque memor.   ·

      1 int.] respiciens γ   2 tal. *et* pond. *om.* γ   3 pondo β
·XL· *B'*   et γ, *om. B'*   xx b xx β   4 afferte βγ; quae
dicta sunt *add.* γ   5 mag. meo *delenda puto*   triclinium γ
6 et laudauerunt γ   7 lib.] factum γ   leu. se *et* et *om.* γ se
om. β   8 et *om.* b   discessis b (*i. e.* discessi sunt)   9 Ipse
—ait] Apollonius g̃ (*i. e.* igitur) ait β *et fere* γ   10 tu domina
reg. γ   ornatrix β   12 mihi *om.* γ   13 que γ, *om. B'*   ne —
torq.] ne datum perderet γ   14 non uidens β inuidens b   15 ne
om. b   hodię, *corr.*, b   16 locupletatus discedat γ   et] ut γ
      donauimus γ   17 ei rap. γ   dom.] filia γ   18 adsignatam β
      zetam] locum intra palacium γ quiesceret. Acceptaque
itaque mansione Apollonius ingrediens egit gratias deo, qui ei
non negauit regiam dignitatem atque consolationem. Sed γ
zeta b   19 archistrates b, *om.* γ   filia *om. b* γ   20 inquietem b
      noctem, memor eorum quae audierat ab Apollonio, et non
sustinens *sqq.* γ   21 infigit pectore uultus *conicio, cf. Verg. Aen.*
IV 4 'haerent infixi pectore uultus uerbaque'; *sed et IV* 67 'uiuit sub pectore uulnus.'   22 uerborum] uerba *B'*   cantus *om.* β

Quaerit Apollonium et non sustinet amorem. Prima
luce uigilat, inrumpit cubiculum patris, sedet super
torum. Pater uidens filiam ait 'nata dulcis, quid est
hoc quod praeter consuetudinem tuam mane uigilasti?'
Puella ait 'hesterna studia me excitauerunt. Peto ita- 5
que, pater carissime, ut me hospiti nostro studiorum
percipiendorum gratia tradas.' Rex gaudio plenus iussit
ad se iuuenem uocari. Cui ait 'Apolloni, studiorum
tuorum felicitatem filia mea a te discere concupiuit;
itaque desiderio natae meae si parueris, iuro tibi per 10
regni mei uires, quia tibi, quicquid tibi mare abstulit,
ego in terris restituam.' Apollonius hoc audito docet
puellam sicut ipse didicerat. Interposito pauci temporis
spatio, cum non posset puella ulla ratione amoris sui
uulnus tolerare, simulata infirmitate coepit iacere. Rex 15
ut uidit filiam suam subitaneam ualetudinem incurrisse,
sollicite adhibuit medicos. At illi temptant uenas, tan-
gunt singulas partes corporis: aegritudinis nullam causam inueniunt.

    XIX. Post paucos dies rex tenens manum Apol- 20
lonii forum ciuitatis ingreditur et dum cum eo deambulabat, iuuenes nobilissimi tres, qui per longum tempus filiam eius in matrimonium petierunt, regem una
uoce pariter salutauerunt. Quos ut uidit rex, subridens

    2 dum uigilat β euig. γ   irrupit bγ inrupit β   sedit
βγ   3 thorum B'γ   eius *add.* γ   nata *ego* cara B'γ
dulcis] filia γ   4 tuam tam γ   euig. γ   6 kme bγ
7 gaudiạ β   8 ad se reↄ iuuenem b   rogari b rogari β
m. pr.   9 tuorum *om.* b   a te B' arte γ   cupit γ   10
itaque si *recc.*   si *om.* b   iuro te b   11 quia] q̄d β
utrumque tibi *om.* bγ   13 Et interp. γ   14 possit b   15
tacere, *sed corr.,* b   17 solito b sollicite β sollicitus γ
18 singula membra c. γ   nullas causas γ   21 foras ciuitatem egr. γ   c. eo] simul γ   deambulat β deambula-
rent, ecce γ   22 tres pueri n. γ tres uiri scholastici nobilissimi δε   gum tempus] *hoc loco incipit* B   23 iu
matrimonio Bb in matrimonium β   petierant βγ   regem B" omnes γ   24 salutauerunt—pariter *om.* β   subr.
om. γ

ait 'quid est quod una uoce pariter salutastis?' Unus
ex illis ait 'petentibus nobis filiam tuam in matrimonium, saepius differendo crucias. Propter quod hodie
simul uenimus. Ciues tui sumus, locupletes, bonis na
5 talibus geniti. Itaque de tribus elige unum, quem uis
habere generum.' Rex ait 'non apto tempore interpellastis. Filia enim mea studio uacat et pro amore
studiorum imbecillis iacet. Sed ne uidear uos saepius
differre, scribite in codicellis nomina uestra et dotis
10 quantitatem; mittam filiae meae, ut ipsa eligat, quem
uoluerit.' Scripserunt illi nomina sua et dotis quantitatem. Rex accepit codicellos et anulo suo signauit et
dat Apollonio dicens 'sine contumelia tua, hos codicellos perfer discipulae tuae: hic enim locus te desiderat.'
15 XX. Apollonius acceptis codicellis petiit domum
regiam. Introiuit cubiculum. Puella ut uidit amores
suos, ait 'quid est, magister, quod singularis cubiculum
introisti?' Apollonius ait 'domina nondum mulier et
mala, sume hos codicellos, quos tibi pater tuus misit,
20 et lege.' Puella accepit et legit trium nomina petitorum, sed nomen *eius* non legit quem uolebat. Perlectis

---

1 pariter *B*; *om. γ* me *add. recc.* salutauerunt *β m. sec.* (*u.
p.* 22, 24)   2 in matrimonio *B b*   3 tu nos saepius *γ* cruciaris *β*   4 una simul *γ* simul hodie *b*   diuites et nobilibus nat. g. *γ*   5 unum elige *β*   6 Rex uero ait *γ*   me
int. *γ*   7 *Ante* filia *et post* iacet *ꝑ in b*   studiis *γ*   uacat
m. sec. ex uocat *corr.* *β*   *ꝑ B b* prae *recc.*   8 inbecillis (imb.
B) *B β* inbellicis *b*   ne *om. B*   saepe *b* saepius *β γ*
9 in codicillis *δ*   10 mittite *B β* mitto *b* et transmittam
ipsos codicellos f. m. *γ*   et ipsa sibi el. *γ*   11 Scr.—
quant.] Et fecerunt ita tres illi iuuenes. *γ*   12 Rex itaque
acceptis codicellis an. *γ*   suo *om. b*   13 deditque *recc.*
dicens ei *β* 'tolle, magister Apolloni, sine *γ*   hos c. *om.*
γ δ   14 praefer *B*   hic—desiderat *om. B ε*   15 petit *B*
pergit ad *γ*   16 intrauit *b*   amores suos *B' δ*] quem diligebat *B γ*   17 est *et* quod *om. γ*   singulare, *corr. m. sec.,* *β*
18 domina—mala *om. B*   ndum *b* nondum—mala *subpuncta sunt in β* et mala *om. γ* Domina non umquam mulier
fuit mala *secundum ε*   19 hos *B* potius *B'*   tuus *om. B*
21 sed—uolebat *om. B*   eius *om. B' γ, habet ε?*   quod *γ,*
β m. 2   Et perlectis *B*

codicellis respiciens Apollonium ait 'magister, tibi non
dolet, quod ego nubo?' Apollonius ait 'immo gratulor,
quod habundantia studiorum percepta me uolente nubis.' Puella ait 'si amares, doleres.' Haec dicens
instante amoris audacia sui scripsit et signatos codi- 5
cellos iuueni tradidit. Pertulit Apollonius in forum et
tradidit regi. Scripserat autem sic 'Bone rex et pater
optime, quoniam clementiae tuae indulgentia permittit
mihi, ut dicam, quem uolo: illum uolo coniugem naufragum, a fortuna deceptum. Et si miraris, pater, quod 10
pudica uirgo tam inpudenter scripserim: quia prae pudore indicare non potui, per ceram mandaui, quae ru-
borem non habet.'

XXI. Rex perlectis codicellis ignorans quem naufragum diceret, respiciens tres iuuenes ait 'quis uestrum 15
naufragium fecit?' Vnus ex his Ardaleo nomine ait
'ego.' Alius ait 'tace, morbus te consumat! mecum
litteras didicisti, portam ciuitatis numquam existi: quando
naufragium fecisti?' Rex cum non inuenisset, quis
eorum naufragium fecisset, respiciens Apollonium ait 20
'tolle codicellos et lege. Potest enim fieri ut, quod ego
non intellego, tu intellegas qui interfuisti.' Apollonius
acceptis codicellis uelociter percurrit et, ut sensit se

1 tibi *b* ita tibi *βγ*   non *ante* tibi *B*   2 Qui respondit *γ*   3 hab. litterarum st. que praecepta patre uolente cui
animus tuus desiderat nubis *γ*   pcepta *B* perita *B'*   nubis
Bγ nubes *b* nub *β*   4 si me *ε* magister, si am. *γ*   5 auda-
tia *Bb*   sui *B*, *om. b* sua *β*   inst.—sui] tanta amoris
captam *γ* rescr. *γ*   signato//// *B* signauit *β*   6 inueni *B'*
apollonio *B*   Pert//// lit *B* Pergens, *om.* et, *γ*   in foro *B''*
7 Cumque aperuisset, scriptum inuenit 'bone *γ*   sic *B'*
haec *B*   pate//// *B*: *hic prima fragmenti B particula desinit.*
8 qm̄ *β*   9 michi *β*   dicere *γ*   quem uolo *om. bγ*
uolo *βγ* uere *b*   coniugem *om. b*   11 imprudenter *b*
prae *bβ* q̄ *γ*   12 iudicare *b*   15 illos tres i. *γ* ·III· *β*
16 ardelac *γ* ardalius *ε*   17 morbo te consumis *b*   18 por-
tas *γ*   quomodo *β*   19 Et cum rex *γ*   21 tolle, magister
Apolloni, hos c. *γ*   22 intelligo *B'*   intelligas *B'*   23
uel. perc.] aperuit et legit *γ*

amari, erubuit. Rex comprehendit Apollonii manum et
paululum quidem ab illis iuuenibus secedens ait 'Apolloni, inuenisti naufragum?' Apollonius ait 'bone rex,
si permittis, inueni.' Et his dictis uidens rex faciem
5 eius roseo rubore perfusam intellexit dictum et ait
'gaudeo .plenius, quod filia mea concupiuit te; et meum
uotum est. *Nihil enim in huiusmodi negotio sine deo
agi potest.*' Et respiciens *tres* iuuenes illos ait 'certe
dixi uobis, cum nubendi tempus fuerit, mittam ad uos'
10 et dimisit eos a se. .

XXII. Ipse autem comprehendit manum iam non
hospitis sed generi sui. Intrauit in domum regiam et
relicto Apollonio intrauit rex solus ad filiam suam et
ait 'nata dulcis, quem tibi coniugem elegisti?' Puella
15 prostrauit se pedibus patris et ait 'pater piissime, quia
cupis audire desiderium filiae tuae: amo naufragum a
fortuna deceptum; sed ne teneam pietatem tuam ambi-
guitate sermonum: Apollonium Tyrium praeceptorem
meum; cui si me non dederis, amisisti filiam.' Rex
20 non sustinens filiae suae lacrimas motus pietate ait 'et
ego, dulcis filia, amando factus sum pater.' *Et exiens
foras respiciens Apollonium dixit 'magister Apolloni,*

1 amare *b* Rex uero apprehendens Ap. m. p. ab i. i.
discedens *γ* manum appollonii pauculum, *omissis* et *et*
quidem, *β* et *om. b* 2 ait illi *γ* Ap. *om. γ* 3 A. respondit *γ* 4 permittes, *corr. m. ead., b* 6 Gaudeo plenius *b*
Gaudio sum plenus *β* Gaude, gaude, Apolloni, quia quod *γδε*
concupiuit te; et] cupit, et *γδ* cupit, id quod *e* mecu *β*
7 Nihil—potest *γδε*] Peto (Permitto *b*) itaque ne fasti-
dias nuptias natae meae *B'* 8 tres *om. B'* 9 uobis, quod
non apto tempore me interpellastis; sed cum *γδ* (*cf. p.* 23,6)
eam nubendi cum *β* 11 c.] tenens *γ* 12 hospiti[s] *b*
generis *B'* in d. *om. γ* 13 suam *om.* *β* suam dicens *γ*
15 patris sui *γ* 16 consilium *β* 17 ne tineat *γ*
piaetatem *b* ambiguitatē *sed corr. β* 19 tradideris, amit-
tis *γ* 20 lacrymas *B'* piaetate *b* motus—amando]
erigit eam et alloquitur dicens 'nata dulcis, noli de aliqua
re cogitare, quia talem cupisti, ad quem ego sentio tibi, quia
et ego amando *γ* 21 Et exiens—Ad quem rex ait *om. bβ;*
dedi ex γ et fere δ.

quia scrutaui filiam meam, quid eius animus desideret
nuptiarum causa, cum lacrimis mihi adiurans ait "iura-
ueras magistro meo Apollonio, quia, si desideriis meis
paruisset, dares ei quicquid mare abstulit. Modo enim
quia paruit tuis obsequiis, abii post eum uoluntate et 5
doctrina. Aurum argentum uestes mancipia aut posses-
siones non quaerit, nisi regnum quod se putauerat per-
didisse tuo sacramento per meam coniunctionem ei tra-
das." peto ergo, ne nuptias filiae meae fastidio habeas.'
Apollonius ait 'quod a deo est, si tua uoluntas est, 10
impleatur.'

XXIII. *Ad quem rex ait* 'diem ergo nuptiarum
sine mora statuam.' Postera die uocantur amici, uici-
narum urbium potestates. Quibus considentibus ait
'amici, quare uos in unum conuocauerim, discite. Sciatis 15
uelle filiam meam nubere Apollonio praeceptori suo.
Peto ut omnium laetitia sit, quia filia mea uirum pru-
dentem sortita est.' Et haec dicens diem nuptiarum
indicit. Muneratur domus amplissima, conuiuia prolixa
tenduntur, celebrantur nuptiae regia dignitate.   20

Ingens inter coniuges amor, mirus affectus, incom-
parabilis dilectio, inaudita laetitia.

XXIV. Interpositis autem diebus aliquot et mensibus, cum iam puella haberet uentriculum formatum,
sexto mense aestiuo tempore dum exspatiantur in litore, 25
uident nauem speciosissimam, et dum eam mirantur et
laetantur, cognouit eam Apollonius esse de patria sua
et conuersus ad gubernatorem ait 'dic si ualeas, unde
uenis?' Gubernator ait 'a Tyro.' Apollonius ait 'pa-

7 se *om.* γ   8 me ei tradas γ   13 Post terciam diem γ
amici *om.* γ   14 potentes βγδ   16 Ap. Tyrio γ   apollonium praeceptorem suum *b*   17 omnibus γ   18 Et *om.* γ
19 Numerato *b*   M. d.] Munera parantur γ   conuiua *b*
23 autem *b* Γ β; *om.* γ   aliquod *b, om.* γ   24 iam
om. γ   formatὺ *b* deformatum γ   25 expectantur *b* de-
ambularent β spatiantur γδ   littore *B'* γ   26 mira-
rentur, cogn. γ   27 luctantur β   eam *om.* β   28 dic
mihi si u. γ   uales β   29 a Tyro *b*] a Tyro. ergo Tyrius es β

triam meam nominasti.' Gubernator ait 'ergo Tyrius
es?' Apollonius ait 'ut dicis.' Gubernator ait 'noueras
aliquem patriae *illius* principem Apollonium nomine?'
Apollonius ait 'ac si me ipsum.' Gubernator ait 'sicubi
5 illum uideris, dic illi laetetur et gaudeat. Rex enim
Antiochus fulmine percussus arsit cum filia sua; opes
autem et regnum Antiochiae Apollonio reseruantur.'
Apollonius ut audiuit, gaudio plenus respiciens coniugem
suam ait 'domina, quod aliquando naufrago credidisti,
10 modo comproba. Peto itaque, cara coniunx, ut permittas mihi proficisci ad regnum accipiendum.' Puella
ut audiuit, profusis lacrimis ait 'care coniunx, si in
aliquo longo itinere esses, ad partum meum festinare
deberes; nunc autem cum sis praesens, disponis me
15 relinquere? sed si hoc iubes, pariter nauigemus!' Et
ueniens ad patrem ait 'care genitor, laetare et gaude;
rex enim saeuissimus Antiochus periit cum concum-
bente nata sua. Deus percussit eum fulmine, opes
autem regiae et diadema coniugi meo reseruantur. Per-
20 mitte mihi nauigare cum uiro meo. Et *ut* libentius
mihi permittas: unam dimittis, recipies duas.'

XXV. Rex hilaratus iussit nauem produci in litore

2 ait] respondit γ, *ut saepius*   dixit 'noueris γ   3 illius
γ, *om. B'*   4 si me *b*, β *m. sec.* sine β *m. pr.*   ipsum
noui γ   si alicubi γ   5 gaudet *b*   quia rex Ant. γ
6 dei fulmine perculsus γ   percussus est et arsit β   op'
(*i. e.* opus) βγ   7 autem regiae et r. γ   reseruator *b*
8 haec audiens γ   conuersus ad c. s. γ   9 suam et ait β
Q̱ β   naufragum *B'* n. mihi γ   10 comproba//// β con-
probas *b* conproba γ *num* comprobat?   coniux *b*   11 percipiendum βγ   12 audiuit β uidit *b*   lacrymis *b*   carae *b*
coniux *b*   13 longinquo γ   14 debueras γ   autem
om. γ   cum ipse sis β   15 si li β   16 patrem suum γ
et gaudere *b*   17 seuissimus *B'*   cum c.] concumbens
cum β   periit—fulm.] cum filia sua fulmine perculsus
periit γ   18 eum *om. b*   op' β   19 reg.] regni eius γ
seruantur β   Peto itaque, permitte γ   20 ut γ, *om. B'*
21 m. p.] hoc facias γ   dimittit, *corr. m. sec.*, *b*   recipias
b, β *m. pr.* recipies β *m. ead.* γ   22 hylaratus β   nau.—lit.]
naues parare γ   littore *B'*

et omnibus bonis impleri, praeterea nutricem suam
Lycoridem et obstetricem peritissimam propter partum
eius simul nauigare praecepit. Et data profectoria de-
duxit eos ad litus, osculatur filiam et generum et uen-
tum prosperum optat. Et ascendentes nauem cum multa 5
familia multoque apparatu alto uento nauigant. Qui
dum per aliquot dies uariis uentorum flatibus detinen-
tur, septimo mense cogente Lucina enixa est puellam,
sed secundis sursum redeuntibus coagulato sanguine
conclusoque spiritu defunctae repraesentauit effigiem. 10
Subito exclamat familia, currit Apollonius et uidit coniugem suam exanimem iacentem. Abscindit a pectore
uestes unguibus, primas adolescentiae genas discerpit
et lacrimas fundens iactauit se super pectus et ait 'cara
coniunx Archistratis et unica filia regis, quid respon- 15
debo regi patri tuo, qui me naufragum suscepit?' Et
cum haec et his similia deflens diceret, introiuit ad eum
gubernator et ait 'domine, tu quidem pie facis, sed
nauis mortuum non feret. Iube ergo corpus in pelago
mitti.' Apollonius indignatus ait 'quid narras, pessime 20
hominum? Placet tibi, ut hoc corpus in pelago mittam, quod me suscepit naufragum et egenum?' Inter

1 implere *B'* eius γ   nomine *add.* γ   2 ligoridem βγ
3 Et—prof.] datisque quae in itinere necessaria erant γ
4 littus βγ   Rex itaque osc. γ   5 obtat β   ascendens β
in n. γ   6 filinilia (falinilia *m. sec.*) *b*   f. et app. γ
nauigat β flante uento nauigauerunt γ   7 aliquod *b*   de-
tinetur β -erentur γ   8 VII·β s. m. *om.* γ   cogente luce
(crepusculo *ex glossemate ortum add.* β) *B'*   Lucina γ   est
puella puellam *B'*   9 scdis β oculis *m. rec. ib.*   coagulato β
coaculento *b*   10 sanguinę *post* conclusoque *repetit b*
spū *b*   def.—eff.] defuncta est γ   11 exclamauit βγ
ululatu magno cucurrit *recc.*   uidit *B'* γ uidens δ   12 ascendit *b* scindit β scidit γ   13 primae γδ   adhol. β   14
super corpus γδ, *fort. recte*   15 coniux *b*   archistrates *b*
archestrates γ *ut ubique*   16 Et—ait] Gubernator autem
ueniens ad eum ait γ   17 et is *b*   18 piae *b*   19 fert β
(ferre potest *m. sec.*) suffert γ   19. 21 *fort.* in pelagos?   21
Placet] *incipit B fol. alterum.*   tibi *om.* γ   22 quod *B*
qui *b* q̄ β   et eg. *om.* γ

haec uocat fabros nauales, iubet coaptari tabulas et
fieri loculum amplissimum et chartis plumbeis circum-
dari foramina et rimas omnes diligenter picari. Quo
perfecto regalibus ornamentis decoratam puellam in
5 loculo conposuit, cum fletu magno dedit osculum, et ·
uiginti sestertios ad caput ipsius posuit et scripturam
sic continentem 'Quicumque corpus istud inuenerit et
humo tradiderit, medios sibi teneat, medios, pro funere
expendat' et misit in mare. Deinde iubet infantem
10 diligenter nutriri, ut uel in malis haberet iocundum
solacium uel ut pro filia neptem ostenderet regi.

XXVI. Tertia die eiciunt undae loculum in litore
Ephesiorum non longe a praedio medici cuiusdam nomine Chaeremonis, qui die illa cum discipulis suis deam-
15 bulans secus litus uidit loculum a fluctibus expulsum
iacentem in litore et ait famulis suis 'tollite cum omni
diligentia loculum istum et ad· uillam perferte.' Et ita

---

1 uocauit βγ   nauulis B m. pr., corr. m. ead.   iubet B′
et iussit Bγ   coaptari B] coagmtari β, coaugmentare b,
secari et compaginari γ   2 locum B   c///rtis B chartis b
cartis βγ   circumduci bγ et add. γ   3 remas b   omn. om. γ
diligenter picari (plicari β) B′ γ] bituminari B praecepit add. γ
    4 reg. orn. om. B   in loculum misit B in loculū cūposuit β;
dedi ex b.   5 cum—osculum om. B   in fletu β   cum fl.—
posuit om. γ   & XX Bβ sestertia b ⁻se.st///tia β sextertios B
    6 super capud B′   imposuit β   et scripturam—misit in mari
(sic) B] et codicellos scriptos γ; totum om. B′: cf. tamen p. 30, 7.
    9 infanticulum γ   10 diligere (om. nutriri) B   nutrici β
    habeat B   11 solatium Bγ solacium bβ   neptam Bβ
neptem b   uel—filia B] et (om. β) ut filiam uel B′   et pro
filia uel γ   regi B] regi; et (sic add. γ) iussit in mare
(mari B′) mitti loculum cum magno luctu, et conclamatum
est a (a om. b) familia (et conc.—fam. om. γ) B′γ   12
inde Bβ unde bγ   13 praedio βγ praedia B presidio b
medici om. β   nomine B, om. B′   14 ceremonis B″ rell.
(Cheremonis β infra)   suis om. B   deambulabat B   15
secus litus maris B in litore, om. maris, B′   uidit—litore
om. β   a fluctibus·B ex fluctibus b   16 littore b   et om. B
    omni om. B   cum indulgentia β   17 istum om. B   pro-
ferte B′ portate γ

fecerunt. Tunc medicus leuiter aperuit et uidens puellam regalibus ornamentis decoratam speciosam nimis falsaque morte occupatam, obstipuit et ait 'quas putamus lacrimas hanc puellam parentibus reliquisse?' Et uidens sub capite eius pecuniam positam et codicellos 5 scriptos ait 'uideamus quid desideret dolor.' Quos cum resignasset, inuenit scriptum 'quicumque hunc loculum inueneris habentem uiginti sestertios, peto ut dimidiam partem habeas, dimidiam uero funeri eroges. Hoc enim corpus multas reliquit lacrimas. Quodsi aliud feceris 10 quam quod dolor desiderat, ultimum tuorum decidas nec qui corpus tuum sepulturae commendet inuenias.' Perlectis codicellis ad famulos ait 'praestemus corpori, quod dolor desiderat. Iuro autem per spem uitae meae, amplius in hoc funere me erogaturum' et iubet instrui 15 rogum. Et dum sollicite rogus instruitur, superuenit discipulus medici, adspectu adolescens sed ingenio senex. Cum uidisset corpus speciosum super rogum positum, ait 'magister, unde hoc nouum funus?' Chaeremon ait 'bene uenisti; hac enim hora te expectaui. Tolle am- 20

---

1 factum est B fecerunt B'γδ   Tunc om. B'   leniter
Velserus   m. loculum diligenter aperiens uidit p. et r. o. d.
et in falsa morte iacentem, et admirans ait γ   2 spec.—
occupatam B] et falsa morte speciosam B'   3 obstupuit β
    et om. B   quas—reliquisse] Ut uideo haec puella
parentibus multas reliquit lacrimas B   4 haec puella b
par. r. om. γ   5 eius] suo γ   codicellum scritum B
6 desiderat b γ   quod γ   7 designasset B''γδ, corr. Velserus
    8 inueneris βγ ·erit Bb   habentem B habet b habebis β
habes in eo γ   XX Bb sextertios B   uiginti om. β   sestcia
β sestertia bγ auri add. γ   d. p] decem γ   9 habeas B'
habeat B babes γ et decem γ   uero pro funere B   eroges B' eroget B   10 reliquid b   aliter γ   11 q////am b
quod om. By   ultimus γ ultimum B''   tuum b tuarum β
    decidas B'γ incidas B   et nec B   nec sit qui, omisso in-
uenias, B'γ   12 Perlectis co: desinit B fragm. alterum   14
des.] imperat γ   13 et] itaque γ   institui β   17 aspectu
om. β   adoliscens b adholescens β   sed β et b   18 Hic
cum γ   rogo superpos. γ   19 nouum funus b unus corpus β   Ceremon b Cheremon β   20 haec B'γ, correxi.
lora b   expectauit B', correxi. expectabat γ

pullam unguenti et quod supremum est defunctae beneficium, superfunde sepulturae.' Peruenit iuuenis ad
corpus puellae, detrahit a pectore uestem, fundit unguenti liquorem, per artifices officiosae manus tractus
5 praecordia sensit, temptat tepidum corpus et obstipuit,
palpat indicia uenarum, aures, nares; labia labiis probat,
sensit spiramentum gracile, luctantem uitam cum morte,
et ait famulis suis 'subponite faculas per quattuor an-
gulos lecti.' Quibus subpositis, puella teporis nebula
10 tacta, coagulatus sanguis liquefactus est.

XXVII. Quod ut uidit iuuenis, ait 'Chaeremon
magister, peccasti. Nam quam putabas esse defunctam,
uiuit. Et ut facilius mihi credas, ego illi adhibitis uiribus statim spiritum patefaciam.' Et his dictis pertulit
15 puellam in cubiculum suum et posuit in lecto. Cale-
fecit oleum, madefecit lanam, fudit super pectus puellae.
Sanguis, qui ad perfectionem coagulatus erat, accepto
tepore liquefactus est et coepit spiritus praeclusus per
medullas descendere. Venis itaque patefactis aperuit
20 oculos et recipiens spiritum, quem iam perdiderat, leni
et balbutienti sermone ait 'rogo, ne me aliter con-
tingatis, quam contingi oportet regis filiam et regis
uxorem.' Iuuenis ut uidit, quod per artem fecerat

1 ungenti *b*   2 superfundae *b*   Superuenit β Venit γ
3 detrait *b*   uestes β   ungenti licor *b*   4 officiosa *B'*,
correxi; om. γ   manu *b* manů β manum γ   tractus *b* γ
tact' β   5 praecordiam *b*   corpus *B'* pectus γ δ   obstupuit β   6 narium *b*   7 gracilem *B'*   uita *b*   8 ·IIII· β
9 lecti *ego* lentas *B'* lente γ   temporis *sed corr.* β
nebulae acta *b* nebula (a *in ras.*) tacta β γ   10 coaculatus *b*
11 ceremon *b* γ cheremon β   12 putas β   13 mihi
om. β   adibitis *b*   uiris *m. sec. ex* uiribus β   14 spū *b*
Et his—lecto *om.* γ (*habet* δ)   protulit β   15 in cubiculo suo *B'*   posita β   in lectum *b*   16 made] cale γ
puellae et posuit lanam. γ δ   17 ad perf.] intus γ δ
coaculatus *b*   fuerat γ   18 tepore, *olim* tēpore, β   cępit β
20 iam *om.* γ   tradiderat β   21 rogo, quisquis es, ne
—contingas γ   23 quod per artem fecerat γ quae in arte
uiderat *B'* quia arte uicerat *conicio*

quae magistrum fallebat, gaudio plenus uadit ad magistrum et dicit 'magister, accipe discipuli tui apodeixin.'
Et introiuit cubiculum iuuenis et uidit puellam uiuam,
quam putauerat mortuam. Et respiciens discipulum ait
'amo curam, probo prouidentiam, laudo diligentiam. Et 5
audi, discipule: ne te artis beneficium aestimes perdidisse, accipe pecuniam. Haec enim puella mercedem
contulit secum.' Et iussit puellam salubrioribus cibis et
fomentis recreari. Et post paucos dies, ut cognouit eam
regio genere ortam, adhibitis amicis adoptauit eam sibi 10
filiam. Et rogante cum lacrimis, ne ab aliquo contin-
geretur, inter sacerdotes Dianae feminas †fulsit, ubi
omni genere castitatis inuiolabiliter seruabatur.

    XXVIII. Interea Apollonius dum nauigat cum in-
genti luctu, gubernante deo applicuit Tarso, descendit 15
ratem, petit domum Stranguillionis et Dionysiadis; quos
cum salutasset, casus suos omnes exposuit. At illi do-
lentes quantum in amissam coniugem deflent iuueni,
tantum in reseruatam sibi filiam gratulantur. Apollonius intuens Stranguillionem et Dionysiadem ait 'sanctis- 20
simi hospites, quoniam post amissam coniugem caram
mihi seruatum regnum accipere nolo neque ad socerum
reuerti, cuius in mari perdidi filiam, sed potius opera

---

1 quae magistro falleret *b* fallebant *β*   uendit *β*
Veni, m., accipere *γ*   2 apodixin *b* apodixen *βγ*   3 int.
magister c. cum iuuene et u. *γ*   5 amo artem, amo pruden-
tiam, l. d. *γ*   6 discipulae *b*   ne] nolo *γ*   7 p. istam *γ*
pu. *om. γ* multam pecuniam *γ*   8 secum protulit *β* attulit *γ*
    Et haec dicens puellam salubribus c. et f. r. fecit *γ*
9 recreare *b*   11 Et rogantᵉ eā *β* Et rogauit eum *γ*   con-
taminaretnr, exaudiuit eam et *γδ*   12 femina *b*   esse
iussit *puto* eam posuit *δ* collocauit *γ* ubi omnino castitas *γ*
14 Interea] *Jnitialis solito maior in bβ*.   nauigauit *β*   15
tharso *B'* tarsum *γ*   16 petiit *βγ*   relictaque naue *γ*
donisiadis *b*   17 exp. illis dolenter quantumque *γ*   18 in
amissa coniuge *βγ*   flebat *γ*   iuuenis *b, om. βγ*   19 in
reseruata sibi filia *βγ*   21 ospites *b*   qm̄ *B' γ*   caram
om. γ   22 seruatam *b*   socrum *b*   23 in mare *b*
cuius f. in m. perdidi *β*   sed—merc. *om. γ*   opera *β*,
om. b

†mercaturus, commendo uobis filiam meam, ut cum filia
uestra Philotimiade mihi nutriatur. Quam ut bono et
simplici animo suscipiatis, patriae uestrae nomine cogno-
minetis Tharsiam. Praeter eam nutricem uxoris meae
5 Lycoridem, quae cura sua custodiat puellam, uobis relinquo.' Haec ut dixit, tradidit infantem, dedit aurum
multum et argentum et uestes pretiosissimas et iurauit
se barbam et capillos et ungues non dempturum, nisi
filiam suam nuptam tradidisset. Et illi stupentes, quod
10 tam graui iuramento se obligasset, cum magna fide *se*
puellam educaturos promiserunt. Tunc Apollonius com-
mendata filia nauem ascendit ignotus et longas petiit
Aegypti regiones.

XXIX. Interea puella Tharsia facta est quinquen-
15 nis, mittitur in scolam, deinde †studiis liberalibus. Cum
ad ·XIIII· uenisset aetatem, reuersa de auditorio inuenit
nutricem suam Lycoridem subitaneam aegritudinem incurrisse, et sedens iuxta eam super torum, casus in-
firmitatis exquirit. Cui nutrix ait 'audi, domina, mo-
20 rientis ancillae tuae uerba suprema et pectori commenda'

---

1 committo γ   2 filiotimiadi *b* filioci////adi β filothe-
miade γ   m̃ *b*, *om.* βγ   2 nutriat β   ut *om.* β   3 peto
ut patriae γ et patriae β   nomine eam c. β   4 Tharsia *b*
Preteram *b* pretea β   5 licoridem *b* ligoridem β
qui *b*   custodiet *b*   6 infantem *b* filiam β   7 argentum]
multum *add.* βγ   uestem γ   ⌈ciosissimas *b*   et *om.* *b*
8 capillum β   iur. se neque b̃. neque c., *om.* et ungues, γ
direpturum *b* tonsurum γ   ñ β   9 prius *add.* γ   tra-
deret nupto γ.   nuptum *puto*   quod tali iur. γ   10 magnà *B'*
se γ, *om.* *B'*   11 edocaturos *b*   promittunt γ   Ap. uero γ
commendatā filiā *b*γ   12 n. a. altumque pelagus petit γ
ignotus, *puto;* ignotas *B'*γ   et longinquas *add.* γ   petit β
petens γ   14 quinque annis *b* quinquennio facto traditur γ
                                        mi ti anni
15 scola *b*γ   d. traditur *puto*   cumque ad ·XIII· puenisset
(*superscripta m. sec.*) β   16 adiutorio β, *corr. m. sec.*   17
lic(g β)oridem *B'* γ   aegr.] ualetudinem γ   18 s. tor. *om.* γ
thorum *B'*   causas *puto*   19 inquisiuit γδ   moriente *b*   20
subprema *b*   uerba ancillae tuae supprema β   mauda γ

et dixit 'domina Tharsia, quem tibi patrem, quam matrem uel quam patriam putas?' Puella ait 'patriam
Tarsum, Stranguillionem patrēm, Dionysiadem matrem.'
Nutrix ingemuit et ait ʻaudi, domina, natalium tuorum
originem, ut scias, quid post mortem meam agere de- 5
beas. Est tibi †senelo patria, *Apollonius pater*, mater
Archistratis, regis Archistratis filia, quae cum te enixa
est, statim secundis sursum redeuntibus praeclusoque
spiritu ultimum uitae finiuit diem. Quam pater tuus Apollonius effecto loculo *cum* ornamentis regalibus et uiginti 10
sestertiis in mare misit, ut ubicumque fuisset elata,
haberet in supremis exequias funeris sui. Quo itaque
sit elata, ipsa sibi testis erit. Nam rex Apollonius
pater tuus, amissam coniugem lugens, te in cunabulis
posita, tui tantum solacio recreatus, adplicuit Tarso, 15
commendauit te mecum cum magna pecunia et ueste
copiosa Stranguillioni et Dionysiadi hospitibus suis, uo-
tumque fecit †barbam, capillum neque ungues dempturum, nisi te prius nuptum tradidisset, et cum suis ascendit ratem et ad nubiles tuos annos ad uota persoluenda 20
non remeabit. Sed †nec pater tuus, qui tanto tem-

1 quam tibi matrem uel pătrem *β* aut matrem uel patriam *γ*   2 putas habuisti *β*   patria tharso *b*   4 do-
minא audi *β*   5 originē *bis, sed alterum deletum, β*   post
obitum meum *γ*   6 senelo *b* cirene solo *β*. Cyrenae *nomen
inest.*   patria pentapal' *γ*   Apollonius pater *deesse puto*
mater archistrates (*sic b* archestratis *γ* archistratetis *β*) regis
archistrates (*sic b*, arch. *om. β γ*) filia *B′ γ*   7 a te *β* dum . . fuisset *γ*   8 *a m.* pr. reclusoq; *b*   9 uitae *om. γ*   Quam *om. b*   10
Ap. Tyrius *γ*   effectum loculum *b*   cum *γ, om. B′*   XX *B′γ*
    11 sestertia////s *b*   auri *add. γ*   fuerit *b*   delata *γ*
12 suppremis *β*   13 delata *β γ*   s. d.] deuenerit *γ*   Ap.
Tyrius *γ*   14 amissam — te *om. β*   15 positam *B′*   tan-
tumque *γ*   solatio *B′ γ*   tharso *B′* tharsum et *γ*   16 uestē
copiosā *B′*   17 dionisiade *b*   18 faciens *b*   nec barbam
nec capillum *puto*   nunquam b. neque capillos tonsurum,
nisi *γ*   19 nupto *γ* nuptam *β*   tradidisset *γ*   et cum —
remeabit *om. b*   consc. ratem abiit futurum ut ad u. t. ann.
remearet *γ*   21 remeauit *β*   nec *b* nec ipse *β* nescio *γ*
nunc *puto*

pore moras in redeundo facit nec scripsit nec salutis
suae nuntium misit, forsitan periit. Et ne casu hospites tui, quos tu parentes appellas, aliquam tibi iniuriam
faciant, perueni ad forum: ibi inuenies statuam patris
5 tui in biga. Ascende, statuam ipsius comprehende et
casus tuos omnes expone. Ciues uero memores patris
tui beneficiorum iniuriam tuam uindicabunt.'
XXX. Puella ait 'cara nutrix, si prius senectae
tuae naturaliter accidisset quam haec mihi referres, ego
10 originem natalium meorum nescissem!' Et dum haec
dicit, nutrix in gremio puellae deposuit spiritum. Exclamauit uirgo, cucurrit familia. Corpus nutricis sepe-
litur et iubente Tharsia in litore illi monumentum
fabricatum est. Et post paucos dies puella rediit in
15 studiis suis, et reuersa de auditorio non prius cibum
sumebat, nisi nutricis suae monumentum introiret et
casus suos omnes exponeret et fleret.
XXXI. Dum haec aguntur, quodam die feriato
Dionysias cum filia sua et cum Tharsia per publicum
20 transibat. Videntes Tharsiae speciem et ornamentum
ciues et omnes honorati dicebant 'felix pater, cuius filia
es; ista autem quae haeret lateri tuo, turpis est et dedecus est.' Dionysias ut audiuit filiam suam uituperari,

1 moras — facit *om.* bγ   nec β neces b   2 periit b
uiuit β perierit γ   Et nec b Sed ne β] Nunc ergo moneo
te, ut post mortem meam ne γ   hospitis b hospites β
3 tui quos *bis* b tu tibi γ   4 faciant b fecerint γ   in
for. γ   ubi inueniens β   5 in bigā B'] et stantem γ
ips.] patris tui γ   conpr. bγ   6 expone et dic te filiam
eius esse γ   7 beneficia b   9 h. m. ad uicem referres γ
11 dicit] inuicem loquuntur γ   emisit sp. γ   12 occurrit β concurrit δ   Nutrix (*om.* corpus) β   suae sepe-
liuit γ   13 et] tunc γ   14 in studiis suis B'   redit cum
collega sua [!] ad studia liberalia γ   15 et euersa b
autorio β   suum cibum edebat β   16 nisi] quam γ   17
et defferet γ   19 dionisiade b dionisiadis β   f. s. filote-
mia γ   20 transiebat b   21 cynes β   omnes *om.* β   omnes
ciues, *om.* honorati, γ   laudabant eam uehementer dicentes γ
c. f. Thasia est, illa uero γ   22 adest l. eius γ   23 Dionisiadis β Dionisiads b   aud. Tharsiam landatam et fil. γ

conuersa in furorem secum cogitans ait 'pater eius ex
quo profectus est, habet annos quindecim, et non uenit
ad recipiendam filiam. Credo, mortuus est aut in pelago periit. Et nutrix decessit. Aemulum nullum babeo.
Tollam eam de medio et ornamentis eius filiam meam 5
exornabo.' Et iussit uenire uilicum de suburbano, cui
ait 'Theophile, si cupis libertatem, Tharsiam tolle de
medio.' Vilicus ait 'quid enim peccauit innocens uirgo?'
Scelerata dixit 'negare non potes; fac quod iubeo. Sin
alias, senties me iratam. Interfice eam et mitte cor- 10
pus eius in mare. Et cum nuntiaueris factum, praemium libertatem accipies.' Vilicus licet spe libertatis
seductus tamen cum dolore discessit et pugionem acu-
tissimum praeparauit et abiit post nutricis Tharsiae
monumentum. Et puella rediens de studiis solito more 15
tollit ampullam uini et coronam *et* uenit ad monumen-

---

1 furore *b*   secum *B'* singularis γ   2 quo hinc pr. γ
·XV· *B'* ·XIIII· γ; quod numquam salutatorias direxit epi-
stolas *add.* γ   et non u. *om.* γ   3 Arbitror enim, quia
mort. e. γ   4 discessit *B'* recessit γ   neminem βγ   habet
B'; *recte* γ *rell.* 5 Aut ferro aut ueneno eam interimam. Quid
faciam? Tollam γ hanc βγ; quam ad emulationem filie mee
nutriui, et interficiam, filiamque meam orn. eius ornabo γ.
6 Et *om.* β   uillicum (*sic* β *ubique*) suburbanum β   7 nomine Theophilum γ   lib. cum praemio consequi γ   Tarsiam *B'*   9 non *b*] mihi non βγ   10 aliter γ aliud β
sentias *b*   et *om. b*   iratam. Vilicus ait 'et qualiter fieri
potest?' Scelerata ait 'consuetudinem habet, rediens de scola
non prius sumere cibum, quam nutricis sue monumentum in-
troeat ferens ampulam uini et coronam; et cum pugione
acutissimo paratus absconse ex occulto ueniens puelle crines
apprehende et interfice eam et corpus proice. Dum ueneris
et factum nuntiaueris *sqq.* γ   11 nunciau. *B'*   actum β
12 libertatis β   Vilicus spe libertatis illectus tulit pug. acut.
et lateri suo celans intuitus caelum ait 'ergo, deus, ego
non merui libertatem nisi per sanguinis effusionem inno-
centis uirginis?' Et licet promissam libertatem desiderans,
suspirans tamen et flens ibat ad monumentum et ibi late-
bat. At puella *sqq.* γ   13 acutissimam *b*   14 nutricis]
nutricē *b*   15 de schola γ   16 tulit γ   uenit *B'* et
addo ueniens γ

tum casus suos exponere. Vilicus impetu facto auersae
puellae crines apprehendit et traxit ad litus. Et dum
uellet interficere eam, puella ait 'Theophile, quid pec-
caui, ut tua manu moriar?' Vilicus ait 'tu nihil pec-
5 casti, sed pater tuus Apollonius, qui tecum magnam
pecuniam et ornamenta dereliquit.' Puella cum lacrimis ait 'peto, domine, quia iam nulla spes est uitae
meae, deum mihi testari permittas.' Vilicus ait 'testare.
Et deus scit, coactum me hoc facturum scelus.'

10   XXXII. Et cum puella deum deprecaretur, subito
piratae apparuerunt et uidentes puellam sub iugo mortis
stare exclamauerunt 'crudelissime barbare, parce! tibi
dicimus, qui ferrum tenes! Haec enim praeda nostra
est, non tua uictima.' Vilicus uoce piratae territus
15 fugit post monumentum. Piratae applicantes ad litus
tulerunt uirginem et altum pelagus petierunt. Vilicus
post moram exiit et uidens puellam raptam a morte
egit deo gratias, quod non fecisset scelus, et reuersus
ad sceleratam ait 'quod praecepisti, domina, factum est:
20 comple quod promisisti.' Scelerata ait 'quid narras,
latro ultime? Homicidium fecisti et libertatem petis?
Repete ad uillam et opus tuum fac, ne iratum deum
et dominum tuum sentias.' Vilicus aporiatus ibat et
leuans manus suas ad Dominum dixit 'deus, tu scis,

1 ut c. s. exponeret β] uutricis sue manens (*lege* Manes)
inuocabat γ   Statimque u. γ   aduersus puellam crines
illi β   2 littus β   3 int. eam] percutere γ   ait puella β
   5 magna pecunia bγ magnā pecuniā β δ   6 ornamentis
regalibus γ   dereliquid b   7 quia b ut si βγ   8 me γ
9 et] quia γ   me coactum βγ   12 astare γ   clamauerunt βγ   13 dicimus γ, *om.* b dico β   14 pyrate b
Vilicus ut audiuit uoces et uidit eos ad se uenientes, fugit
latere p. m. γ   15 Pyrate b   littus βγ   16 et alto pelago bβ et alta pelagi β *a m. sec.*   Vil.—et *om.* γ   17
mortem β   18 fec (*i. e.* fecit) βγ   19 ad dominam suam γ
   dixit β   20 sc. dixit β   21 latrone ultime γ   hom. per-
petrasti γ . 22 *fort.* Reuerte? reuertere ad illam nillam γ
facito γ   ir. dominum tuum aut dominam tuam γ   23 et
dominum *om.* β   tuum et me β   abiit et eleuans oculos cum
manibus ad caelum γ   24 suas *om.* β   ad dñm b ad dm̃ β

quod non feci scelus. Esto iudex.' Et reuersus *est* ad
uillam. Postera die prima luce scelerata, ut admissum
facinus insidiosa fraude celaret, famulos misit ad con-
uocandos amicos et patriae principes. Qui conuenientes
consederunt. Tunc scelerata lugubres uestes induta, 5
laniatis crinibus, nudo et liuido pectore adfirmans do-
lorem exiit de cubiculo. Fictas fundens lacrimas ait
'amici fideles, scitote Tharsiam Apollonii filiam hesterna
die stomachi dolore subito in uilla suburbana esse defunctam meque eam honestissimo funere extulisse.' 10
Patriae principes adfirmatione sermonis ex habitu lugubri fallacibus lacrimis seducti crediderunt. Postera
die placuit uniuersis patriae principibus ob meritum
Apollonii filiae eius in litore fieri monumentum ex aere
conlato non longe a monumento Lycoridis inscriptum 15
†in titulo 'THARSIAE VIRGINI APOLLONII FILIAE
OB BENEFICIA EIUS EX AERE CONLATO DONUM
DEDERUNT.'
    XXXIII. Interea piratae, qui Tharsiam rapuerunt,
in ciuitate Mitylena deponunt et uenalem inter cetera 20

---

    1 feti *b*   non tantum perpetraui scelus *γ*   esto *b*
istud *β*   inter nos *add. γ*   reuersus, *om. est, b* rediit *β*
abiit *γ*   *Post uerba* ad uillam *in γδ uerbosissima narratio
sed quae nihil omnino noui afferat sequitur, qua Dionysias uerbis
fere in c.* 31 *adhibitis marito Tharsiae mortem narrat eumque
ut lugubribus uestibus induatur admonet, ille uero territus deum
innocentiae suae testem adhibet malaque multa mulieri imprecatur,
Apollonii beneficiorum memor.*   2 die *b*   pr. luce *om. γ*
sc. mulier ut *γ*   4 uenientes *γ*   5 Tunc Dionisias lugubribus ind. uestibus *γ*   6 liquido *β*   7 exiit *b γ* exiens *β*
et fundens *γ*] fingens *B'*   8 Tarsiam *B'*   esterna die *b, om. γ*
    9 subita egritudine et st. d. *γ*   in uillam suburbanam *b*
10 me — ext.] quam digne sepelire facimus.' Tunc *γ*   11
adfirmationem *γβ, cui* uidentes *anteponam.*   12 et fall. *γ*
13 die *b*   p. pr. *om. γ*   meritum et beneficium *γ*   14
dittore *β*   15 conlatum *β* conlata *b*   lic(g *β*)oridis *B'*
inscr.] scribentibus *β*   16 in : *puto* illo.   *addendum puto* D.
M. ciues Tarsi *cf. p.* 46, 13.   17 eius] patris *γ*   conlatŭ
βγ, recte b.   don. ded.] factum est istud mo *γ*   19 pyratae *b*
    rapueř *β num* rapuerant?   20 deueneruut in c. M. *γ*
militena *β m. sec., b* mealenta *β m. pr.*

mancipia proponunt. Et uidens eam leno Ninus nomine
cupidissimus et locupletissimus nec uir nec femina con-
tendere coepit ut eam emeret. Et Athenagora princeps
ciuitatis eiusdem intellegens nobilem et sapientem pul-
5 cherrimam puellam, obtulit decem sestertia. Leno ait
'ego XX dabo.' Athenagora obtulit XXX, leno XL.
Athenagora obtulit LX, leno LXXX. Athenagora obtulit LXXXX, leno in praesenti dat C dicens 'si quis
amplius dederit, ego decem sestertia superdabo.' Athe-
10 nagora ait 'ego si cum lenone contendero, ut eam emam,
plures uenditurus sum. Sed permittam eam emere, et
cum in lupanar constituerit, ego intrabo prior et eri-
piam uirginitatem eius et erit ac si eam comparauerim.'
Addicitur puella lenoni, numeratur pecunia, ducitur in
15 domum. Ducitur in salutatorium, ubi Priapum aureum
habebat et gemmis et unionibus *decoratum*, et ait ad
Tharsiam 'adora numen praesentissimum.' Puella ait 'domine, numquid ciuis Lampsacenus es?' Leno ait 'quare?'
Puella ait 'quia ciues Lampsaceni Priapum colunt.' Leno
20 ait 'ignoras, misera, quia in domum incidisti lenonis
auari.' Puella ut audiuit, toto corpore contremuit et
prostrata pedibus eius dixit 'miserere, domine, succurre
uirginitati meae! Et rogo, ut ne uelis hoc corpus sub

---

1 pro *om.* β   eam] āneloam β   leno lenonius (leoni-
nus γ) nomine βγ   2 et locupletissimus *om.* β   3 coepeř *b*
cepit β   Athanagora *b* Athenagora β   4 intelligens (-es *b*)
B' γ   5 esse puellam γ   ·X· β auri *add.* γ   6 ·XX· *B'*
athenagoras *hic ut uidetur b*   XXX γ XXV *B'*   7 XL, leno
obtulit LXXX *b*   8 XC *b*   p̄senti dad *b*   C *om. b*
9 X *B'*   10 cum hoc lenone β   eam] unam γ   11 uen-
ditorus *b*] empturus γ   eam *b* eum illam β ei γ   12 in-
stituerit β   ego *om. bγ*   13 eius uili precio γ   et ero β
quasi illam βγ   14 Adducitur *B' rell.*   uirgo γ   15 domum — in *om.* β   Introducitur γ   salutorium β salutatorio *b*
16 et — un.] ex auro et gemmis γ   ex gemmis β   decoratum *add. Monacensis*   ad Tharsiam β, *om. b*   17 adhora,
om. numen, β Adorna mentum *b*   praestantissimum γ, *recte?*
18 lapsacenus β   quare — ait *om. b*   19 lapsaceni β
Leno ait *om. b*   22 mis. mihi γ   23 ut *om.* β

tam turpi titulo prostituere.' Leno ait 'alleua te, misera. Nescis, quia apud tortorem et lenonem nec preces nec lacrimae ualent.' Et uocauit uilicum puellarum
et ait 'Amiante, cella, ubi Briseis stat, exornetur
diligenter, et titulus scribatur: Qui Tharsiam uiolare 5
uoluerit, libram auri mediam dabit. Postea singulis
aureis populo patebit.' Et fecit uilicus quod iusserat
dominus eius.

XXXIV. Tertia die antecedente turba et symphonia ducitur ad lupanar. Athenagora prior adfuit et 10
uelato capite lupanar ingreditur. Intrauit cellam et
sedit in lectum puellae. Puella ex demonstrato ostium
clausit et procidens ad pedes eius ait 'miserere, domine! per iuuentutem tuam et per deum te adiuro, ne
uelis me sub hoc titulo humiliare. Contine inpudicam 15
libidinem tuam et casus infelicissimae uirginis audi et
natalium meorum originem.' Cui cum uniuersos casus
suos exposuisset, princeps confusus et pietate plenus
abstinuit et ait 'erige te. Scimus temporum uices. Homines sumus. Habeo et ego ex amissa coniuge filiam 20
bimulam, de qua simili casu possum metuere.' Et dedit quadraginta aureos in manum uirginis dicens 'domina Tharsia, ecce habes amplius quam uirginitas tua
uenalis proposita est. De aduenientibus age precibus
similiter, quousque liberaris.' Puella profusis lacrimis 25

---

1 turpido, om. titulo, β   2 et om. β   3 uillicum β
puellaris b.   4 et om. β   Amediante γ   Bris.—diligenter
om. b   briseida γ   bresi adstat β intellego de statua Briseidis
in cella stante.   6 med.] dimidiam γ   debet b   Posteri b
    singulos aureos B'   7 uillicus β   9 cum magna po-
puli turba γ   simphonia B'   simphoniacis γ   12 in lectulo γ
,   ex industria γ   hostium B' γ   13 ait b γ   aeait β
15 uellis b   humiliari b   s. h. turpitudinis tit. uiolare γ
16 tuam om. β γ   18 princeps om. β γ   piaetate b   19
abst.] obstupuit β γ uehementer add. γ uices, cum γ   20
simus β γ   abeo b   21 bimolam B'   similem casum γ
    Et om. b   22 XL B' γ   in manu B'   23 itas tua uen
om. b   24 uenaliter γ   De B' Dic γ Da δ   et age b
p̄cib; b   25 et — pr. om. γ δ

ait 'ago, domine, pietati tuae gratias. Rogo, ne cui
narres, quae a me audisti.' Athenagora ait 'si narra-
uero, filia mea cum ad tuam uenerit aetatem patiatur
similem poenam.' Et cum lacrimis discessit. Occurrit
5 illi discipulus suus et ait 'quomodo tecum?' Athenagora ait 'non potest melius; cum magno ergo effectu
usque ad lacrimas.' Et secutus est eum ad uidendum
eius exitum. Iuuenis ut intrauit, puella solito more
ostium clausit. Cui iuuenis 'si uaeas, indica mihi,
10 quantum tibi dedit iuuenis, qui ad te intrauit?' Puella
ait 'quater denos aureos dedit mihi.' Iuuenis ait 'non
illum puduit? homo diues est; quid grande fecerat,
si libram auri tibi complesset? Et ut scias, me animo
esse meliori, tolle libram auri integram.' Athenagora
15 foris audiebat et dicebat 'plus dabis, plus plorabis!'
Puella ut acceptis aureis prostrauit se ad pedes eius et
similiter exposuit casus *suos*, confudit hominem et auertit
libidinem. Et aporiatus iuuenis ait 'alleua te, domina!
Et nos homines sumus. Casibus subiacemus.' Puella
20 ait 'ago, domine, pietati tuae gratias et peto, ne cui
narres, quae a me audisti.'

XXXV. Et exiens iuuenis inuenit Athenagoram
ridentem et ait illi 'magnus homo es! non habuisti cui

---

1 piaetati *b*   gracias *b*   nec cui *b* ne alicui *β*
5 illi — suus] itaque illi cum discipulis suis *β*   illi collega
eius *γδ*   tecum nouilia? *β* tecum notitia *γδ*   6 non *β*
o si *b*   g̊ (*i. e.* ergo) *β*, *om. b*   affectu *β*   cum — lacr.
et] *δ*, *om. γ*   7 lacrimis *sed corr. b* Hac dicens *γ*   Et
om. β   audiendum *γ*   8 eius exitum *β*] rei *bγ*   ut *βγ*
cum *b*   9 hostium *B'γ*   uales *β*] salua sis *γ*   10 dedit
tibi *β*   11 dedit *om. b*   12 homo locuples est *β* h. diues,
om. est, b; quod homo tam diues tam paruum munus tibi dedit *γ*   quid *βγ* quod *b*   13 si *βγ* sibi *b*   14 meliorem *β*
auri integram *om. b*   15 foris] uero de foris *γδ* maioris
b, *om. β*   plus *secundum om. b*   16 ut *om. βγ*   17 casibus *b* suos *addidi*   18 a libidine *γ*   adleua *b*   dn̄a *β*
19 subiacentes *γ*   20 piaetati *b*   maximas gr. *γ*
rogo et peto *β*   cuiquam *β*   22 iuuenis] foras *γδ*   23
hō *β*

lacrimas tuas propinares!' Et adiurati, ne cui prode-
rent, tacentes aliorum coeperunt exitum expectare. Et
insidiantibus illis per occultum aspectum, omnes qui
intrabant | dantes singulos aureos plorantes abscedebant.
Facta autem huius rei fine obtulit puella pecuniam le- 5
noni dicens 'ecce pretium uirginitatis meae.' Et ait ad
eam leno 'quantum melius est, hilarem te esse et non
lugentem! Sic ergo age ut quotidie mihi latiores pecunias adferas.' Item ait ad eum altera die 'ecce pretium uirginitatis meae, quod similiter precibus et lacri- 10
mis collegi, et custodio uirginitatem meam.' Hoc audito
iratus est leno eo quod uirginitatem suam seruaret, et
uocat ad se uilicum puellarum et ait ad eum 'sic te
tam neglegentem esse uideo, ut nescias Tharsiam uirginem esse? Si enim uirgo tantum adfert, quantum 15
dabit mulier? Duc eam ad te et tu eripe nodum uirginitatis eius.' Statim eam uilicus duxit in suum cubiculum et ait ad eam 'uerum mihi dic, Tharsia, adhuc

tuas om. β   ne cui β] nec b   Et—tacentes] Quid
ergo interrogas? scis enim quod non magis quam tu feci.
Et tacentes γ   2 ceperunt β   3 insidiant b   quotquot
introibant γ   4 dantes: hic iterum A incipit, fol. 67.   sing.
—absc.] pecuniam flentes recedebant B'γ   5 facto β
finem A   infinita b   infinitam β   fine γ   puella om. B'
lenone b   6 ecce u. m. pr. ponunt B'   precium b praemium γ   ad eam om. B'   7 leon b   hylarem β   8 lugentem et gementem γ   ut cottidie A ut cotidie bγ cotidie
ut β   mihi lat.] ampliores B'γ   9 aff. B'γ   pretium A
    Item—meam] Et cum puella de lupanari (lupanar b) re-
uersa diceret 'ecce quod potuit uirginitas (uirginitatis adquiri
β)' B'γ   11 collegi] colligit A   12 iratus—ad se] leno
uocauit, rell. omm., B'γ   13 uillicum βγ   puellarum Aγ
puellarē β puellaris b   ad eum sic te A] amiante ^B'δ
amante γ   14 negligentem A, recte B' tam negligens es γ
te esse non uides β, om. b   15 enim om. B'γ   ad-
ferit A offert B'   16 dat b   dᵃ̅ A   ad te A] in cubiculum tuum (-o tuo b) B'γ   tu om. B'γ   eripe ei B'γ
nudum b m. pr.   17 eius om. B'γ   Cumque uilicùs (uill. β)
in cubiculum suum (-o suo b) duxisset, ait ad eam (dixit ei γ)
B'γ   18 Tharsia γ, om. B'

uirgo es?' Tharsia puella ait 'quamdiu uult deus, uirgo sum.' Vilicus ait 'unde ergo his duobus diebus tantam pecuniam obtulisti?' Puella dixit 'lacrimis meis, exponens ad omnes uniuersos casus meos; et illi do-
5 lentes miserentur uirginitati meae' et prostrauit se ad pedes eius et ait 'miserere mei, domine, subueni captiuae regis filiae; *ne me uelis uiolare!*' *Et* cum ei uniuersos casus suos exposuisset, motus misericordia ait ad eam 'nimis auarus est iste leno; nescio si tu possis uirgo
10 permanere.'

XXXVI. Puella respondit 'babeo auxilium studiorum liberalium, perfecte erudita sum; similiter et lyrae pulsu modulante † inlidor. Iube crastina in frequenti loco poni scamna, et facundia sermonis mei spectacu-
15 lum praebebo; *et casus meos omnes exponam; quoscun-que nodos quaestionum proposuerint exsoluam; deinde plectro modulabor et hac arte ampliabo pecunias quo-tidie.'* Quod cum fecisset uilicus, tanta populi adclamatio tantusque amor ciuitatis circa eam excrebuit, ut

1 Th. *om. γ* puella *om. B′* dixit *B′* respondit *γ* deus noluerit *B′* uult *Aγ* 2 Vilicus ait *om. B′* duobus *om. B′* tantas pecunias at(abs β)tulisti *B′γ* 3 dixit meae et *om. B′γ* 4 oms *A* casos *A* 6 pedibus *B′* eius *B′γ* ei *A* mei *om. B′γ* dñe *A* 7 ne—uiolare *om. A* uellis *b* Et *om. A* ei *om. β* u. c. s.] casus suos omnes *B′* uniuersos *om. γ* 8 casos *A* motus mīam ait *A* dixit, *om.* ad eam, *B′γ* 9 iste *om. B′γ* tu *om. B′γ* possit *b* uirgo] ita *B′* 10 perseuerare *B′γ* 11 Puella ait *βγ,* *om. b* Dabo operam (opera *b*) studiis liberalibus *B′γ* 12 perfectę *A, om. B′γ* eruditā *b* sum *om. B′γ* et *Aγ,* *om. B′* pulsum *A* pulsu *bγ* pulsae lirae *β* 13 modulantes *A* modulanter *B′γ* inlidor *A* in *om. βγ* ludo *B′γ* Iube ergo *γ* crastino *B′* cras *γ* 14 scamna disponi *B′γ* et faciem *β* et facundi *b* sermonis *A* amoris *b* oris *βγ* mei populum ad *γ* spectaculum prębeo *Aγ*] populum eme-rebor *b* populo (*om.* em.) *β* 15 et casus—exsoluam *B′,* *om. A* et casus—exponam *om. γ* omnes *om. b* 16 modos *β* questionem *b* questionis *β* exponam *β* deinde— modulabor *om. B′* et] in *γ* l. plectro m. *γ* soluam *γ* 17 pecuniam *b: hic desinit b.* cottidie *A, om. βγ* 18 Quos *β* tanta—excrebuit *A*] omnis aetas populi ad uiden-

et uiri et feminae quotidie ei multa conferrent. Athenagora autem princeps memoratam Tharsiam integrae
uirginitatis et generositatis ita custodiebat ac si unicam suam filiam, ita ut uilico multa donaret et com-
mendaret eam.   5

XXXVII. Et cum haec Mitylenae aguntur, uenit
Apollonius post quattuordecim annos ad ciuitatem Tarsiam ad domum Stranguillionis et Dionysiadis. Quem
uidens Stranguillio de longe perrexit cursu rapidissimo
ad uxorem suam dicens ei 'certe dixeras Apollonium 10
perisse naufragum.' *Illa respondit 'dixi certe.' Stranguillio ait 'crudelis exempli pessima mulier,* ecce uenit
ad repetendam filiam. Quid dicturi sumus patri de
filia, cuius nos fuimus parentes?' Scelerata mulier hoc
·audito toto corpore contremuit et ait 'miserere,' et 15
dixit 'coniunx, tibi confiteor: dum nostram diligo, alie-
nam perdidi filiam. Nunc ergo ad praesens indue

dam Tharsiam uirginem cucurreret. Puella ut uidit ingentem
populum, introiit in facundam oris studiorumque habundan-
tiam; ingenio quaestionis sibi promebat et soluebat. Et fit
ingens clamor et tantus circa eum ciuium amor excreuit β
et fere γ   1 cottidie *A* cotidie β   infinitam conferrent
pecuniam β *et fere γ*   2 aū *Aγ, om.* β   Tharsiam *om.* βγ
    integerrimae βγ   3 ita eam custodiebant hac si *A*]
diligebat eam ac si βγ   unicam *om.* β   4 filiam suam β
    uillico illi multa βγ   6 mutylena *A*   baec—aguntur] co-
tidie uirgo misericordia populi tantas congerit pecunias in sinu
lenonis β; *om.* γ   7 tharsiam *A*   Appollonius uenit Tharso
quartodecimo anno transacto, et operto capite, ne a quoquam
ciuium deformis aspiceretur, ad domum pergebat Stranguillio·
nis βγ   8 et diunisię *A, om.* βγ   9 ut uidit βγ   de *A*
a βγ   curso *A* prior rap. cursu β ueloci cursu γ   10 ad
—ei] et dixit dionisiadi uxori suae βγ   11 naufragio
periisse βγ   Illa—mulier βγ, *om. A*   12 pessimi *puto*
cr. ex. femina et p. mulierum γ   et ecce *A*   13 ad filiam
recipiendam βγ   dicemus β; *dedi ex Aγ*   14 ea filia β
filia *A* ea γ   cui γ   Scelerata βγ In scelera *A*   mulier—
et *om.* βγ   15 et dixit *ego* ut dixi *A*] mihi care βγ   16
coniux *A*   tibi *om.* βγ   dilexi β   17 fil. *om.* γ   fil. perd.
al. β   Accipe itaque consilium *add.* βγ   Nunc ergo *om.* βγ
    presens *A*   induamus γ

üestes lugubres et fictas fundamus lacrimas, et dicamus
eam subito dolore stomachi interisse. Qui cum nos tali
habitu uiderit, credet.' Dum haec aguntur, intrat Apollonius domum Stranguillionis, *releuat caput,* a fronte
5 comam aperit, hispidam ab ore remouit barbam. Ut
uidit eos in lugubri ueste, ait 'hospites fidelissimi, si
tamen in uobis hoc nomen permanet, ut quid in ad-
uentu meo largas effunditis lacrimas? ne forte istae
lacrimae non sint uestrae sed meae propriae?' Scele-
10 rata mulier ait cum lacrimis 'utinam quidem istum nuntium alius ad aures uestras referret, set non ego aut
coniux meus! Nam scito Tharsiam filiam tuam a nobis
subitaneo dolore stomachi fuisse defunctam.' Apollonius ut audiuit, tremebundus toto corpore expalluit diu-
15 que maestus constitit. Sed postquam recepit spiritum,
intuens mulierem sic ait 'Dionysias, Tharsia filia mea

---

1 lug. uest. $\beta\gamma$ et *om.* β finctas *A*   fundamus *A*]
finge β et *om.* β et fictis lacrimis dicamus γ lacri|mas:
fol. 68 *A.*   2 subito *om.* β stomachi dolore nuper defe-
cisse $\beta\gamma$ et cum tali β et dum nos in tali γ 3 credit *A*
Et cum haec dicerent, intrauit $\beta\gamma$ 4 Str. *om.* $\beta\gamma$
rel. capud β, *om. A* reuelatque caput γ 5 aperit *Aβ* aufert
ego   hisp. ab ore remouet barbam, et aperit comam fronte,
et uidit eos lugubres et maerentes. Dixit $\beta\gamma$, *nisi quod* lug.
ueste indutos *et* ait γ 6 lucubre *A*   ospites *A*   7 hoc
adhuc in uobis perm. nom. β adhuc *et* γ ut *A*, *om.* $\beta\gamma$
quid est quod γ ut quid] *num* ecquid?   8 largas
om. β funditis $\beta\gamma$ *post* lacrimas: At dionisias instructa
dolis uix lacrimas exprimens ait: numquid istae γ ne forte
A] aut β iste *A*   9 non *om.* γ sunt $\beta\gamma$ nostrae γ,
rell. om.   propriae *om.* β Scelerata cum in tormento esset
ait expressit (*sic*) lacrimis β, *om.* γ 10 istud *A*   quidem
istum] tale β, *om.* γ 11 ad aures tuas alius pertulisset $\beta\gamma$
ūras referreres et *A*   pertulisset et γ set *om.* β
12 nec coniunx $\beta\gamma$ Nam Tharsia filia tua subitanee stomachi dolore defecit $\beta\gamma$ 13 desumptam *puto*   14 hoc audito
$\beta\gamma$ toto corp. trem. $\beta\gamma$ hac palluit *A* hoc palluit β
15 mestus *A*   que—ait *om.* β que defixus constat; tandem
resūpto spiritu γ recipit *A*   16 malam m. γ sic *om.* γ
o, inquit, Dionisia, filia mea ut fingitis ante paucos discessit
dies β; γ *cum A facit.*   filiam meam *A*

ante paucos dies decessit; numquid aut pecunia aut
ornamenta aut uestes perierunt?'

XXXVIII. Scelerata mulier haec eo dicente secundum pactum ferens atque reddens omnia sic ait 'crede
nobis quia, si genesis permisisset, sicut haec omnia 5
damus, ita et filiam tibi reddidissemus. Et ut scias nos
non mentiri, habemus huius rei testimonium ciuium,
qui memores beneficiorum tuorum ex aere collato filiae
tuae monumentum fecerunt, quod potest tua pietas uidere.' Apollonius uero credens eam uere esse defun- 10
ctam ait ad famulos suos 'tollite haec omnia et ferte
ad nauem; ego enim uado ad filiae meae monumentum;'
ad *quod* ubi uenit, titulum legit:

D. M.

CIUES TARSI THARSIAE UIRGINI APOLLONII TYRII 15
FILIAE OB BENEFICIUM EIUS PIETATIS CAUSA EX
AERE COLLATO FECERUNT.

Perlecto titulo stupenti mente constitit. Et dum miratur se lacrimas non posse fundere, maledixit oculos suos dicens 'o crudeles oculi, titulum natae meae cernitis et lacri- 20

---

1 discessit *A γ*   aut *et* aut *om. β*   2 ueste *A*   uestes
et orn. periere *β γ*   3 Scelerata—sic ait] Ex parte proferuntur omnia et dicunt *β* Illa h̄ audiens per placitum re-
ferens et reddens omnia ait *γ*   4 adq; *A*   5 si—ita et
om. β γ filiam tuam cupiuimus incolumem resignare *β γ* (*qui*
reconsignare) sicut haec omnia damus *add. γ*   omā *A*
6 f. t. redd. *om. β γ*   7 rei huius *β* t.] testes nam *γ*
ciuium qui *A* ciues *β γ*   enim tharsenses, *om.* qui, *γ*   8 ere
colato *A* conlato *β* in proximo litore *add. β γ*   9 quod p.—
fecerunt *om. γ*   potes *β*   tua pietas *om. β*   10 Ap. uero
et uere esse *om. β*   11 ad famulos ait *β*   omnia *om. β*
12 enim *om. β*   uadam *β*   13 ad *A* at *β*   quod *ad-*
didi   peruenit, legit titulum *β*   15 diimanes *A* diis manibus *β*   Tharsi *A, om. β*   tyrii *β*] regis *A*   16 ob—causa
om. β   pi. eius causam *A*   ex ere colato *A*   17 conlato *β*
18 stupente *β*   Et dum se non fiere maledicens oculos suos
ait *β*   19 lacr. non fudit et mal. *γ, qui alia ut A.*   20 cr.]
crudelissimi *β, dedi ex A γ*   20 potuistis tit. nat. m. cer-
nere (legere *γ*), non potuistis lacrimas fundere *β γ*   lacrymas *A ut uidetur*

mas fundere non potestis! O me miserum! Puto, filia
mea uiuit.' Et haec dicens rediit ad nauem atque ita
suos allocutus est dicens 'proicite me in subsannio
nauis; cupio enim in undis efflare spiritum, quem in
5 terris non licuit lumen habere.'

XXXIX. *Et* proiciens se in subsannio nauis sublatis ancoris altum pelagum petiit iam ad Tyrum reuersurus. Qui dum prosperis uentis nauigat, subito mutata
est pelagi fides, per diuersa discrimina maris iactantur,
10 omnibus deum rogantibus ad Mitylenam ciuitatem ad-
uenerunt. Ibi Neptunalia festa celebrantur. Quod cum
cognouisset Apollonius, ingemuit et ait 'ergo omnes
diem festum celebrent praeter me.' *Et uocauit dispen-*
satorem suum et ait 'sed ne lugens et auarus uidear
15 — sufficiat enim seruis meis poena, quod me tam
infelicem sortiti sunt dominum, |— dona centum au-
reos pueris, et emant sibi quae uolunt et diem festum
celebrent. Me autem ueto a quoquam appellari; quod
si quis fecerit, crura illius frangere iubebo.' Dispen-
20 sator emit quae necessaria erant, et dum epulantur,

---

1 potetis *A*   Heu me β   2 Et—dicens] Et ueniens ad
nauem ait ad suos βγ   3 subsann/////io *A* (*rasuṛa trium litt.*)
in sentinam nauis βγ   4 cupio—habere *om.* γ   effluere β
5 lumen habere *om.* β   6 Et pr.—reuersurus *om.* βγ
Et *addidi*   7 hanc horis alatum *A, correxi*   8 Et dum
nau. pr. uentis tiro raeuersus β *et* (tyrum reuersurus) γ
9 fide (?) *A*   per] rq̃ γ   maris discr. iactatur β   10
om̃ib, *A*   deprecantibus γ   mutilenam *A* militenam β
mitilenam γ *ubique*   deuenerunt βγ   11 ibique—ingemuit]
Gubernator cum omnibus plausum dedit. Appollonius ait 'quis
sonus hylaritatis aures meas percussit?' Gubernator ait
'gaude, domine, hodie Neptunalia esse.' Appollonius ingemuit β. γ = *A.*   festa *om.* γ *num* celebrabantur? 12 ergo hodie praeter me omnes dies festos celebrent. β   13 festam γ
Et—suum β *et fere* γ, *om. A*   14 ait *add.* γ   Ne non
lugens sed amarus esse uidear β; γ = *A.*   15 sufficicit *A*
sufficiat, *om.* enim, βγ   ad poenam β   16 dominum] *hic*
iterum destnit A. dom. sort. sunt β   X aureos γ   17 et
eant emantque si q̃ u. γ   19 cruram β   illi γ   iubeo β,
recte γ   20 erant et β] erant et rediit ad nauem et ornat
nauigium et laeti discubuerunt et γ

Athenagora, qui Tharsiam ut filiam diligebat, deambulans et nauium celebritatem considerans, uidit nauem
Apollonii ceteris nauibus pulchriorem et ornatiorem et
ait 'amici, ecce illa mihi maxime placet, quam uideo
esse separatam.' Nautae ut audierunt nauem suam lau- 5
dari, dicunt 'inuitemus principem; magnifice, si digne-
ris, descende ad nos.' Athenagora descendit, libenti
animo discubuit et posuit decem aureos in mensa dicens
'ecce, ne me gratis inuitaueritis.' Omnes dixerunt
'bene nos accipies, domine.' Athenagora uidens eos 10
unanimes discumbere ait 'quod omnes tam libentiose
discumbitis, nauis dominus quis est?' Gubernator ait
'nauis dominus in luctu moratur iacet*que intus in* subsannio nauis in tenebris; mori destinat: in mari coniugem perdidit et in terris filiam amisit.' Athenagora 15
ad unum de seruis nomine Ardalionem ait 'dabo tibi
duos aureos, tantum descende et dic ei: Athenagora
princeps huius ciuitatis rogat te, ut procedas de tenebris ad lucem.' Iuuenis ait 'domine, non possum pro
duobus aureis quattuor crura habere. Tam utilem 20
non inuenisti inter nos sicut me? Quaere alium, quia

1 ut] eius γ   2 in nauigium β   deamb. in littore con-
siderare coepit et uidit γ   3 et orn. *om.* γ   4 amicis γ
5 paratam γ   ut β] uero et serui Apollonii γ   6 dicunt β] et salutauerunt eum dicentes 'inuitamus te, o princeps magnifice γ   7 desc. ad n. *om.* γ] At ille inuitatus a
nautis nauem ascendit, et cum uideret eos unanimes discumbere, libenti *sqq.* γ   10 bene — dom. β] deus dignam tibi
reddat retributionem γ   11 discumbere nec inter eos ma-
iorem esse dixit ad eos 'cum o. licenter d. γ   12 discum-
betis β   Gubernator] *hic B fragm. tertium incipit.* dominus.
sed corr., B   13 lustu β   que intus in γ, *om.* Bβ   sub-
sanio B sub bisanio β, *recte* γ   14 et m. d. γ   15 et
Bγ, *om.* β   amisit Bβ] luget uxorem luget filiam γ   Ait
Athenagora β   16 de seruis Bγ desideriis β   ardalio B
ardulionem β   ait *om.* β   17 tantum B, *om.* βγ   18
huius *om.* B   rogat te *statim post* dic ei βγ   ut *om.* β
procede β   19 ad eum γ   non] si γ   pro B de βγ   20
·IIII· β   emere, pergam γ   tam *om.* γ   21 inter nos β]
pater B   sicut B] nisi βγ. *an* praeter, *cuius* pater *corruptela?*
reliqua glossemata?

iussit ut quicumque eum appellauerit, crura eius fran-
gantur.' Athenagora ait 'hanc legem uobis statuit, non
mihi quem ignorat. Ego ad eum descendam. Dicite
quis uocatur.' Famuli dixerunt 'Apollonius.'

5   XL. Athenagora ut audiuit nomen; ait intra se 'et
Tharsia patrem Apollonium uocabat.' Et demonstran-
tibus pueris peruenit ad eum. Quem ut uidit barba
capiteque squalido in tenebris iacentem, submissa uoce
ait 'Apolloni, haue.' Ille ut audiuit uocem eius, pu-
10 tans se ab aliquo seruo uocari, turbulento uultu respiciens uidit ignotum sibi hominem honesto cultu decoratum *et* furorem silentio texit. Athenagora ait 'scio
te mirari, quod ignotus tuo nomine te salutaui. Disce
quod princeps sum huius ciuitatis Athenagora nomine.
15 Descendi in litore ad nauiculas conspiciendas, inter
quas uidi nauem tuam diligenter ornatam et laudaui,
nautis uero tuis inuitantibus libenti animo discubui.
Inquisiui dominum nauis. Dixerunt in luctu morari,
quod et uideo. Prosit ergo quod ueni. Procede de
20 tenebris ad lucem, discumbe, epulare nobiscum. Spero
enim de deo, quia pro ingenti luctu dabit tibi ampli-
orem laetitiam.' Apollonius uero luctu fatigatus leuauit

1 illum appellaret β   illius β   me? Melius est me pro-
missis aureis carere quam crura mea perdere. Iussit enim γ
3 ascendam β   Dic β   4 mihi, quomodo u. γ   5 ut—
nomen *om.* β   inter β   et *om.* γ   6 nominabat β nominat γ
7 barba caput squalidum β barba squalida, capite horrido
et sordido γ   8 submira *B* submissa β   9 Appollonius β
aue *B*γ   aue—eius *om.* β   Ap. autem putans γ   10 seruo
*B*γ suorum β   contemplari β contempni γ   horrido γ   uultu
*B*γ] cultu β   11 honesta forma decorum γ   12 et *om. Bβ*γ
13 ignotus] homo *add.* β   salutauit· β   14 huis *B*   15
Desc.—uidi] et dum in hoc littore deambularem, inter caeteras
naues uidi γ   descendens β   littore β   committendas β
16 quas *B* ceteras β γ   nauim *B*   decenter β γ   laud.
aspectum eius, et dum in eam intendo, inuitatus a n. t. ascendi
et cum eis l. a. d. γ   18 dñm *B*   dixere β   te in γ   19 et
om. β   pr. e. tibi q. ad te v. γ   20 nobiscum *B*] paulisper β
paululum γ   21 de dõ *B* de deo, quia dabit tibi deus petitio-
nem ingentem (deus post tam ing. luctum γ) et laetitiam am-
pliorem β γ   22 luctu] *hic fragm. tertium B desinit.*

Historia Apollonii.   4

caput et dixit 'quisquis es, domine, uade, epulare et
discumbe cum meis ac si cum tuis. Ego autem afflictus
calamitatibus grauibus non possum epulari, sed nec
uiuere uolo.' Athenagora confusus ascendit in nauem
et discumbens dixit 'non potui persuadere domino uestro, 5
ut uel ad lucem rediret. Quid enim faciam ut eum
reuocem a proposito mortis? Bene, mihi uenit in men-
tem! Uade, puer, ad Ninum lenonem et dic illi, ut mittat
ad me Tharsiam. Est enim scholastica et sermo eius
suauis, ac decore conspicua; potest eum ipsa exhortari, 10
ne talis uir taliter moriatur.' Leno cum audisset, nolens dimisit eam. Et ueniente Tharsia dixit Athenagora 'domina, hic est ars studiorum tuorum necessaria.
Consolans nauis huius· dominum sedentem in tenebris,
coniugem lugentem et filiam, exhorteris ad lucem exire. 15
Haec est pars pietatis, causa per quam deus fit hominibus propitius. Accede ergo et suade ei exire ad lucem; forsitan per nos uult deus eum uiuere. Si enim
hoc potueris facere, dabo tibi decem sestertia et XX
aureos, et XXX dies te redimam a lenone, ut melius 20
possis uirginitati tuae uacare.' Puella audiens haec
constanter accessit ad hominem et submissa uoce salutauit eum dicens 'salue, quisquis es, iuuenis, salue et
laetare. Non enim aliquo polluta ad te consolandum
adueni, sed innocens uirgo, quae uirginitatem meam 25
‹ inter naufragia castitatis inuiolabiliter seruo.'

1 quis es γ   3 grauiter meis γ   4 athenagoras β ut
saepius   conf. abiit de subsannio nauis et asc. ad nautas
et γ   6 exiret γ   enim] nunc puto; om. γ   7 apposito β
8 ad leoninum lenonem βγ   9 scolastica β scolasticis-
sima (!) γ   10 et nimio dec. γ   eum ego enim β   forsitan illum exhortari poterit γ   11 ne—mor. β] ut ab in-
cepto luctu existat atque ad lucem procedeat. Nam et turpe
et miserabile, ut talis dn̅s̅ in tanto luctu permaneat γ.
Cumque puer perrexisset ad lenonem illum, l. c. aud. et eum
contempnere non posset, licet nolens misit eam γ   13 dn̅a̅
thasia γ   14 ut consoleris γ   15 et horteris γ   16 pars
om. γ   quam deus γ quas β   19 ducenta β decem γ   20
diebus γ   23 quicumque es, om. iuu., γ   24 aliqua γ aliquo β

XLI. Et his carminibus modulata uoce cantare exorsa est:

'Per sordes gradior et sordis conscia non sum,
Sicut rosa in spinis nescit compungi mucrone.
5 Piratae me rapuere gladio ferientes iniqui.
Vendita lenoni numquam uiolaui pudorem.
Si fletus et lacrimae aut luctus de amissis inessent,

. . . .

Nulla me nobilior, pater si nosset ubi essem.
10 Regio sum genere, stirpe procreata prior*um*,
Et iubente deo iubeor quandoque laetari.
Fige modum lacrimis, curas resolue doloris,
Redde caelo faciem, animos ad sidera tolle!
†Aderit deus, creator omnium et auctor,
15 Non sinet hos fletus casso labore relinqui.'

Ad haec Apollonius leuauit caput et uidens puellam ingemuit et ait 'audi me miserum. Contra pietatem quamdiu luctabor?' et erigens se resedit et ait ad eam 'ago prudentiae tuae et nobilitati tuae gratias et
20 consolationi tuae hanc uicem rependo, ut †merear. Quandoque, si mihi laetari licuerit regni mei uiribus, releuabo et forsitan ut dicis te regiis ortam parentibus ac natalibus repraesentem. Nunc accipe ducentos aureos,

2 coepit γ   *Hexametri rhythmici Commodiani normam se-quuntur, ut anthol. lat. c.* 383. 481. 6a.   3 Pro sordes β et βγ sed δ   4 Sicut β   Sicut rosa illesa in spinis, sic et ego deamnis mihi sordibus imminentibus impolluta permaneo γ
5 rapuerunt a gl. γ   ferientis βγ   nonquo γ   6 Vendita lenoni *recc.* Lenone (-ni γ) nunc uendita βγ   sum, n. u. p. meum γ   7 et *om.* γ   *post* 7 *fortasse uersus deest.*   9 essem; sed praestat dimitti, quod nullo potest fletu reuocari γ   10 et stirpe propagata γ   prior β   11 Ut (*om.* γ) deo iubente βγ   lectori β   12 Fide β   dolorum γ   18 *num* polo? *sic* γ   14 Aderit βγ Ipse aderitque *scribi possit* Affueritque *uel* Aderit namque *recc.*   hominum δ   et auctor bonorum γ
15 Qui non sinit βγ   17 audi] heu γ   19 ago γ] ergo β   maximas gratias γ   20 merear β] memor tui γ 22 releuem γ; *an recte?*   reuolabo β   orta β   23 nat. par., *om.* ac, γ

4*

et ac si me in lucem perduceres, laeta discede. Nolo
me ulterius appelles. Recenti enim luctu ac renouata
crudelitate tabesco.' Et acceptis ducentis aureis abire
cupiebat. Et ait ad eam Athenagora 'quo uadis, Tharsia? sine effectu laborasti? non potuimus facere miseri- 5
cordiam et subuenire homini se interficienti?' Et ait
Tharsia 'omnia quae potui feci, et datis mihi ducentis
aureis rogauit ut discederem, asserens se renouato dolore torqueri.' Et ait Athenagora 'ego tibi quadringen-
tos aureos dabo, tantum descende et refunde ei hos 10
ducentos quos tibi dedit, et dic ei: ego salutem tuam,
non pecuniam quaero.' Et descendens Tharsia sedit
iuxta eum et ait 'iam si in isto squalore permanere
definisti, permitte me tecum uel in istis tenebris mi-
scere sermonem. Si enim parabolarum mearum nodos 15
absolueris, uadam; sin aliud, refundam tibi pecuniam
tuam et abscedam.' Apollonius ne pecuniam repetere
uideretur, et cupiens a prudenti puella audire *sermonem*
ait 'licet in malis meis nulla mihi cura suppetat nisi
flendi et lugendi, tamen (ut careat ornamento laetitiae) 20
dic quod interrogatura es et abscede. Peto enim ut
fletibus meis spatium tribuas.'

XLII. Et ait Tharsia

'Est domus, in terris clara quae uoce resultat.
Ipsa domus resonat, tacitus sed non sonat hospes. 25
Ambo tamen currunt, hospes simul et domus una.'

Et ait ad eum: 'si rex es, ut asseris, in patria tua
(rege enim nihil conuenit esse prudentius), solue mihi
quaestionem, et uadam.' Apollonius caput agitans ait

1 et γ, *om.* β   perduxeris γ   et nolo ut me γ   2 enim
β que γ   uultu β   5 potuisti γ   8 aur. *om.* γ   11 duc.
aureos γ   14 permiscere γ   16 alias γ   refundo β
17 tuam *om.* γ   recipere γ   18 sermonem *add.* γ, *om.* β
19 suppetit β, *recte* γ   ni β   20 tamen ne orn. laet.
derelinquam dic γ   24—26 *Symphosii aenigma XI* (*anthol. lat.*
286, 48 *sqq. ed. meae*)   24 refultans β   25 tacitus *Symphosius,* γ; *om.* β   29 capud agitans agit β

'ut scias me non esse mentitum, audi solutionem. Domus, quae in terris resonat, unda est; hospes huius
domus tacitus, piscis est, qui cum domo sua currit.'
Et ait Tharsia

5 'Longa feror uelox formosae filia siluae,
Innumeris pariter comitum stipata cateruis.
Curro uias multas, uestigia nulla relinquo.'

Apollonius ait 'o si laetum me esse liceret, osten-
derem tibi quae ignoras. Tamen ne ideo tacere uidear,
10 ut pecuniam recipiam, respondebo quaestioni tuae. Miror
enim te tam tenerae aetatis huius esse prudentiae. Nam
longa arbor est nauis formosae filia siluae, fertur uelox
uento pellente, stipata cateruis, uias multas currit un-
darum, uestigia nulla relinquit.' Puella inflammata pru-
15 dentia solutionum ait

'Per totas aedes innoxius introit ignis:
Circumdat flammis hinc inde †uallata nec uror.
Nuda domus, nudus*que huc omnis* conuenit hospes.'

Apollonius ait 'ego si luctum deponerem, innocentes
20 intrarem in ignes. Intrarem enim in balneum, ubi
hinc inde flammae per turbulos surgunt. Nuda domus
est, quia nihil intus nisi sedile, ubi nudus hospes sudat.'
Et ait iterum Tharsia

---

1 audi solutionem γ, *om.* β   3 simul cum γ   5—7 *Symphosii aenigma XIII* (*anth. l.* 286, 54 *sqq.*)   6 Innumeris *Symphosius,* γ Innumerum β   7 relinquens *Symph.* relinquo βγ,
cf. lin. 14.   11 tenera aetate γ   12 nauis γδ, *om.* β   14
sed uest. γ   16—18 *Symphosii aenigma LXXXIX* (*anth. l.* 286,
282 *sqq.*)   16 innoxius *om.* β   introit *Symph.* γδ intro per
ignes β   17 cicumdata β, *correxi.* Hinc inde flammis nimium u. n. u. γ   Est calor in medio magnus, quem nemo
ueretur *Symph.*   18 que huc omnis γ] ibi β   Non est nuda
domus, sed nudus conuenit hospes *Symph.,* δ   19 innocens β
21 turbulos β cumulos γ tabulas δ   gunt. Nuda] *hic
incipit fragm. quartum B.*   22 ē *B, om.* βγ   nudus] domus β
sudabit βγ

'Ipsa grauis non sum, sed aquae mihi pondus adhaesit.
Viscera tota tument patulis diffusa cauernis.
Intus lympha latet, quae se non sponte profundit.'

Apollonius ait 'spongia cum sit leuis, uisceribus
tota tumet aqua granata patulis diffusa cauernis, infra 5
quas lympha latet, quae se non sponte profundit.'

XLIII.   Et ait·iterum Tharsia |

'Non sum *compta* comis, non sum nudata capillis.
Intus enim mihi crines sunt, quos non uidet ullus.
Meque manus mittunt, manibusque remittor in auras.' 10

Apollonius ait 'hanc ego *in* Pentapoli naufragus habui
ducem, regi ut amicus efficerer.   Nam s p h a e r a est,
quae non est uincta comis et non est nudata capillis,
quia intus plena est; haec manibus missa manibusque
remittitur.'   Iterum ait ad eum puella   15

'Nulla mihi certa est, nulla est peregrina figura.

1—3 *Symphosii aenigma LXIII* (*anth. l.* 286, 204 *sqq.*)
1 inhaeret *Symph.* adheret γ δ   2 tota *om.* β   caternis γ
    3 Intus *B β δ*] Intra aquas γ   limpha β   quae] sed
Symph.   profudit β   4 cum *B δ* licet β   6 nimpha *B*
limpha β   profudit β   8—10 *Symphosii aenigma LVIIII*
(*anth. l.* 286, 192 *sqq.*)   8 Non sum] *hic A fol.* 69 *incipit.*
compta comis *A*, *cod. Salmas. Symphosii* cincta comis *Symphosius*, β uicta comes *B*   non *B*] et non *A β Symph.*
nudata *B* compta *A β*, *Symphosii recensio B et cod. Salm.*
cincta *Symph. rec. D.*   fortasse et non sum nuda   9 enim *om. B*
    mihi crines *A B*, *Symph. rec. B*   crines mihi β, *Symph. rec.*
D (mihi *om. cod. Salm.*)   uidit *A*, *cod. Salm.*   10 manibus
mittunt *A* manum mittunt *B* mittunt manus β   rursumq · manu
remittunt *B*, *qui* in auras *om.*   remitor β   11 anc *B*
in *om. A* in pentapolim β   naufragus *om. B β*   12 ut
fierem amicus regis *B* ut fierem regi amicus β   spera *A B β*
    13 est quae *om.* β quae non est *om. B*   cincta β   et
non—plena est] et (sed β) intus plena capillis *B β*   14 haec
om. B β   manusq. remittunt *B*   que] quoque *puto.* · 15
Itē *A*   Et ait (ait *om. B*) iterum Tharsia, *rell. omm.*, *B β*
16 — *p.* 55, 2 *Symphosii aenigma LXVIIII* (*anth. l.* 286, 222 *sqq.*)
    16 *secundum* est *om. B β*

Fulgor inest intus radianti luce coruscus,
Qui nihil ostendit, nisi †quid uiderit ante.'

Respondens Apollonius ait 'nulla certa figura est speculo, quia mutatur aspectu; nulla peregrina figura,
5 quia hoc ostendit, quod contra se habet.' Item ait
puella ad eum

'Quattuor aequales currunt ex arte sorores
Sic quasi certantes, cum sit labor omnibus unus.
Cum prope sint pariter, non se pertingere possunt.'

10 Et ait ad eam Apollonius 'quattuor similes sorores forma
et habitu rotae sunt quattuor, quae ex arte currunt
quasi certantes; et cum sint sibi prope, nulla nullam
potest contingere.' Item ait ad eum puella

'Nos sumus, ad caelum quae scandimus alta petentes,
15 Concordi fabrica quas unus conserit ordo.
Quicumque alta petunt, per nos comitantur ad auras.'

Et ait ad eam *Apollonius* 'per deum te obtestor, ne
ulterius me ad laetandum prouoces, ne uidearis insul-

1 Fulgur *AB* choruscus *A*, *sic cod. Salmas. Symphosii*
coruscans *Symphosius* rad. luce cor.] diuini sideris instar *B*
radiata luce coruscans diuini sideris instar *β* 2 nichil *β*
quid *A, om. B* quod *Symphosii recensio D*, quid *recensio B*
nisi in se quod *β. Lacuna antiquitus inerat.* 3 Respondens *A, om. Bβ* figura *om. A* est speculo *A* speculo
inest *β* instar speculi *B* 4 mutatur *A* ī titur *B* mentitur *β*
5 quia quod contra se habuerit ostendit · Et ait iterum
Tharsia *Bβ* 7—9 *Symphosii aenigma LXXVII* (*anth. l.*
286, 246 *sqq.*) 7 Quattuor—ad eum puella *om. Bβ* ex
parte *Symphosii recensio B* 9 Et prope cum sint *A* Et
prope sunt *Symph.* Cum pr. sint *scripsi* nec se contingere
Symph. 10 quatuor *A*? 11 quatuor *A*? 14—16 *Sym-*
phosii aenigma LXXVIII (*anth. l.* 286, 249 *sqq.*) 14 qui *Bβ*
scandimus *Symphos. rec. B*, *cod. Salm.* scandit *A* tendi-
mus *Bβ, Symphosii rec. D* 15 sic *A, Symphosius.* continet
Symphosius Omnibus aequalis mansio, omnis unus conserit
ordo *Bβ* 16 Alta quicumque *Bβ, dedi ex A.* Ut simul
haerentes per nos comitentur ad auras *Symphosius* 17 Et
(*omisso* Apollonius)—mortuis meis *A*] Apollonius ait *Bβ*
dm te obstentor *A* 18 uideas *A*

tare mortuis meis. Nam gradus scalac alta petentes,
aequales mansione manentes uno ordine conseruntur,
et alta quicumque petunt, per eos comitantur ad auras.'

XLIV. Et his dictis ait 'ecce habes alios centum
aureos, et sccede a me, ut memoriam mortuorum meo- 5
rum defleam.' At uero puella dolens *misit caput super
Apollonium et strictis manibus complexa est eum dicens
'ut quid te tantis malis affligis? exaudi uocem meam
et deprecantem respice uirginem. Quia tantae prudentiae uirum mori uelle nefarium est. Si coniugem desi-* 10
*deras, deus restituet; si filiam, saluam et incolumem
inuenies. · Et praesta petenti, quod te precibus rogo.'*
Et refundens aureos in sinum et adprehendens lugubrem
uestem eius ad lucem conabatur trahere. At ille im-
pellens eam conruere fecit. Quae cum cecidisset, de 15
naribus eius sanguis coepit egredi, et sedens puella
coepit flere et cum magno maerore dicere 'O ardua
potestas caelorum, quae me pateris innocentem tantis
calamitatibus ab ipsis cunabulis fatigari! Nam statim
ut nata sum in mari inter fluctus et procellas, parturiens 20

1 Nam—petentes] Aulas adgrandes (Grandes adaules β)
scalae gradus sunt Bβ   2 equales A   aeq.—conseruntur]
uno conserti ordine aequali mansione manent Bβ   3 et om.
Bβ   quaecunque β   4 ait ecce—dolens om. Bβ   6 A̅d
uero A   misit—uirginem Quia om. A   capud β   7 est
eum dicens B] dixit β   8 ut B, om. β fortasse at uel o tn.
9 dep̅cantem B   10 uelle A, om. B ualde β   nefas B
Si—inuenies om. A   Sicut iugem β   11 d̅s̅ B
restituat B -et β   12 Et—rogo om. A B   p̅ra β   13 Et
om. A   Et—eius] Et tenens lugubrem eius manum Bβ
14 eius et ad A   ad lumen Bβ   adtrahere Bβ   At—
fecit A] Tunc Apollonius in iracundia uersus surrexit et
calce eam percussit et impulsa uirgo cecidit Bβ   15 con-
suere A   Quae—egredi] Et de genu eius coepit (ex caepit
B) sanguis effluere Bβ   16 cepit A   17 cepit A   cum
—maerore om. Bβ   merore A   18 me patres B   19
ab ipsis me cunabulis A ab ipsis natiuitatis meae exordiis B
   exordiis
et, nisi quod exortibus, β   20 inter fluentes procellas β
parturiens om. Bβ

me *mater* mea secundis ad stomachum redeuntibus
coagulato sanguine mortua est, et sepultura ei terrae
negata *est.* Quae tamen ornata a patre meo regalibus ornamentis· et deposita in loculum cum uiginti
6 sestertiis auri Neptuno est tradita. Et ego in cunabulis
posita Stranguillioni impio et Dionysiadi eius coniugi
a patre meo sum tradita cum ornamentis et uestibus
regalibus; pro quibus usque ad necem ueni perfidia et
iussa sum puniri a seruo uno infamiae nomine Theo-
10 philo. At ille dum uoluisset me occidere, eum depre-
cata sum, ut permitteret me testari dominum. Quem
cum deprecor, piratae superueniunt, qui me ui auferunt
et ad istam deferunt prouinciam. Atque lenoni impio
sum uendita!'

15   XLV. Cumque haec et his similia puella flens diceret, in amplexum illius ruens Apollonius coepit flens
prae gaudio ei dicere 'tu es filia mea Tharsia, tu es
spes mea unica, tu es lumen oculorum meorum conscium, quam flens per quattuordecim annos *cum* matre

1 me *om.* β   secundis — sanguine] algoribus constricta
B   2 coagulato sanguine *om.* β   est *Aβ* esse uisa est *B*
ei *A* eius *B* e β   3 est *om. Aβ.*   Quae tamen *om.*
Bβ   reg. orn. *om. Bβ*   4 et *om. Bβ*   deposita in *A*
dimissa est in *Bβ*   loculo *B*   XX *Bβ*   5 sextertius *A*
sextertios *B* sesterciis β   auri *om. Bβ*   tradita est *B*
Et ego *B*] Menãq; *A* Post haec ego β   in c. pos. *om. Bβ*
    6 impio *om. Bβ*   diunisiadi *A*   impiis *add. Bβ*   eius
coni. *et* meo sum *om. Bβ*   7 uestis *A*   8 regal. pro quibus *om. Bβ*   ad necis *A*   per inuidiam perueni *B* per-
fidiam *A* perfidia, huius β   et *A* nam *B, om.* β   9 missa β
    sum *om.* β   seruo eius *Bβ*   uno — deprecor·*om. Bβ*
theofilum *A*   10 Ad ille *A*   12 pyrates *A*   uim *A*
piratae — uendita *A*] Piratis superuenientibus rapta sum et
in hac urbe lenoni sum tradita (et in hanc urbem lenone
districta β) *Bβ* Deus, redde Tyrio Apollonio patri meo, qui cum
(ut β) matrem meam lugeret, Stranguilioni et Dionisiadi im·
piis me dereliquit! *add. Bβ*   16 Cumque haec — mihi est
reddita *A*] Apollonius haec signa audiens exclamauit cum
lacrimis uoce magna (et ait *add. B*) *Bβ*   16 in amplexu *A*
cepit *A*   17 gadio et dicere *A*   18 conscius quem *A*
19 annis mater tua *A*

tua lugeo. Iam laetus moriar, quia rediuiua spes mihi
est reddita.' *Cucurrit et Athenagora ciuitatis illius*
princeps, et inuenit Apollonium super collum Tharsiae
flentem et dicentem 'haec est filia mea Tharsia quam
lugeo, cuius causa rediuiuas lacrimas et renouatum 5
luctum assumpseram. Nam ego sum Tyrius Apollonius,
qui te commendaui Stranguillioni. Dic mihi: quae dicta
est nutrix tua?' Et illa dixit 'Lycoris.' Apollonius
adhuc uehementius clamare coepit 'tu es filia mea!'
Et illa dixit 'si Tharsiam quaeris, ego sum.' Tunc eri- 10
gens se et proiectis uestibus lugubribus induit uestes
mundissimas, et adprehensam eam osculabatur et flebat.
Videns eos Athenagora utrosque in amplexu cum lacri-
mis inhaerentes, et ipse amarissime flebat et narrabat,
qualiter sibi olim hoc ordine puella in lupanari posita 15
uniuersa narrasset, et quantum temporis esset, quod a
piratis abducta et distracta fuisset. Et mittens se Athe-
nagora ad pedes Apollonii dixit 'per deum uiuum te
adiuro, qui te patrem restituit filiae, ne alii uiro Thar-
siam tradas! Nam ego sum princeps huius ciuitatis 20
et mea ope permansit uirgo.' Apollonius ait 'ego huic
tantae bonitati et pietati possum esse contrarius? immo
opto, quia uotum feci, non depositurum me luctum,
nisi filiam meam nuptui tradidero. Hoc uero restat, ut
filia mea uindicetur de hoc lenone, quem sustinuit ini- 25
micum.' Et dixit Apollonius 'pereat haec ciuitas!' At
ubi auditum est ab Athenagora principe, in publico in
foro in curia clamare coepit et dicere 'currite, ciues et

1 rediuiba *A*   2 Cucurrit et—sustinuit inimicum *om. A*
lin. 2—6 *fort. spuria?* Currit β (*post* omnes serui)   3 super
β supra *B*   Tharsia *post* mea. *om. B*   5 ob cuius causas *B*   6 Ap. Tyr. β   7 stranguilioni *Bβ*   8 ligoridis
Bβ   9 *post* uehementius *desinit B*   15 in *om.* β   16
erat β   23 notum β   24 filiam—ut *om.* β, dedi *ex* δ
26 Et dixit—ista ciuitas *A, om.* β   Ad ubi *A*   28 cepit *A*
    His auditis Athenagora dicto citius (huius β) ad curiam
mittit et conuocatis omnibus maiorum natiuitatis clamauit
uoce magna dicens 'currite ciues piissimi ... unum infantem (*sic*) β *post uerba* sustinuit inimicum;   currite ciu. piiss.

nobiles, ne pereat ista ciuitas! *currite, ciues piissimi,
subuenite ciuitati, ne pereat propter unum infamem!*'

XLVI. *At ubi dictum est, Athenagoram principem
hac uoce in foro clamasse,* concursus magnus et ingens
5 factus est, et tanta commotio fuit populi, ut nullus
omnino domi remaneret, neque uir neque femina. Omnibus autem conuenientibus *magna uoce* dixit Athenagora 'ciues Mitylenae ciuitatis, sciatis Tyrium Apollonium
regem magnum huc uenisse, et †exea classes nauium
10 properantes cum multis armatis euersuras istam prouinciam causa lenonis *iniust*issimi, qui Tharsiam ipsius
emit filiam et in prostibulo posuit. Vt ergo saluetur
ista ciuitas, mittatur ad uindicem deum infamiae, ut non
omnes periclitemur.' His auditis populi ab auriculis
15 reum comprehenderunt. Ducitur leno ad forum uinctis
a tergo manibus. Fit tribunal ingens in foro, et induens Apollonius regalem uestem deposito omni squalore luctuoso quod habuit atque detonso capite diadema

---

—infamem *om. A*   Currite famuli, currite amici et anxianti
patri finem imponite *Bβ post uerba* (p. 57 *ad* 15) noce magna
et ait; *sed ad hunc locum pertinet.*   3 At ubi—clamasse *β, om. A*
  4 magnus et *om β*   5 populi uenit, ut domi nec uir nec
femina remaneret *β*   Qui audientes clamorem concurrerunt
omnes (serui *add. β*) *Bβ post* finem imponite; *om. A. Ordo
huius loci turbati in A:* p. 57, 15—58, 2. 58, 26—59, 1. 59, 4 *sqq.;
in (B) β:* ad 57, 15; *ad* 59, 1. *ad* 59, 5. 58, 2—58, 26. *ad* 58, 28.
59, 3 *sqq.*   7 concurrentibus *β*   magna uoce *om. A*   Ath.
om. β   8 mutilene *A* militem *β*   ciuitatis *om. β*   scitis *β*
9 regem magnum *om. A*   ex ea *A. om. β; puto eius*   10
properantur (*sic A*)—armatis] exercitu proximante *β*   euer-
surus *Aβ, correxi*   istam *A* est *β*   prouinciam *A* ciuitatem *β*
  11 lenonis causa *β*   iniustissimi *ego; om. β* /////tissimi *A*
qui *β* ciui *A*   tarsiam *A*   ipsius — posuit] filiam suam constituit in lupanar *β*   13 ista *om. β*   num ad uindicandam
infamiam? deducatur ad eum leno et uindicet se de eo et non
tota ciuitas pereat *β*   14 His auditis comprehensus est leno
et iunctus a tergo manibus ad forum ab auriculis ducitur.
Fit *sqq. β*   16 in foro *om. β*   indutus *β*   induentes apollonium *A*   17 regia ueste *β*   *om.* sq. deposita *β*   18
luct. q. hab. *om. β* luctuosum *A. num* quo tabuit?   tonsus *β*
  diademate *A*

imposuit *et* cum filia sua Tharsia tribunal ascendit.
Et tenens eam in complexu coram omni populo loqui
lacrimis inpediebatur. Athenagora uix manu impetrat
ad plebem ut taceant. Quibus silentibus ait Athenagora
'ciues Mitylenae, quos repentina pietas in unum con- 5
gregauit, uidete Tharsiam a patre suo *hodie* esse cogni-
tam, quam leno cupidissimus ad nos expoliandos usque
in hodiernum diem depressit; quae uestra pietate uirgo
permansit. Vt ergo plenius uestrae pietati gratias referam, eius procurate uindictam.' At uero una uoce 10
omnes clamauerunt dicentes 'leno uiuus ardeat et bona
omnia eius puellae addicantur!' Atque his dictis leno
igni est traditus. | Vilicus eius cum uniuersis puellis et
facultatibus Tharsiae traditur. Ait Tharsia uilico 'dono
tibi uitam, quia beneficio tuo uirgo permansi.' Et 15
donauit ei decem talenta *auri* et libertatem. Deinde
cunctis puellis coram se praesentatis ait 'quicquid de
corpore uestro illi contulistis infausto, uobis habete, *et*
quia seruistis mecum, liberae estote.'

XLVII. Et erigens se Tyrius Apollonius alloquitur 20
populum dicens 'gratias pietati uestrae refero, uenerandi
et piissimi ciues, *quorum* longa fides pietatem praebuit,
quietem tribuit, salutem exhibuit, gloriam educauit.

1 inposito β · et *addidi* tarsia *A*, om. β 2 amplexu β omni om. β loqui — Athenagora β, om. *A*
3 manum *A* 4 *num* a plebe? imperat plebi β tacerent β
Ath. om. *A* 5 mutilene *A* militem β quos pristina
fides tenet et nunc repentina causa coagulauit in unum β
6 uidetis β tarsiam *A* cum *A*] a β hodie om. *A* esse
om. β; *num* ecce? 7 cup. leno β usque hodie β 8 uestram
pietatem *A* nostra pietate β 9 plenius uestrae felicitatis *A*
pietati uestrae plenius β referat, natae eius β 10 Ad
A, om. β uero om. β 11 omnes una uoce dixerunt β
12 omnia om. β adducantur β tradantur γ Atque — tra-
ditus] Addi(u γ)citur ignibus leno βγ 13 traditus: *explicit*
A fol. 70. uillicus βγ *ubique* 14 Th.] puellae γ Et
ait γ Redono γ 15 tuo et ciuium γ 16 decem β CC γ
talanta γ auri γδ, om. β 17 se repr. γ 20 et γ,
om. β Tyrius om. γ 22 piissimi β] optimi γ quorum γ,
om. β praeb. qui. *et* glor. ed. om. γ

Vestrum est, quod rediuiuis uulneribus rediuiua uita
successit; uestrum est, quod fraudulenta mors cum suo
luctu deiecta est; uestrum est, quod uirginitas nulla
bella sustinuit; uestrum est, quod paternis amplexibus
5 unica restituta est filia. Pro hoc tanto beneficio uestro
ad restituenda ciuitatis uestrae moenia aurum pondo
quinquaginta dono.' Quod cum in praesenti *dare* fecisset, fuderunt ei statuam ingentem in prora · nauis
stantem et calcantem caput lenonis et filiam [*suam*] in
10 dextro brachio sedentem, et in base *eius* scripserunt
'TYRIO APOLLONIO RESTAVRATORI AEDIVM NO-
STRARVM ET THARSIAE SANCTISSIMAE VIRGINI
FILIAE EIVS VNIVERSVS POPVLVS MITYLENAE OB
NIMIVM AMOREM AETERNVM DECVS MEMORIAE
15 DEDIT.' Et intra paucos dies *Apollonius* tradidit filiam
suam in coniugio Athenagorae cum ingenti laetitia totius
ciuitatis.

XLVIII. Et *nuptiis transactis* cum eo et cum filia
sua atque cum suis omnibus uolens per Tarsum
20 transeundo redire in patriam suam, uidit in somnis
quendam angelico uultu sibi dicentem 'Apolloni, ad
Ephesum dirige et intra templum Dianae cum filia et
genero tuo *et* casus tuos omnes expone. Postea Tarso
filiam tuam uindica innocentem.' Apollonius experge-
25 factus indicat genero et filiae somnium, et illi dixerunt
'fac, domine, quod tibi uidetur.' Et iussit gubernatori

1 V. est q.] Gratiam uestram qua γ   rediuiuus u. β
3 detecta γ   uestrum — sustinuit *om.* γ   4 patriis γ
5 ben.] munere γ   6 maenia β   pondo L β   7 condono
auri pondo ducenta γ   dare γ, *om.* β   8 fecerunt γ
in — n.] iuxta nauim γ   9 et *om.* γ   suam γ, *om.* β
10 d. eius br. γ   eius γ, *om.* β   11 Tyrio γ, *om.* β   12
uirgini *om.* γ   13 militenae β mitilenorum γ   15 inter γ
    Apollonius *om.* βγ   16 in *om.* γ   18 nupt. tr. *om.* β
cum genero et f. γ   19 sua *om.* β   atq. — omn. *om.* β
uolens — suam] nauigans in p. s. per Tharsum proficisci cupiebat. Sed nocte quadam cum in lecto iaceret, γ   20 in
sompnis β, *om.* γ   21 habitu γ   23 et γ, *om.* β   ibi
per ordinem exp. γ.   Postea ueniens Tharsum γ   25 so.]
quod uiderat γ   26 Et β At γ

Ephesum petere. Felici cursu perueniunt Ephesum, et
descendens cum suis Ephesium templum petit Dianae,
ubi coniunx eius inter sacerdotes *feminas* principatum
tenebat, et rogat sibi aperiri sacrarium, *ut in con-*
spectu Dianae casus suos enarraret. Dicitur illi maiori 5
omnium sacerdotum, uenisse regem nescio quem cum
filia et genero suo cum nimiis donis. Hoc audito gemmis regalibus caput ornauit et uestitu purpureo uenit
uirginum constipata cateruis. Erat enim effigie decora
et ob nimium castitatis amorem asserebant omnes nul- 10
lam esse tam gratam Dianae. Quam uidens Apollonius
cum filia et genero currunt ad pedes eius. Tantus
enim pulchritudinis eius emanabat splendor, ut ipsa dea
esse uideretur. Et aperto sacrario oblatisque muneribus *Apollonius* coepit dicere 'ego ab adolescentia mea 15
rex, natus Tyro, Apollonius appellatus, tum, cum ad
omnem scientiam peruenissem nec esset ars aliqua,
quae a nobilibus et regibus exerceretur, quam ego
nescirem, regis Antiochi quaestionem exsolui, ut filiam
eius in matrimonium acciperem. Sed ille ei foedissima 20
sorte sociatus, cui pater natura fuerat constitutus, per
impietatem coniunx effectus est et me machinabatur
occidere. Quem dum fugio, naufragus a Cyrenensi rege
Archistrate eo usque gratissime susceptus sum, ut filiam

1 ut Eph. dirigeret γ   Felici—Eph.] Quo felici cursu
peruenientes Apollonius γ   2 Ephesium *ego* ephesum β
3 fem. γ, *om.* β   4 ut *om.* βγ   in—enarraret γ, *om.* β
5 Dicitur β] Nuntiatis bis γ   matri β maiori γ   7 suo
om. γ   et cum magnis d. γ   Hoc—cateruis (et] in) β]
Quod cum illa regem nescio quem audiens regio se habitu
gemmisque ornauit et ueste purpurea uirg. stipata cateruis
processit γ   10 efferebant β asserebant γ   12 cucurre-
runt γ   13 emanauit γ   dea β diana γ   14 Et *om.* γ
15 Apollonius *om.* β   in conspectu Diane effari et dicere γ
16 Tyro β] et rex γ   tum γ] et β   17 nec esset ars γ]
necessitas β   18 exerceretur q. e. nescirem γ] agebatur
me attigit et β   19 regis antiqui Antiochi γ!   20 matrimonio caperem β   ipsi γ   fedissime associatus γ   21
cuius γ   per naturam γ   const. *om.* γ   22 mach.] cona-
tus est γ   23 naufragiis β   cirenensi β   24 sum β] effectus γ

eius mererer accipere. Quae, cum desiderassem pro-
perare ad patrium regnum *percipiendum*, hanc filiam
meam, quam coram te, magna Diana, praesentare ius-
sisti, posteaquam in naui peperit, emisit spiritum. Quam
5 ego regio indui habitu et in loculo cum uiginti sestertiis dimisi in mare, ut inuenta digne sepeliretur;
hanc uero famulam tuam filiam meam nutriendam nequissimis hominibus commendaui et *in* Aegypti partibus
luxi quattuordecim annis uxorem. Vnde aduenienti, ut
10 filiam meam repeterem, dixerunt esse defunctam. Et
dum rediuiuo luctu inuoluerer, mori cupienti filiam
meam reddidisti.'

XLIX. Cumque *haec* et his similia narraret, leuauit se Archistratis uxor ipsius et rapuit eum in am-
15 plexum. Apollonius *non credens esse* coniugem suam,
repellit a se. At illa cum lacrimis uoce magna clamauit dicens 'ego sum coniunx tua Archistratis regis
Archistratis filia!' et mittens se iterum in amplexum eius
coepit dicere 'tu es Tyrius Apollonius, meus Apollonius,
20 tu es magister meus qui me docuisti, tu es qui me a
patre accepisti Archistrate, *tu es* quem naufragum ada-
maui non causa libidinis, sed sapientiae ducta! Vbi est
filia mea?' Et ostendit *ei* Tharsiam dicens 'haec est.'
Et flebant inuicem omnes. Sonat *in tota* Epheso, Ty-

---

1 eius acciperem coniugem γ   Quam cum β   Quae—
spir.] Postea uero cum ad regnum meum perc. mecum pariter
properans h. f. m. ut in n. p., em. sp. γ   2 regnum *bis* β
percipiendum γ, *om.* β   et hanc β   4 postea in naue
periit et em. sp. β   5 indutum, *om.* et, γ   in loculum XX
sestercia dimisi β   6 ubi inu. fuisset γ   7 quam—ius-
sisti (*u. lin.* 3) *post* meam γ   nequissimis γ] iniquis β
8 et pergens in γ   in γ, *om.* β   9 Vnde *om.* γ   ad-
ueniens βγ   10 reciperem γ   13 haec γ, *om.* β   narrat β
14 archistrates β *ubique*   surgens archestratis u. eius
rapuit γ   amplexu βγ   15 dicens se esse uxorem ipsius
add. γ   non credens esse γ, *om.* β   16 reppulit γ   Et illa γ
17 Archestrates γ   18 Archistrate filia β   amplexu βγ
e. c. d.] dicebat γ   19 cepit β   m. A.] coniux meus γ
21 Arch.] in matrimonium γ   tu es γ, *om.* β   22 ducem γ
23 ei γ, *om.* β   24 in tota γ, *om.* β   Ephesum β

rium Apollonium regem uxorem suam Archistratem
cognouisse, quam ipsi sacerdotem habebant. Fit laetitia
ingens, coronatur ciuitas, organa disponuntur, Ut Apollonio conuiuium a ciuibus, laetantur omnes. Ipsa uero
constituit sacerdotem, quae sequens ei erat et casta 5
caraque.   Et cum Ephesiorum gaudio et lacrimis cum
marito, filia et genero nauem ascendit.

L.   Veniens igitur Apollonius Antiochiam regnum
sibi reseruatum suscepit.   Pergit inde Tyrum et constituit regem loco suo Athenagoram generum suum.   Et 10
cum eo et cum filia sua et coniuge sua et exercitu
regio nauigans uenit Tarsum et iussit statim comprehendi Stranguillionem et Dionysiadem uxorem eius
et sedenti sibi *pro tribunali in foro* adduci.   Quibus
adductis coram omnibus ciuibus dixit 'ciues beatissimi 15
Tarsiae, numquid Apollonio Tyrio exstitit aliquis ingratus uestrum?'   At illi omnes una uoce dixerunt 'te
regem, te patriae patrem diximus; propter te et mori
libenter optauimus, cuius ope periculum famis effugi-
mus.   Pro hoc et statua a nobis posita in biga testatur.' 20
Et Apollonius ait 'commendaui filiam meam Stranguillioni et Dionysiadi uxori eius: hanc mihi reddere no-
luerunt.'   Scelerata mulier ait 'bone domine, quid? tu
ipse titulum legisti monumenti.'   Apollonius exclamauit
'domina Tharsia, nata dulcis, si quid †tamen apud in- 25
feros habes, relinque Tartaream domum et genitoris

1 archestratem recogn. γ   2 inter s-es γ   3 fit magnum
ab A. c. ciuibus γ   5 quae sequens ei erat β   qui ei s. e. γ
erat—cum] erat et (*lege* ex) regula cum omnium γ   6 Ephe-
sorum βγ   ergo *add.* γ   7 in n. a. et ualedicens omnibus
discessit γ   8 Tyrius Ap. β   ubi regnum, *om.* sibi, β
Ant. Antiochi r. γ   9 inde β in γ   10 Et] Postea γ
11 et cum ex. β   coniuge—et γ, *om.* β   13 suam β eius γ
14 sedens γ   pro—foro γ, *om.* β   16 Tharsiae β,
om. γ   18 patriae *cm.* γ   19 optamus γ   euasimus γ
20 Pro hoc β] Hic γ   in biga β] tibi γ   22 nolunt γ
23 quid *om.* γ   tu ipsum t. m. eius l. γ   25 nata *al. man.*
ex grata β   tamen] *puto* animae   si quis tibi a. i. sensus
est γ   26 thartater, *sed corr.*, β

tui uocem exaudi.' Puella de post tribunal regio habitu
circumdata capite uelato processit et reuelata facie malae
mulieri dixit 'Dionysias, *haue*: saluto te ego ab inferis
reuocata.' Mulier scelerata ut uidit *eam*, toto corpore
5 contremuit. Mirantur ciues et gaudent. Et iussit Tharsia *in conspectu* adduci Theophilum uilicum *Dionysiadis*, cui ait 'Theophile, ut possit tibi ignosci, clara uoce
responde. Quis me interficiendam tibi obligauit?' Vilicus respondit 'Dionysias domina mea.' Tunc ciues
10 omnes rapuerunt Stranguillionem et Dionysiadem extra
ciuitatem *et* lapidauerunt, uolentes et Theophilum occidere; *sed* Tharsiae interuentu non tangitur. Et ait *Tharsia*
'nisi iste ad testandum deum *unius* horae mihi spatium
tribuisset, modo uestra pietas me non defendisset.' Quem
15 manumissum abire incolumem praecepit et† scelerate
secum Tharsia tulit.

LI. Apollonius uero ad licentiam *populo* dedit
munera. Restaurant*ur* ther*mae*, moenia, murorum tur-
res. Moratus autem ibi sex mensibus nauigat cum suis
20 ad Pentapolim ciuitatem Cyrenen. Ingreditur ad regem
Archistratem [Coronatur ciuitas, ponuntur organa], gaudet in ultima senectute sua rex Archistrates: uidit
neptem cum patre, filiam cum marito; regis nepotes,
regis filios ueneratur et in †osculo Apollonii et filiae

1 de post tr. *β*] pro tribunali *γ*   2 releuata *β*   reuo-
luta *γ*   m. m.] dionisiadi *γ*   3 dionisiadis *γ*   aue *γ*,
om. *β*   4 eam *γ*, *om.* *β*   5 confremuit *γ*   6 in cons. add. *γ*,
om. *β*   uillicum uenire, *om.* Dionys., *β*   7 agnosci *γ*   9 Dionisia *β*   10 rapientes *γ*   11 et *om.* *βγ*   et] simul cum eis *γ*
12 sed *γ*, *om.* *β*   Tharsia interueniente *γ*   Tharsia *γ*,
om. *β*   13 horarum *β* unius horae *γ*   14 def.] uidisset *γ*
15 et scelerate *β*] filiam autem dionisiadis *γ*   17 ad l.]
dat licentiam *β*, *om.* *γ*   populo *om.* *β*   18 ut restaurarentur
terme m. *γ*   Restaurant ter menia *β*   muri *γ*   19 nauigans
inde *γ*   20 ciu. *om.* *γ*   cirenem *β* cyreneii *γ*   21 coronatur
—organa *ex* 64, 3 *perperam repetunt* *βγ*   22 in ultimo se-
nectutis sue tempore *γ*   23 patre] coniuge *γ*   regis n.]
n. suos *γ*   24 et in osculo suscipit eos annum integrum
postquam eos recepit uiuens. *γ*
Historia Apollonii.   5

integro anno perdurat. Post haec laetus moritur perfecta aetate in manibus eorum, medietatem regni sui
Apollonio relinquens et medietatem filiae suae.

His omnibus peractis, dum deambulat Apollonius
iuxta mare, uidit piscatorem illum, a quo fuerat nau- 5
fragus susceptus, et iussit eum comprehendi *et ad palatium duci.* Vidit piscator se a militibus duci: occi-
dendum se putabat. Et ingressus Apollonius coram
coniuge sua iussit eum adduci et ait 'domina coniunx,
hic est paranymphus meus, qui olim mihi spem nau- 10
frago dedit et ut ad te peruenirem ostendit itinera.'
Et *intuens eum Apollonius* dixit 'benignissime uetule,
ego sum Tyrius Apollonius, cui dimidium tribunarium
tuum dedisti.' Et donauit ei ducenta sestertia *auri*,
seruos, ancillas et uestes, et fecit eum comitem *suum*, 15
usque dum uixit.

Hellenicus uero, qui ei de Antiocho nuntiauerat,
Apollonio procedenti obtulit se et ait 'domine [mi] rex,
memor esto Hellenici serui tui.' Et adprehendens
manum eius Apollonius erexit eum et osculari coe- 20
pit; fecit diuitem, ordinauit comitem. His expletis
genuit de coniuge sua filium, quem in loco aui eius
Archistratis constituit regem. Ipse autem cum coniuge sua benigne uixit annis septuaginta quattuor.
Tenuit regnum Antiochiae, Tyri et Cyrenensium. 25

1 laetus *om.* γ   2 medi.—et *om.* γ   4 deambulabat γ   5 illum *om.* γ   6 iussitque famulis ut apprehen-
derent eum et ad palatium ducerent γ   et—duci *om.* β
7 Vidit β Tunc uidens γ   a famulis et militibus γ   8 Et
ingr. *om.* γ   9 d. mea regina γ   10 paranimphus β
paranimphius γ   meus] mihi γ   spem—dedit β opem
tulit γ   11 uiam ost. γ   12 Et i. e. A. ait γ] Dixit ei β
13 Thirus β   cui tu γ   14 donasti γ   auri γ, *om.* β
s. a. et u. *om.* γ   15 suum γ, *om.* β   17 Hellaracus γ
18 Ap. pr.] illi γ   mi β, *om.* γ   21 et f. eum d. et ord.
c. γ   ordinat β   His rebus exp. γ   22 in *om.* γ   eius]
sui γ   23 Archstrate β archestratis γ   quoque β autem γ
25 tenens γ   Tyri et *om.* γ thiri et cirenensium β. *l.* 22 *sq.*
et 25 *inter se dissentiunt.*

Quietam uitam per omne tempus suum duxit. Casus
suos suorumque ipse descripsit et duo uolumina fecit.
Vnum Dianae in templo Ephesiorum, aliud *in* bibliotheca
sua exposuit.

1 et quieta uita o. t. regni sni nixit *γ*   2 suor. *om. γ*
3 in *om. β γ*   bibliotecn *β* b-ae suae *γ*   4 exposuit. Explicit *β*

— — —

Corrigenda.

p. 1 *adn. l.* 10 *leg.* Taliarens *b*
p. 9, 9. 12, 12; 20. 14, 8 *leg.* Tars.
p. 15, 6 *conicio* in litore Cyrenaeorum; cf. 13, 15.
p. 21, 18 *leg.* zaetam. *ib.* 19 *dele* filia.
p. 32, 1 *leg.* fallebant (*i. e. ἄ ἔλαθεν*).

Index nominum.

CPSIA information can be obtained
at www.ICGtesting.com
Printed in the USA
BVHW042136140921
616776BV00008B/274